Amor e Disciplina para Criar Filhos Felizes

Elaine Cruz

Amor e Disciplina para Criar Filhos Felizes

CPAD

Capa, projeto gráfico e editoração: Josias Finamore

CDD: 173 - Família Cristã

As citações bíblicas foram extraídas da versão Almeida Revista e Corrigida, edição de 1995 da Sociedade Bíblica do Brasil, salvo indicação em contrário.
Para maiores informações sobre livros, revistas, periódicos e os últimos lançamentos da CPAD, visite nosso site: http://www.cpad.com.br
SAC — Serviço de Atendimento ao Cliente: 0800 21-7373

Casa Publicadora das Assembléias de Deus
Caixa Postal 331

20001-970, Rio de Janeiro, RJ, Brasil

3ª Impressão/2012 - Tiragem 2000

DEDICATÓRIA

Para Alvaro, meu marido e amigo, por ser
o melhor exemplo de homem e pai que meus filhos
poderiam ter. Para Thiago e Pamela, pelo privilégio de
tê-los como filhos, e por partilharem
comigo suas vidas e amor.

Prefácio

Ao sair do hospital carregando uma vida pequena e frágil nos braços, totalmente dependente de cuidados e carinho, embalada em esperanças e alegrias, parece que tudo vai concorrer para um futuro de harmonia e felicidade, em que todas as coisas vão se desenrolar conforme os sonhos vividos durante os nove meses de gestação.

Entretanto, a medida que os dias se passam, os meses se formam e os anos se completam, a pequena pessoa vai adquirindo traços próprios, características de sua personalidade passam a ser constatadas, e sua dependência exclusiva vai começando, pouco a pouco, a não ser tão intensa. O filho está crescendo!

O neném se transforma em criança, e antes que percebamos vai ganhando jeito de adolescente... De repente, é um jovem, quase adulto. Quantas fases; quão pouco o tempo!

Neste emaranhado de mudanças e transformações muitos pais se perdem, mergulhados num mar de dúvidas, de inexperiências, de falta de informações, com a acirrada tendência de tentarem repetir os procedimentos educacionais que receberam de seus queridos pais. Tudo bem, não fosse o fato de que seus filhos vivem em outra geração, inseridos num mundo cultural e socialmente diferente dos tempos em que você, pai, tinha a idade dele.

Chocante? Mais do que você pensa! Quer ver? Responda rapidamente as seguintes perguntas: — Quando você tinha a idade do seu filho existia celular?

— Computador?

— Internet?

— E-mail?

— Orkut?

— Google?

— Ytube?

— Palm?

Acho que não preciso perguntar mais nada, pois a evolução tecnológica já mostra a extrema diferença que separa a geração dos pais e a dos seus filhos!

Cabe aos pais a belíssima e delicada tarefa de educar seus filhos, preparando-os para um mundo nem sempre colorido e constantemente hostil, onde valores em modificação por vezes destroem a moral, e apresentam o politicamente correto como uma forma de imposição de se aceitar aquilo que antes rejeitamos ou, por vezes, discordamos. Um mundo tão sutilmente complexo, onde a inocência da infância se dilui precocemente, que foi necessário nominar uma fase intermediária antes da juventude — a adolescência. E os adolescentes se recusam a adolescer, e passam a desejar a vivência das experiências radicais em todas esferas da vida, inclusive no delicado terreno da sexualidade.

E eles crescem, nem sempre amadurecem, mas se tornam jovens, e são impiedosamente lançados na batalha da conquista por um lugar ao sol, tendo que tomar decisões definitivas, como: carreira, amizade, namoro, drogas, sexo, Deus.

Adicione-se ao dramático quadro apresentado as pinceladas pesadas e de cores fortes que representam pais estressados com o cotidiano de trabalho, contas a pagar, relacionamento conjugal, frustações e medos. Definitivamente, não se trata de uma pintura suave de Rafael ou Rembrandt, mas parece quase um quadro surrealista de Salvador Dali, ou de Picasso em sua fase cubista.

Portanto, diletas mães e queridos pais, quando se trata de educar filhos e formar pessoas com valores concretos que possibilitem escolhas, que conduzam a oportunidades de realizações e felicidade, estamos cuidando de assunto extremamente sério, onde nem sempre a vontade de acertar vai fazer você acertar. É preciso mais! Saber em que terreno se está pisando para que se possa apontar o caminho a ser percorrido.

Existem tendências modernas em que o papel de pais educadores se enfraquecem em prol do fortalecimento do papel de pai e mãe amigos, que não repreendem, mas que querem apenas compartilhar. Esquecendo-se, infelizmente, de que filhos precisam e querem ter pais que imponham limites, que orientem, e com isso tragam a segurança que eles precisam para crescer e amadurecer.

Outros caminhos apontam para a liberdade a qualquer preço, onde os filhos devem aprender com seus próprios erros e equívocos. Mais uma vez, os pais se esquecem que só existe liberdade quando há limites a serem respeitados, e que a verdadeira liberdade reside no fato de se respeitar valores e limites por compreender a importância deles na essência.

Há também, infelizmente, pais egocêntricos e individualistas, que mercê de sua desenfreada fome por sucesso esquecem suas atribuições de pais. Vivem em constante perseguição ao sucesso em diversas áreas da vida: profissão, finanças, beleza, lazer ou amor. E na briga de foice com o sucesso, acabam por ferir seus próprios filhos, que crescem como se fossem mais um objeto já conquistado. E as feridas? Estas só virão a se mostrar com o passar do tempo, quando a possibilidade de retroceder é quase inexistente, e cujas cicatrizes estarão presentes vida a fora, com a impressionante característica de doer em quem foi ferido e em quem feriu.

Mas é claro que há pais responsáveis e amorosos. Que sabem equilibrar com sensível sabedoria a dosagem da luta pelo sucesso individual, com pitadas saborosas de liberdade e amizade, e com a forte presença de limites e respeito, sempre envolvidos em amor genuíno. Estes permitem que seus filhos floresçam como árvores frondosas, que até podem se curvar diante de fortes temporais, mas que não quebram, pois têm raízes profundas, fincadas em solo seguro.

Eu não sei se você ao ler estas páginas tem em sua casa um pequeno nenên dormindo seguro em seu berço, ou um meninho debruçado em seus carrinhos ou video games, ou ainda, uma linda adolescente que não larga o telefone falando com suas melhores amigas — pois cada amiga é uma melhor amiga, mesmo aquela que ela conheceu ontem! Ou se você está lendo embalado pelo som de um violão que viaja do dedilhar de uma suave música da "antiga" bossa-nova até a batida féerica do mais rebelde rock and roll, e quem maneja tudo é seu jovem filho universitário.

Definitivamente, eu não sei qual a faixa etária em que seu filho está inserido, mas, independente disso, de uma coisa eu tenho plena e absoluta certeza: em todas as fases da vida ele vai precisar muito de você — pai ou mãe, e de ambos! E outra certeza eu trago: você vai precisar muito mais deles, sempre! Pois eles preenchem sua vida com sonoridade e alegria, apontando para a possibilidade de ser quase eterno por meio deles.

E por fim, mais uma filosófica certeza, se é que cabe alguma certeza no campo da filosofia, mas aqui vai — o tempo passa de forma inexorável, e não se pode recuperar absolutamente nada do que se perdeu.

Eu e Elaine temos dois filhos — lindos é claro! Quando nosso filho mais velho era ainda um nenên com pouquíssimos meses, eu, orgulhosamente, empurrava seu carrinho pelos corredores de um vasto *shopping* na cidade do Rio de Janeiro, quando subitamente senti um toque em meus ombros. Ao voltar-me para ver do que se tratava, deparei-me com um senhor, de cabelos muito brancos e de aparente idade avançada. Eu não sabia quem era, mas antes que eu pudesse manifestar minha perplexidade, ele me perguntou: "É seu filho?", ao que prontamente respondi que sim. O ancião continuou: "Então aproveite muito, mas muito mesmo cada fase da vida dele, pois o tempo passa, e passa tão rápido, que quando você perceber ele já terá crescido, partirá e formará sua própria família. E deixará uma lacuna de saudades que não pode ser preenchida".

Confesso que na hora não compreendi a sabedoria daquele conselho, mas a despeito disso eu nunca mais o esqueci.

Hoje nosso filho Thiago é universitário e meu melhor amigo. Nossa filha Pamela é uma linda adolescente, que preenche nossa casa com alegria e dinamismo.

Sinceramente? Eu não sei como o tempo passou tão rápido. Às vezes me pego pensando naquele conselho do ancião e tenho vontade de segurar o tempo, fazê-lo parar, mas ele escapa entre os dedos como se fosse areia. Não posso detê-lo! Mas posso fazer de tudo para aproveitar o tempo da melhor forma possível, usando-o para educar meus filhos e criar pontes que resistam ao inexorável passar dos anos.

Enquanto pais, criamos e educamos filhos para que eles tenham condições de enfrentar a realidade do cotidiano com segurança e preparo suficiente para poderem caminhar com seus próprios passos e conquistar a felicidade em todos os amplos aspectos da vida.

Portanto, não desperdiçe essa chance única de amar seus filhos e fazê-los se sentirem amados. Eduque-os com amor e disciplina, pois somente assim eles terão os instrumentos que permitirão que conheçam as suas possibilidades e limites.

Não estabeleça por meta ser só o melhor amigo de seu filho, mas almeje se tornar o melhor pai ou mãe que ele poderia desejar. E acredite: os filhos esperam que os pais sejam o exemplo em que eles possam se inspirar, pais que sejam objeto de admiração e respeito, a quem eles possam sempre recorrer em busca de apoio e orientação.

Um dia, os seus filhos se tornarão pais; e você saberá que cumpriu bem a sua missão de educá-los, quando eles, ao olharem para seus próprios filhos, perceberem o quanto são amados por seus pais.

Alvaro Cruz
Pai de Thiago e Pamela

SUMÁRIO

Introdução

Este livro é fruto de estudos na área da psicologia, desenvolvidos desde a minha graduação, e de minha tese de mestrado em educação. É rico em experiências adquiridas na minha prática enquanto psicóloga e mãe, ou nas muitas trocas com outros pais ao final das conferências e palestras que faço no Brasil e em vários países do mundo. É um livro direcionado ao casal, isto é, aos pais, e seria muito bom que o lessem juntos.

Esta obra não tem a pretensão de ser um manual para a criação dos filhos, mas seu objetivo principal é mostrar, através de uma abordagem prática, quais são as melhores e mais importantes atitudes dos pais em situações do cotidiano com seus filhos. Até porque criar filhos é mais do que uma ciência, pois não é uma matéria exata, não tem uma fórmula própria e nem uma receita a ser seguida. Criar filhos exige arte — além de possuir um grande conhecimento você deve ter criatividade e dom para adaptar-se a seus filhos e às diferentes situações do dia a dia.

Gostaria de ressaltar que, ao longo da obra, freqüentemente utilizo a palavra *pais* para falar de ambos, pai e mãe; utilizo a palavra *filhos* abrangendo ambos os sexos, e o termo *relação parental* para falar do relacionamento entre os pais e os filhos. Para as citações bíblicas que apresento, utilizo a Nova Versão Internacional (NVI).

A Deus — meu bem maior — deixo a minha gratidão por este livro. Agradeço aos meus pais, que me legaram uma infância feliz e souberam dominar a arte de me criar, aproximando-me de Deus. E quero ainda registrar minha gratidão pela vida de Teresa, minha sogra. Ela também me deixou grandes exemplos de Mãe.

Aos meus filhos, Thiago e Pamela, deixo também meu amor e minha gratidão. Eles preenchem a minha vida de significado e cor, e trazem alegria e realização ao meu cotidiano. Eu os admiro e me surpreendo pensando como conseguimos, eu e Alvaro, formar filhos tão especiais!

Gostaria de agradecer ao Alvaro, meu amado marido, pelo seu incentivo, apoio e amor. Ele tem sido meu melhor amigo e um companheiro sempre presente, que acompanhou a confecção desta obra e fez a revisão dos originais. Jamais poderia escrever este livro se não fossem tão marcantes o amor e o afeto que pontuam a relação dele com os nossos filhos — aliás, as duas poesias deste livro são de sua autoria. A primeira foi redigida dias antes do nascimento do Thiago; e a que se encontra na conclusão foi escrita para a Pamela.

Espero que você me acompanhe nas páginas que se seguem, identificando-se com muitos exemplos citados, e que consiga adaptar as sugestões à sua maneira pessoal e particular de ser pai ou mãe.

Lembre-se que nós formamos os filhos e eles instigam a nossa criatividade, fazendo nascer em nós a arte de criar. E ser pai ou mãe é a única forma que temos de vivenciar ao mesmo tempo o papel de criatura e criador.

MEU FILHO

Há uma nova vida para surgir.
Vem embalada na doçura da ansiedade
De vê-la viva, e tê-la pronta.
Pronta para agarrar o mundo e dele fugir.

Traz o acalanto da esperança ressurgida,
Da certeza incerta que será feliz.
Do egoísmo santo de buscar prazer,
Preencher a vida com nuances suaves de amor.

Surge a certeza de ser eterno ainda que efêmero,
Na capacidade divina de recomeçar.
Saber-se forte na suma fragilidade
De estar pleno em vontade de amar.

Nasce, criança, para a vida pois te espero,
Ansioso por tê-la em meus braços.
Venha meu filho mostrar-me o sentido
De ser criatura e também criador.

Alvaro Cruz
Rio de Janeiro, junho de 1987

Parte Um

Pais, a arte de ensinar e aprender

Capítulo 1

Criar filhos

A palavra "criar" (em hebraico *bara*) significa dar existência, tirar do nada, dar origem, gerar. Um outro sentido do vocábulo é formar, estabelecer, sustentar, instruir, educar. É com este segundo significado (em hebraico *ãsâ*) que devemos compreender a expressão "criar filhos", uma vez que quem forma o corpo e dá a vida a nossos filhos é Deus, que cuida e planeja o futuro deles desde a vida intra-uterina.

Como pais, no cotidiano da nossa vida familiar, cabe-nos sustentar, instruir e educar nossos filhos, contribuindo da melhor maneira para estabelecê-los emocional e profissionalmente, especialmente através do nosso testemunho e prática de vida. Precisamos moldar neles um temperamento equilibrado, formar um caráter justo e construir uma personalidade saudável.

Criar também significa cultivar. Tal qual uma planta que germina, cresce e floresce para a vida, assim são nossos filhos. Nós os geramos, e quando nascem são como plantas que devem se desenvolver, sendo formados e educados pelo nosso esforço e dedicação.

Ainda introduzindo o conceito de *criar filhos*, é importante relembrar que a criança é sempre um parceiro ativo de seu próprio desenvolvimento. Ela não só sofre a ação, mas ajuda na construção, na atuação e elaboração de seu desenvolvimento. Quando ensinamos algo, ela sempre interpreta o que falamos de modo pessoal, e tem, à sua maneira, seu próprio ponto de vista e uma maneira diferente de entender a realidade.

O processo de criar e educar filhos é um processo onde os pais e os filhos ensinam uns aos outros sobre si mesmos. Isto envolve trocas assimétricas — em que as pessoas trocam não só as semelhanças, mas principalmente as diferenças com as outras. Afinal, os filhos também nos ensinam. Não há como se envolver com os filhos e, de repente, num certo momento, não se perceber diferente, olhando a vida e as coisas de modo distinto.

Minha tese de mestrado (defendida em 1995 na Universidade federal Fluminense, Rio de Janeiro), cujo título é *Pais e filhos: uma relação co-construída*, resulta da prática profissional e docente, bem como de várias pesquisas universitárias, muitas delas como bolsista, financiadas pelo Conselho Nacional de Pesquisa (CNPq). Durante minha tese entrevistei pais de alunos que freqüentavam creches, procurando identificar não só o que eles consideravam importante ensinar aos seus filhos, mas especialmente o que eles, enquanto pais, aprenderam com seus próprios filhos. As respostas foram várias, e dentre as muitas destacamos algumas (os nomes são dos pais de nossa pesquisa):

... que a vida não pode ser levada tão a sério. Penso nisso todas as vezes que ouço a minha filha rindo (Pedro).

... a levar desaforo para casa. É verdade. A gente tem que engolir muita coisa da criança (...) a brincar de roda, que eu não sabia quando era criança (Bráulio).

Como já falei, que homem também precisa de carinho, de abraços. Hoje percebo que meus pais, talvez pela formação deles, foram muito duros com a gente (Carlos).

Se você quer mesmo saber, acho que aprendi mais sobre o meu marido. Verdade! Eu nunca pensei que ele fosse gostar tanto de criança; ele troca fralda, dá mamadeira (...) eu acho que aprendi a ser mais responsável, a criança depende muito da gente (Ana).

... a gostar mais dos meus pais. Só quando a gente tem filho é que percebe o trabalhão que deu (André).

Primeiro, eu aprendi a gostar de criança (...) a gostar mais dos meus pais. (Vera).

... que a vida passa rápido. A Patrícia parece que nasceu ontem (...) que vale a pena brigar pelo que a gente quer como as crianças fazem (...) a comer legumes (Paula).

Aprendi a dirigir para poder levar minha filha pra escola. Tudo bem que não foi ela quem me ensinou, mas foi o motivo. Deixa eu ver... aprendi a gostar de frango (...) a gostar mais de ficar em casa, a agradecer mais a Deus pela vida que ele me deu (Léia).

A me sentir mais útil (...) a gostar de brincar de carrinho, essas coisas de menino (...) a ser mãe. (Sara).

A mais importante: a ser pai (Fábio).

Quando criamos e educamos nossos filhos, estamos revendo nossa própria educação e aprendendo mais sobre a gente mesmo, sobre as nossas tolerâncias e erros. Costumo sempre dizer que o filho que mais se parece conosco é aquele que nos irrita ou nos cansa mais facilmente, pois quando lidamos com ele estamos lidando um pouco com a gente também. Muitas vezes, para sermos pais e mães que possam proporcionar uma educação eficaz e uma formação correta, temos que nos modificar primeiro!

Processo de socialização

Mesmo já tendo caracteres genéticos que determinam alguns dos nossos comportamentos futuros, todos nós somos seres sociais. É o meio social — as pessoas, a cultura, os valores, o tratamento afetivo e educacional, etc. — que mais influencia nossos filhos, e são os pais os principais agentes sociais.

Mesmo antes do nascimento, a criança já tem vida física, psíquica e social. Ela tem um corpo físico sendo formado, tem vida (sente, ouve, se movimenta) e é desejada por outros (pais, parentes, amigos etc.). Na grande maioria das vezes já tem nome e sobrenome, já "faz parte" da família.

Desde antes do nascimento a criança sofre a ação do meio e responde a este do modo que conhece: com seu próprio corpo. Ao nascer isto se torna mais claro quando ela se mexe sem parar, se assusta ou chora. No início os seus gestos são movidos mais por impulsos, mas depois ela passa a agir intencionalmente: chora quando quer a presença da mãe, ou estende os braços quando quer colo, por exemplo.

Há por parte da criança uma dependência biológica que vai exigir do meio social, e da sua família em particular, uma atuação muito vigilante, próxima e estreita. Suas ações têm que ser completadas quando ela, por exemplo, estende a mão para pegar um objeto e não o alcança. Seus atos devem ser compensados quando ela levanta as mãos para sair do berço, e nós a ajudamos com a nossa força e apoio. E na maioria das vezes seus movimentos são interpretados, quando, por exemplo, ela chora e nós tentamos adivinhar se por manha ou por cólica.

Nossos filhos nos afetam — seus gestos suscitam em nós o desejo de intervir de forma a garantir as necessidades básicas à sua sobrevivência, de modo que procuramos estar atentos às suas necessidades e ao seu comportamento.

Esta atuação não se dá só no nível de cuidados físicos, mas principalmente no nível da estruturação psicológica da criança. Os movimentos do recém-nascido, inicialmente sem utilidade prática aparente, têm para os pais, e os que dele tomam conta, significados e valor afetivo. Se o bebê se mexe bastante os pais associam seu comportamento ao pai que é muito ativo, se dorme muito dizem que puxou a mãe ou a irmã dorminhoca, se sorri o comparam à avó alegre, se balbucia será falante como o avô, por exemplo.

Isso demonstra o quanto o meio físico e social que o bebê encontra no seio da família é estruturado, física e psicologicamente, de modo a possibilitar e direcionar a futura organização de seus gestos e pensamentos. A criança forma a imagem de si mesma através das imagens que a sua família projeta nela, de modo que se a família a valorizar, ela terá uma boa auto-estima, por exemplo.

Adjetivando os filhos, vamos construindo sua auto-imagem, e formando neles sentimentos de valorização de si mesmos. Concomitantemente, nossa interação com eles permite que construam um vasto repertório de habilidades, como falar, sorrir, expressar seus sentimentos, agarrar, abraçar, rabiscar, etc.

Uma criança se desenvolve, se capacita e se forma sempre se espelhando nos que a cercam. Mesmo quanto à formação cristã, não adianta só a criança ouvir de Jesus, acompanhar palavras ou ensinos verbais. A criança precisa observar, precisa de testemunhos, visualizar na prática o que ensinamos na teoria. Até mesmo quanto à formação moral e secular o exemplo dos pais e dos irmãos é fundamental!

Processo de individuação

Há ainda um processo que ocorre no desenvolvimento de nossos filhos e que, muitas vezes, quando não o entendemos, acabamos dificultando a nossa tarefa de educar. Ao mesmo tempo em que a criança se socializa, tornando-se mais "igual" às outras pessoas, ela se individualiza, tornando-se e sentindo-se única, diferente dos demais. Este processo também se constrói a partir de situações de interação social (relação da criança com outros grupos sociais, como a família, a igreja, a escola, etc.) e é chamado de **individuação**.

Enquanto cresce, a criança, como um ser social, se desenvolve e se individualiza através de suas relações com o meio, e é através destas relações que vai aos poucos partilhando do mundo do adulto, aprendendo suas linguagens (verbais e não verbais), aprendendo a cultura (hábitos, costumes, regras, valores, etc.), a história e a religião de seu grupo social.

A Individuação é um processo interno, que acontece a partir da diferenciação que a criança faz entre as suas reações e motivos e as reações e motivos dos outros, ou seja, é algo que implica a tomada de consciência de si mesma como indivíduo singular, com movimentos, vontade e constituição física próprias e particulares. Mais claramente, é o sentimento de que ela realmente existe, é se sentir indivíduo no sentido extremo da palavra, enquanto uma pessoa distinta, particular e única.

Sim, seu filho é único. Ele foi criado à imagem e semelhança de Deus, foi formado segundo as particularidades genéticas de sua família, e não há outro no mundo que tenha as suas feições ou digitais.

Há pais que passam pela vida sem conhecer seus próprios filhos. Só quando não há mais tempo de reparar muitos dos erros, percebem que um filho ou filha nunca entendeu sua forma de expressar carinho ou de ensinar algo. Quantos pais ouvem de filhos adultos ou de adolescentes em momentos difíceis (eles as vezes exageram, é verdade, mas por vezes são sinceros), frases do tipo: "Você nunca me entendeu, nunca demonstrou que gosta de mim", "Você não se importa comigo, nem sabe do que eu gosto ou do que penso", "Pra você eu não sou importante, você não gosta de mim, não tenta entender o meu jeito de ver as coisas".

Lembre-se que seus filhos são dotados de qualidades e talentos distintos dos outros irmãos e de você, pai ou mãe. Sua criança é diferente de você, pensa e sente de modo diverso, e cabe a você buscar sabedoria para entendê-la e alcançá-la. Esteja pronto para aprender com ela e sobre ela.

Qualquer criança me desperta dois sentimentos: ternura pelo que ela é e respeito pelo que poderá vir a ser.

Louis Pasteur

Capítulo 2

Pais, a arte de aprender

Ninguém é tão grande que não possa aprender,

nem tão pequeno que não possa ensinar.

Píndaro

Existe um ciclo natural, onde as espécies viventes nascem, crescem, se reproduzem e morrem. A reprodução, portanto, é algo inerente à vida.

Os animais e as plantas se reproduzem para que os homens possam continuar a se alimentar e se medicar ao longo das gerações. Enquanto as plantas precisam da ajuda da natureza ou do homem para assegurar sua reprodução, os animais o fazem instintivamente, comandados por um ciclo bioquímico muito eficaz, que direciona seu comportamento sexual e por vezes sua locomoção para algumas ilhas ou continentes distantes onde se acasalam e perpetuam sua espécie.

Ter filhos é um evento que também faz parte da natureza humana. A reprodução das espécies foi prevista por Deus na fundação do mundo e foi dada ao homem como uma ordem: "**... crescei e multiplicai-vos, enchei a terra, e sujeitai-a**" (Gn 1.28). Entretanto, a reprodução humana é muito mais complexa, pois não é instintiva como nos animais — as pessoas precisam construir afetos e desejos pelo sexo oposto, e o ideal é que isto seja programado e planejado muito sabiamente. Afinal, os seres humanos têm necessidades a serem supridas, mas não as realizamos por simples impulso ou instinto.

O ser humano é empreendedor e sonhador. Temos a tarefa de dominar conhecimentos e técnicas, sonhamos com possibilidades e fazemos a ciência evoluir. Com a semente da eternidade em nossas mentes, mesmo cientes de nossa perenidade, queremos ser imortais, deixando nossas marcas para as gerações futuras.

De todos os empreendimentos humanos, os filhos são, sem dúvida, os mais importantes. Eles levam o nosso nome, têm o nosso sangue e guardam dentro deles um pouco de nós, seja na aparência ou no jeito de ser e de se comportar em sociedade. Os filhos nos tornam um pouco imortais, pois nos guardam na memória e no coração, e por isto ampliam e completam a nossa existência. Neste sentido, são bênçãos, galardão, recompensa, herança, como flechas na mão do valente.

Os filhos são herança do SENHOR, uma recompensa que ele dá.
Como flechas nas mãos do guerreiro são os
filhos nascidos na juventude.
Como é feliz o homem que tem a sua aljava cheia deles.
Não será humilhado quando enfrentar seus inimigos no tribunal.
Salmo 127.3,4

Os filhos saltam à nossa frente, seguem no tempo aonde nós não podemos chegar, aprofundam e reorganizam nossos conhecimentos e vivências, e são fontes de alegria e realização pessoal. Especialmente se, enquanto pais, nós nos doamos para cuidar, amar e aprender com a paternidade ou maternidade.

A relação parental

A relação parental, que acontece entre pais e filhos, é muito complexa. Ela é responsável por formar nos filhos noções de autoridade e de família, além de ser fundamental para a construção de indivíduos sadios emocionalmente. Através da educação "de berço", os pais ensinam regras e valores, determinam condutas e limites, e ainda adjetivam e significam seus filhos.

Por mais que hoje tenhamos alguns cursos que se intitulam "escolas de pais", a verdade é que na área da educação de filhos, como em qualquer outra relação humana, não há receitas de bolo ou fórmulas simples e acabadas de êxito. Educar filhos é mais do que uma ciência, pois não é uma matéria exata. É, acima de tudo, uma arte, pois além de você possuir um grande conhecimento e maturidade, é importante ter muita criatividade e dom para adaptar-se a seus filhos e às diferentes situações do dia a dia.

Desde que os filhos nascem, depositamos neles muitas esperanças e sonhos. Infelizmente, nem sempre estes se realizam, mesmo porque eles terão que viver, ou pelo menos tentar buscar, os seus próprios sonhos e planos. É por esta razão que não podemos criar filhos olhando só para o futuro. Pais que priorizam o amanhã, esperam que seus filhos ao crescerem façam o que eles não tiveram oportunidade de realizar, que estudem mais do que eles puderam, que cuidem deles na velhice.

Os pais que almejam só os frutos futuros do relacionamento parental estão perdendo a parte mais bonita da relação, que é o contato diário entre pais e filhos. Muitos pais se preocupam tanto em trabalhar para prover um futuro melhor para os filhos, que se esquecem de que no presente eles precisam também da sua companhia e atenção. Até porque os filhos não querem pais que dão presentes, mas pais que estejam presentes.

Como pais responsáveis temos as nossas obrigações para com a nossa família. Pensar no futuro é necessário, mas é importante saber que observar e promover o desenvolvimento de uma criança é uma experiência fascinante, enriquecedora, estimulante e aprazível.

Conhecendo a história parental

Nos tempos mais antigos, dentro da cultura hebraica, havia determinações na lei judaica para que os pais mantivessem uma convivência próxima com seus filhos. Também dentre os egípcios, a educação era pautada nos ensinamentos passados no lar, e só as famílias mais abastadas entregavam seus filhos aos cuidados de uma ama bem treinada. Na Idade Média, com a sucessão de guerras e de diferentes posicionamentos filosóficos e políticos, os pais passavam dias sem ver sua prole, entregavam seus filhos para serem amamentados por amas-de-leite, os orfanatos e conventos abrigavam filhos bastardos e indesejados, e o convívio afetivo e social entre pais e filhos era escasso.

A partir do final do século dezenove, surgiram algumas mudanças. As mães passaram a amamentar seus próprios filhos e estes voltaram a morar e a freqüentar a casa dos pais. Como as famílias eram numerosas, uma alternativa era a ajuda das avós e dos filhos mais velhos para cuidar dos mais novos. Com o passar dos anos, as famílias se tornaram menores e as mães passaram a se ocupar mais de seus filhos.

Com o advento das duas Grandes Guerras Mundiais, e da necessidade da mulher encarar o mercado de trabalho, a família novamente se modificou. O número de filhos diminuiu ainda mais, e a valorização da escola regular como espaço de educação se fortaleceu, bem como a necessidade do pai em auxiliar na criação dos filhos do casal. Atualmente, ainda são poucas as famílias que podem se dar ao luxo de ter uma babá ou uma governanta para as suas crianças, e o cuidado e a responsabilidade da criação está cada vez mais sendo partilhado pelo casal, ou pela mulher, nos muitos casos em que ela gerencia lares sem a figura paterna presente.

Hoje impera o conceito de que é importante a parceria entre a família, a escola, a igreja e outras pessoas na educação de uma criança — todos os espaços auxiliam na formação do caráter e constróem as visões de mundo de um indivíduo. Entretanto, a família continua exercendo a responsabilidade maior na formação das crianças, fazendo com que os pais se questionem: Como criar e preparar os filhos para a vida?

Para responder esta questão, têm surgido desde teorias científicas até manuais de bolso apresentando fórmulas ideais para a criação de filhos. A Psicologia e a Educação acompanharam o pensamento dominante das correntes teóricas e elaboraram inúmeras teses referentes à função dos pais e ao período de gravidez da mulher. Livros e revistas de ajuda foram lançados para explicar a época do parto e os árduos primeiros meses que se lhe seguem.

Contudo, mesmo com a mudança de atitude dos pais e com o vasto material de ajuda para o casal educar seus filhos, temos assistido em muitos lares verdadeiras guerras travadas entre pais e filhos. O avanço dos meios de comunicação tem ocasionado uma avalanche de informações, muitas vezes contrárias aos preceitos bíblicos e morais, e que são assimiladas mais rapidamente pelos filhos do que pelos pais. Estes, muitas vezes fechados e rígidos, acham que seus filhos têm que se comportar como planejaram ou como eles fizeram na sua infância e adolescência, e não percebem que os tempos mudaram!

Cada casal tem projetos para os filhos, esmera-se em passar seus valores, e certamente não deve se moldar e aceitar todas as práticas dos tempos atuais. Mas é importante que os pais conheçam as influências (da escola, da igreja, da vizinhança, dos amigos) que estão interferindo na tarefa de educar e formar seus filhos.

Além disso, é fundamental que os pais tenham um conhecimento geral da maneira como atuam as forças do desenvolvimento na esfera física, social, emocional e, porque não dizer, espiritual de seus filhos. Este conhecimento fará com que esperem e colham bons frutos no presente e no futuro de sua relação com os filhos.

Capítulo 3

Educar — tarefa conjunta

Ao esperar o filho, o corpo da mãe passa por mudanças biológicas. Há um fluxo de hormônios e muda-se a estética corporal, provocando novas maneiras de andar, sentar e dormir. Com o tempo, o filho começa a movimentar-se dentro dela, e o pai pode falar, ouvir e sentir as respostas do filho à sua presença.

Entretanto, a espera não se resume apenas ao tempo e aos movimentos da gravidez. A partir da confirmação desta, os pais passam a estruturar o meio físico, a se organizarem de modo a receber este novo membro da família. E é só quando chega o recém-nascido que se percebe o quanto este, nos seus primeiros dias, já interfere na dinâmica do casal, no cotidiano de ambos, gerando uma nova configuração, que eles chamam de "nossa família".

Na família atual o homem participa mais da educação e cuidado da criança, muitas vezes dividindo com a mulher as tarefas domésticas e o tempo disponível com o filho. Este novo arranjo de família, de acordos entre os pais é, mais uma vez, datado historicamente, um reflexo da sociedade ocidental em que vivemos, uma nova forma de entender as relações e papéis sociais.

Infelizmente, este modelo não é o mais comum em nossa sociedade. Na maioria das famílias, ainda é a mulher a responsável pelo cuidado e educação dos filhos. É ela quem deve zelar pela saúde e boa alimentação dos filhos, pelo bom comportamento deles à mesa ou perante visitas, pela higiene e busca de uma educação formal. Sob esta ótica, é a mãe quem deve se empenhar em transmitir os valores, crenças e hábitos de nossa sociedade, enfim, de provocar a transmissão cultural.

Ao pai, a sociedade cobra a manutenção da família, principalmente quanto ao amparo legal e físico. É dele que provém o 'nome de família' e, na maioria das vezes, também o sustento financeiro para a esposa e os filhos. Entretanto, há um campo onde os homens estão ganhando espaço: na relação afetiva. Hoje está em moda a paternidade, onde o pai adquiriu seu espaço para estar com o filho, tocando, abraçando, conversando e trocando experiências. É permitido a ambos, pais e mães, os mesmos direitos quanto ao afeto. Quem sai ganhando? Certamente os filhos!

Planejando a família

Durante os anos de namoro e noivado, é importante que o casal converse abertamente sobre os filhos que virão. Há homens que sonham com um time de futebol e se casam com uma moça que só quer dois. Há mulheres que não querem filhos e se casam com homens ansiosos para serem pais. Há casais que pela sua atividade não podem ter muitos filhos, há mulheres que pelo seu temperamento não conseguem educar e manter sobre domínio mais do que três ou quatro filhos.

Mesmo quando casados, é importante planejar a família, pois deste planejamento pode depender o tipo de instrução que será dada, a acomodação futura dos filhos, a saída ou não da mulher para o mercado de trabalho. O que não pode acontecer é continuar a haver maridos que não respeitam o tempo de resguardo da mulher, que não se preocupam com o planejamento familiar, ou mulheres que têm que tomar remédios escondidas do esposo para não engravidar de mais um filho!

Faz parte do planejamento conversar a respeito da infância do outro: o modo como foi criado, quando e porque apanhava, como era o trato entre os irmãos, como era o relacionamento com ambos os pais, como era o seu temperamento, se brigava muito, se mentia, se gostava de estar no meio de amigos, brincar na rua, etc. Isto é importante pelo fato de que geralmente reproduzimos com nossos filhos o tipo de relacionamento que tivemos com nossos pais ou com uma pessoa em particular, como a mãe ou avó por exemplo. Assim, conhecer um pouco como o outro foi na infância nos dará pistas do porquê nossos filhos se comportam de forma semelhante, e porque nosso cônjuge aceita certas atitudes dos filhos que nos aborrecem.

Também quanto à aplicação de disciplina isto é fundamental. Pais que foram bem disciplinados têm maior senso do que deve ou não ser permitido à criança, ao passo que aqueles que tiveram uma educação extremamente relaxada ou rígida têm dificuldade em traçar domínios coerentes. Portanto, conversem longa e detalhadamente, pois na vida parental o casal precisará, mesmo com pontos de vista e realidades diversas, formar um todo integrado, já que serão duas pessoas pensando e agindo em acordo como uma só para construir um novo ser.

A paternidade

Por muitos séculos, o modelo de família era patriarcal (fundamentada no homem), a ponto de as mulheres não serem contadas quando se tratava de multidão. A mulher era propriedade do marido, e havia também uma grande indiferença quanto à infância. Embora a mulher tivesse responsabilidades para com os filhos, era do pai a tarefa de instruir o filho sobre a lei, profissão e valores morais. Apesar disso, desde o passado, o Senhor, em sua Palavra, já havia deixado claro que tal tarefa cabia tanto ao pai quanto à mãe (Pv 1.8).

As cartas apostólicas à igreja primitiva evidenciam que o homem continua a ser considerado a cabeça da esposa e a autoridade principal sobre os filhos. Cabe a ele, principalmente, a responsabilidade pela orientação no lar, pois é o sacerdote da casa. Mesmo aqueles que são ministros na igreja devem aprender a ministrar no próprio lar, como um exercício diário. Afinal, para exercer o ministério, o pai precisa olhar antes para a sua própria casa: "Ele deve governar bem sua própria família, tendo os filhos sujeitos a ele, com toda a dignidade. Pois, se alguém não sabe governar sua própria família, como poderá cuidar da igreja de Deus?" (1 Tm 3.4,5).

Embora a sociedade ocidental venha enfatizando a importância da mãe para os filhos, o que é inegável também dentro dos parâmetros bíblicos, a função do pai como aquele que tem a responsabilidade principal na instrução e disciplina dos filhos está resguardada.

A Psicologia tem mostrado que os pais que se envolvem com seus filhos favorecem o bem-estar e o desenvolvimento emocional dos mesmos. Até porque os pais podem influenciar os filhos de algumas maneiras que as mães não conseguem, especialmente quanto a amizades e desempenho. Estudos mostram que meninos criados com pais ausentes têm mais dificuldade em afirmar sua masculinidade, em se relacionar de modo natural com moças no futuro, e a manter autocontrole em situações de estresse relacionadas ao desempenho profissional. Já para as meninas o pai ausente e desinteressado pode favorecer a promiscuidade sexual de sua filha adolescente, ou dificultar um relacionamento saudável dela com namorados ou com o futuro esposo.

Não me cabe conceber nenhuma necessidade tão importante durante a infância de uma pessoa que a necessidade de sentir-se protegido por um pai.
Sigmund Freud

O pai não é um substituto da mãe, ele tem não só o papel de provedor, mas também de educador. E ele educa, em geral, de modo diferente da mãe: ele toca mais na criança do que conversa com ela, mesmo que através de brincadeiras mais brutas como jogar para o alto, rodar a criança ou fazer-lhe cócegas, enquanto a mãe procura atividades mais calmas e relaxantes. Com atividades mais agitadas, o pai ensina a criança a lidar com a excitação, a curiosidade e a expectativa, deixando-a mais ativa e atenta — quem é a mãe que não se lembra de dizer ao marido ou irmão mais velho: "Pare senão o bebê não dorme!".

Entretanto, para brincar e educar, o pai deve estar presente, tanto emocional quanto fisicamente. Para isto, é necessário que ele mude conceitos como o de que pai é um sujeito que não fala muito, só critica; que é rígido demais, não aparece muito, nem demonstra afeição, abraçando ou beijando os filhos, especialmente se estes forem do sexo masculino.

Por outro lado, pais abusivos, excessivamente frios ou distantes, e extremamente críticos, podem prejudicar muito uma criança. Há pais que nunca pedem perdão, que são teimosos em permanecer no erro, e que nunca abraçam os filhos com medo de perder a autoridade. Outros, mesmo dentro da igreja, se dizem cristãos, mas espancam os filhos e abusam de suas filhas! Um comportamento como esse destrói almas, levando muitos ao divã de um psicoterapeuta.

Não dá para ser pai sem se importar, sem se envolver na divisão das tarefas domésticas, no cuidado da criança, e disponibilizando tempo para estar com os filhos. Isto exige um equilíbrio entre a vida profissional, familiar e, muitas vezes, ministerial. Mas os frutos valem o esforço, já que um filho feliz, equilibrado e bem formado aprende a ser sábio e feliz.

E importante também refletir que Deus se relaciona conosco como Pai, e que é o pai humano quem constrói a imagem que temos de Deus. Muitas crianças, inclusive filhos de pais evangélicos, crescem com a impressão de que Deus é um pai mau, distante, carrancudo, que está sempre nos vigiando para nos castigar. Para alguns, Deus está sempre longe, e eles não conseguem imaginá-lo abraçando-os, olhando-os com ternura e amor, confortando-os.

Muitos podem dizer que esta imagem de Deus é fruto das pregações ou costumes de igrejas, mas minha tese é de que, na maioria das vezes, pela prática que tenho de consultório e de histórias de vida ouvidas ao longo do meu ministério de ensino, é o pai físico que determina esta imagem quando ele é distante, frio ou negligente. O pai precisa estar presente física e afetivamente, sendo a imagem de Deus na terra.

Se você é pai, e quer uma vida espiritual saudável para os seus rebentos, não se esqueça: você é o espelho de Deus para o seu filho. O relacionamento com seu filho hoje é que vai determinar o relacionamento que ele terá com Deus no futuro.

A maternidade

A mão que move o berço é a mão que move o mundo.

W.S. Ross

Muitos são os motivos que fazem com que uma mulher desejar um filho. Numa só mulher, seria impossível separar e classificar todos eles. Em primeiro lugar, Deus a formou com toda uma estrutura que lhe permite ser mãe e gerar uma criança, e esta estrutura não é só física, mas emocional e psíquica. Afinal, quantos homens agüentariam o desconforto e inchaço das pernas durante uma gravidez? Quantos suportariam a pressão e a dor do parto?

Por outro lado, desde cedo nossas filhas são ensinadas a serem mães. Vivenciaram a experiência de terem uma mãe ou avó, e com o passar do tempo, inicialmente através da imitação, aprenderam a se comportar como mãe, seja participando do cuidado do irmão mais novo ou brincando com bonecas. De certa forma, reforçamos este aprendizado quando nos deleitamos ao ver uma criança pequena apertando contra o peito o seu bichinho de pelúcia ou de pano, ou olhando com ternura para a sua boneca. Aos dois anos, quando a menina embala uma boneca e perguntamos qual o nome do bebê, ela geralmente cita o seu próprio nome: é a sua forma de se identificar com a mãe ou outras pessoas que assumam uma atitude maternal.

Ter um filho para a mulher, mais do que para o homem, implica em se tornar completa, em fazer algo, em deixar uma marca de sua existência e, porque não dizer, agradar ao marido dando-lhe filhos que perpetuarão o nome da família. É uma oportunidade, consciente ou não, de realização de ideais e oportunidades perdidas, de se rever no filho. Incluem os anseios de ver refletidas na criança as marcas da sua própria criatividade e capacidade de educar e formar alguém independente e maduro.

Uma mãe não é uma pessoa na qual possa apoiar-se, senão uma pessoa que faz com que não se precise apoiar em ninguém.

Anônimo

São grandes as expectativas e os sonhos que o bebê, mesmo no útero, já representa para a mãe. Não é de se estranhar, portanto, o sentimento de impotência que se abate sobre algumas mães nos primeiros dias e meses da criança! Além disso, a gravidez é um período de muita ebulição hormonal, que pode provocar um desequilíbrio bioquímico no corpo da mãe, podendo apresentar a chamada depressão pós-parto, comum nos dias atuais; caso esta ocorrer, deve ser tratada com remédios e psicoterapia com a maior urgência possível.

Frases do tipo "Ser mãe é padecer no paraíso" chamam a atenção para o fato de que, embora a função materna seja extremamente gratificante para a mulher, ela também exige boas doses de paciência, dor e cansaço — especialmente para aquelas que, por possuírem um marido frio, ausente e despreocupado com a formação moral e espiritual dos filhos, ainda têm que assumir muitas das funções do cônjuge.

A verdade é que a nossa sociedade, mesmo ciente das várias jornadas de uma mulher, ainda impõe às mães a tarefa de cuidar e de educar os filhos. Se estes aparecem sujos no colégio, se ficam doentes e não são tratados, se falam e se comportam de modo indevido, ou se acabam se desviando das leis morais, é sempre a mãe a responsável pelas atitudes dos filhos.

Há ainda, por força econômica, muitas mulheres que trabalham fora e que têm o seu tempo dividido entre a profissão, os afazeres domésticos e o cuidado com os filhos. Desse modo, as mães estão se tornando também mais ausentes e distantes, cansadas e estressadas depois de um longo dia de tarefas, e os filhos vão aprendendo desde cedo a se virarem sozinhos, dependendo afetivamente mais dos outros, buscando conselhos cada vez mais com os amigos.

Nada há que desaconselhe a mulher a trabalhar fora. Temos na Bíblia exemplos de mulheres que foram juízas e rainhas, e vemos na mulher sábia e virtuosa, descrita pelo rei Lemuel, o grande retrato da mulher que, como nos nossos dias, tenta conciliar as tarefas de mãe, de esposa, de profissional e de serva de Deus.

Uma esposa exemplar, feliz quem a encontrar!
É muito mais valiosa que os rubis.
Seu marido tem plena confiança nela e nunca
lhe falta coisa alguma.
Ela só lhe faz o bem, e nunca o mal, todos os dias da sua vida.
Escolhe a lã e o linho e com prazer trabalha com as mãos.
Como os navios mercantes,ela traz de longe as suas provisões.
Antes de clarear o dia ela se levanta, prepara comida para todos os de casa, e dá tarefas às suas servas. Ela avalia um campo e o compra; com o que ganha planta uma vinha. Entrega-se com vontade ao seu trabalho; seus braços são fortes e vigorosos.
Administra bem o seu comércio lucrativo,
e a sua lâmpada fica acesa durante a noite.
Nas mãos segura o fuso e com os dedos pega a roca.
Acolhe os necessitados e estende as mãos aos pobres.
Não teme por seus familiares quando chega a neve,
pois todos eles vestem agasalhos.
Faz cobertas para a sua cama; veste-se de linho fino e de púrpura.
Seu marido é respeitado na porta da cidade,
onde toma assento entre as autoridades da sua terra.
Ela faz vestes de linho e as vende, e fornece cintos aos comerciantes.
Reveste-se de força e dignidade; sorri diante do futuro.
Fala com sabedoria e ensina com amor.

Cuida dos negócios de sua casa e não dá lugar à preguiça.
Seus filhos se levantam e a elogiam; seu marido também a elogia, dizendo: "Muitas mulheres são exemplares, mas você a todas supera".
A beleza é enganosa, e a formosura é passageira; mas a mulher que teme o SENHOR será elogiada.
Que ela receba a recompensa merecida, e as suas obras sejam elogiadas à porta da cidade.
Provérbios 31.10-31

As mulheres sempre conciliaram várias tarefas e, talvez, o que falta à mulher nos nossos dias é ordenar as prioridades. Para administrar seus vários papéis, a mulher necessita, no mínimo, de muita determinação e coragem. Como mãe, ela precisa, mais do que todas as coisas, a aprender a amar, pois só o amor pode ser o combustível que a mantém desperta e ativa dias a fio, fazendo sempre as mesmas coisas e mantendo o ambiente gostoso no lar, mesmo que não seja reconhecida pelo esposo ou nem sempre receba a gratidão dos filhos.

Capítulo 4

Casados e pais!

Quando duas pessoas se casam, geralmente planejam ter filhos. Contudo, sempre serão surpreendidos com os efeitos que o resultado positivo de um teste de gravidez pode causar: traz alegria ao cônjuge que anseia por um filho, tristeza ao que não o deseja, ciúme nos filhos mais velhos, alegria e até raiva em futuros avós que se percebem mais velhos. Com o nascimento de um novo membro, reestruturam-se dentro da família os espaços físicos, e a rotina da casa muda totalmente. No caso do primeiro filho, os papéis desempenhados pelo casal também mudam, pois além de marido e mulher passam a ser pai e mãe.

Com as novas funções parentais, surgem também novas responsabilidades. Os problemas são muitos, as tarefas não têm fim e o tempo fica escasso para tudo o que tem que ser feito. Há ainda a complexidade dos lares desfeitos, onde a mãe se ocupa dos filhos, trazendo em seus ombros a tarefa de criar e educar sozinha, já que os pais foram embora. Por vezes as tarefas são tantas, que muitas se perguntam: "Como faço para ter um tempo pra mim, para não viver o dia todo às voltas com as crianças?"

Quem tem filhos sabe que o dia torna-se curto em face de tantas atribuições: o relógio corre e pontua a todo instante que é a hora do banho, da comida, do suco, do remédio, de levar o filho para a escola e cursos extra-aula, de colocá-lo para estudar, de controlar seu sono, de fazer o culto doméstico, de arrumar os brinquedos e... — Ufa! — já se foi o dia. Se a mãe trabalha fora a agenda ainda é mais apertada, e muitas vezes a necessidade de delegar a outros algumas das "suas" tarefas a torna preocupada e, o que e pior, culpada!

A preocupação e a culpa da esposa, somada à ansiedade paterna de manter tudo em ordem, pode fazer com que o casal se estresse com a paternidade e maternidade, esquecendo de zelar pela vida conjugal. Muito rapidamente, eles precisam se ajustar às novidades, restabelecendo novos horários para estarem a sós, para conversarem, namorarem e vivenciarem seu afeto. Afinal, por mais que os filhos precisem de carinho, os pais ainda permanecem carentes de afeto, abraços, beijos, sexo e afagos.

Priorize a vida conjugal

A relação conjugal, que acontece entre o casal adulto, é o espaço onde aprendemos a partilhar afetos, sonhos e projetos de vida. Deve ser reverenciada como a relação mais importante após a conversão (1 Co 7.32-34; 1 Pe 3.7), sendo também fundamental para o exercício do ministério sacerdotal e parental (1 Tm 3.1-12; Tt 1.5-9).

A vida conjugal também forma nos filhos as concepções de família, afeto conjugal e de casamento. Pais mais entrosados, que trocam carinhos (não carícias sexuais!) na frente dos filhos, e que vivem uma unidade conjugal, formam filhos mais equilibrados social, espiritual e emocionalmente, além de maduros para envolvimentos afetivos posteriores. O relacionamento dos pais interfere nas atitudes dos filhos e em suas realizações, direciona a capacidade deles de reagirem e de se relacionarem, tendo influência até mesmo na inteligência cognitiva e emocional dos mesmos.

Cônjuges infelizes, e problemas de desavenças familiares, estão sempre funcionando como pano de fundo para dificuldades escolares e de adaptação dos filhos à vida social. Quantas vezes crianças com problemas na escola ou adolescentes com distúrbios comportamentais chegam ao meu consultório e, para ajudá-los, tenho que trabalhar também com as relações familiares, especialmente com os pais!

Para que um casal possa criar filhos e permanecer bem casado, é importante que os cônjuges cuidem do relacionamento, que busquem aprofundar o amor e manter o respeito mútuo. Para tanto, precisam organizar a hierarquia de papéis do casal, lembrando que são primeiro marido e mulher — não podem priorizar a paternidade ou maternidade, até chamando, muitas vezes, um ao outro de pai ou de mãe.

Com o advento da maternidade, é muito comum a mulher passar a assumir mais a sua função e sua responsabilidade como mãe, de tal forma que o homem começa a perceber sua esposa não como a sua mulher, mas especialmente como a mãe de seus filhos. Da mesma forma, também é normal que o marido gaste mais tempo ocupando-se com o filho, por vezes até trabalhando mais para pagar as despesas extras, esquecendo-se de ser namorado e amante da esposa.

Se você é sozinho para educar seus filhos, invista em você e em sua carreira, e esmere-se sem a culpa ou o peso de ter que fazer o trabalho de dois — basta fazer o seu bem feito. Mas se você é casado, lembre-se que não deve deixar de partilhar os sentimentos pessoais e íntimos em detrimento do tempo mais escasso. Trace prioridades para o casamento, planeje horários e períodos do dia específicos para cuidar de você, para estar com seu cônjuge, para conversar e educar seus filhos, para traçar as carreiras profissionais e ministeriais.

Trabalhe com a interação

A interação conjugal pode ser definida por partilhar sentimentos, vivências e ações, reconhecendo que, a partir das atitudes do casal no cotidiano do casamento, um afeta o outro. E é a partir deste *afetar-se* que se processa a comunicação, que surge o diálogo como ferramenta de negociação e promotor de alianças entre o casal.

Um cônjuge pode afetar o outro positiva ou negativamente, e o modo como um casal interage também afeta toda a família. Um casal amigo, bem entrosado e feliz, afeta seus filhos positivamente, tornando-os mais seguros, alegres e com melhor auto-estima. Já um cônjuge irascível, grosso na forma de tratar os filhos, que utiliza palavras indecorosas e depreciativas para com seu par, ou que mergulha em vícios e se esquece de suas tarefas e funções no lar, é uma pessoa que afeta a família negativamente, causando insegurança e baixa auto-estima.

Infelizmente, é comum perceber que com o passar do tempo, muitas mulheres e homens casados parecem que se tornam feios. A pele perde o viço, os olhos perdem o brilho, o andar é mais carregado, e eles se tornam menos brincalhões e sorridentes. É claro que a idade traz mudanças, que há alterações hormonais consideráveis na mulher em períodos como a gestação, menstruação e menopausa, e que nos homens a preocupação em manter a casa e o emprego resulta em stress físico e mental. Mas, sem dúvida, é a perda da alegria a principal razão para que a pessoa se sinta tão envelhecida!

Quando a interação conjugal cria afetos positivos, a primeira coisa que salta aos olhos é que os cônjuges têm alegria por serem um casal, por partilharem juntos a vida. Eles ficam mais bonitos, com o olhar mais contente, com um sorriso mais presente nos lábios. Este é o motivo pelo qual muitas vezes encontramos na Bíblia a ordenança de que o casal precisa aprender a desfrutar do seu casamento, a gozar, isto é, alegrar-se com seu cônjuge: "Desfrute a vida com a mulher a quem você ama..." (Ec 9.9).

No dia a dia do casamento, para que o desafeto ou descaso não amplie ainda mais as muitas preocupações e tarefas, é preciso que o casal esteja atento para o afeto, cultivando-o com seus atos. Você faz isto quando se comporta de uma maneira gentil e educada ao se dirigir à família, quando cria a prática de beijar, abraçar e afagar seu cônjuge e filhos, quando promove o hábito de dizer "Eu te amo" com sinceridade, olhando no fundo dos olhos.

Um casal afetuoso, que interage buscando conhecer o outro para fazê-lo feliz, é um casal que promove a alegria em sua casa, ciente de que ela é contagiante e estimulante. Portanto, por maiores que sejam os problemas que você possa vivenciar, não abra mão da sua alegria. Volte a fazer cócegas na sua esposa, a brincar com seu marido e seus filhos, a cantar, contar histórias e gargalhar bastante! Quanto mais alegre e gostoso for o seu lar, mais fácil será a interação conjugal, e mais leve ficará a educação dos filhos.

Evite brigas

Quem não gosta de estar em paz em casa, se sentindo seguro, com tranqüilidade mesmo quando tudo vai mal no trabalho? Não e bom poder dormir sem necessidade de remédios, ou poder reunir a família sem que surjam discussões? Viver sem brigas é viver em paz: é poder falar com o filho adolescente sem ter que gritar com ele; é sentir-se feliz dentro de casa. É conversar sem gritar, falar sem agredir, chorar sem culpar, perdoar sem ofender.

Todos querem paz no cotidiano da família. Para tanto, precisamos construir um relacionamento pacífico, evitando brigas e discussões, na maioria das vezes irracionais e desnecessárias, que acabam com o prazer e a alegria do casamento.

Vale ressaltar ainda que, quando um casal briga, as crianças ficam aflitas e ansiosas, e até as menores apresentam taquicardia e elevação da pressão arterial. Umas choram, outras ficam imóveis, mas todas se sentem impotentes, incapazes de fazer os pais pararem e se entenderem, como elas gostariam. Não há nada que marque mais uma criança do que ver as duas pessoas que mais ama vivendo às turras, brigando continuamente.

Brigas de pais, ameaças, choro escondido, tristeza contínua no olhar, desprezo e hostilidade marcam com sofrimento toda uma infância, além de distorcer a visão de vida a dois que os filhos poderão ter no futuro. Assim sendo, se porventura, uma briga acontecer, depois de fazer as pazes com seu cônjuge mostre aos filhos que vocês se acertaram.

Lembre-se que a paz precisa ser perseguida, e muitas vezes para conseguí-la precisamos fazer um exercício de paciência, pois muitas coisas não se resolvem como gostaríamos, nosso cônjuge nem sempre age como desejamos, e nossos filhos geralmente não se comportam como os ensinamos. Assim, não tenha pressa demasiada para resolver questões domésticas menores: saiba esperar e respeitar o ritmo mais lento do cônjuge para se arrumar, a lentidão do filho para comer, ou a demora da filha em arrumar o quarto.

Cuidado: palavras ferem a alma

No início de um relacionamento, nos interessamos em agradar o outro. Com o casamento e o convívio, aprendemos mais sobre as visões de mundo, os sentimentos mais nobres, os defeitos mais irritantes, ou as significações dos olhares e das falas proferidas. Com o tempo, sabemos exatamente o que fazer para agradar o cônjuge, como fazê-lo rir ou deixá-lo mais feliz.

Entretanto, vamos também aprendendo quais as atitudes que magoam, as palavras que ferem ou os olhares que machucam. É por esta razão que muitos se fecham com medo de ficarem expostos e serem feridos. Afinal, nos expomos ao cônjuge como a ninguém mais, e nada dói mais do que ser ferido por aquele(a) com quem decidimos conjugar a vida.

Há muitos cônjuges que magoam sem ter a intenção de magoar. Podem dizer coisas e serem mal-interpretados, ou até mesmo ter um discurso impróprio na hora da raiva, por estar de "cabeça quente", preocupado. Mas há cônjuges que optam por desenvolver atitudes más, que escolhem com cuidado as palavras que ferem, que decidem por uma postura fria diante de atos carinhosos, ou que cutucam a dor do outro, ferindo continuamente sua auto-estima e sua auto-imagem. Estão sempre dispostos a magoar, sempre prontos parta atacar, intencional e egoisticamente. Por vezes, abrem feridas que nunca vão se fechar.

Quando falares, cuida para que tuas palavras sejam melhores que o silêncio.

Provérbio indiano

Cuidado com os momentos de raiva. Nestes a razão é apagada, e muitas vezes o que queremos, mais do que registrar nossa queixa ou reclamação, é fazer comentários negativos sobre a personalidade do parceiro, é criticar para machucar, recriminar. Infelizmente, na hora da raiva falamos o que devemos e o que não precisamos, e se fazemos isso na frente das crianças, elas terão muita dificuldade de separar o que é justo do que é falso, ou julgar se o assunto foi colocado na hora ou do modo errado — assim sendo, é importante depois conversar com os filhos e dizer aonde e como você errou com seu cônjuge.

Ore e lute para voltar a ver as qualidades de seu cônjuge, passe mais tempo com ele, veja fotos antigas de bons momentos e procure lembrar o que levou você a se apaixonar por ele — este, aliás, é um bom assunto para conversar com seus filhos quando estes forem maiores.

Aprenda a elogiar e evite críticas que destróem a auto-estima do seu cônjuge. Aprenda a "lavar os pés", a "passar óleo nas feridas". Se não puder ser amoroso e perdoador, fique calado(a). Espere a raiva passar, aprenda a pedir desculpas e vigie para não cair nos mesmos erros de sempre, machucando continuamente seus filhos e o seu cônjuge, afastando-os de você.

Seu filho não é psicólogo!

O amor e o respeito não são fáceis de serem conquistados, mas são facilmente quebrados. Por isso, mesmo que seu marido ou esposa não seja parceiro, mesmo que seu cônjuge tenha uma vida que não dê exemplos dignos a serem copiados, ainda assim procure sempre ressaltar para os seus filhos o que ele tem de bom, as suas qualidades. Para tanto, não conte a seus filhos fatos ou comportamentos de seu cônjuge que machucaram ou magoaram você. Não se esqueça de que você teve a chance de escolher a pessoa com quem se casou, mas seus filhos não puderam escolher os pais.

Seu filho não é juiz ou conselheiro matrimonial, de modo que quanto mais ele se envolver nas diferenças de opiniões dos pais, mais sairá machucado e com sentimento de culpa por ter tomado partido de um deles. Portanto, jamais faça de seus filhos uma arma num momento de discussão ou de briga, e não os envolva como delatores ou juizes. Não os faça de pombos-correio, e nem peça que escondam algo de seu cônjuge para que não se sintam traidores de sua confiança.

Ressalte sempre aos seus filhos que eles não são a fonte dos problemas, e evite culpá-los por questões conjugais mal resolvidas, como dizer "você dá muita atenção ao seu pai e ele se esquece de mim", ou "sua mãe esta irritada comigo por sua causa", ou "até você nascer nosso casamento era muito bom". Afinal, por mais levados ou manipuladores que sejam, os filhos não são os responsáveis pelos erros ou pelo casamento dos pais.

Lembre-se que às vezes é bom assumir que os adultos também erram, e explicar aos filhos que os pais discutem para melhorar as coisas, de modo a acertar as diferenças e melhorar a vida em família.

Não esconda seus sentimentos

Mostre ao seu cônjuge a sua preocupação com ele. Permita que seu filho saiba o quanto ele é importante para você. Importe-se, aprenda a se identificar com o outro em seus problemas. Fale de sua consideração e demonstre sua sensibilidade. Não esconda seus sentimentos e nem tenha medo de ser afetado pelas pessoas que amam você.

Na rotina familiar, mostre sua simpatia e afeto nos momentos simples de interação: na cordialidade à mesa, na maneira afetiva de beijar e até de repreender os filhos, na vontade de cozinhar o que a família gosta, no cuidado em não falar coisas que magoam seu cônjuge, na disposição para dar carinho e conversar macio, ou até mesmo só em abraçar e calar em momentos em que se tem muito a dizer.

Pense se seu cônjuge e filhos podem dizer que conhecem você verdadeiramente, e faça a você mesmo algumas perguntas: Alguma vez falou mal de seu cônjuge aos filhos, amigos ou familiares? Será que seu esposo(a) pode confiar em você, contar-lhe seus temores e fraquezas, sabendo que você o julgará acertadamente e continuará a amá-lo, mesmo que esteja errado? Lembre-se que para o cônjuge, o afeto constante é fundamental para que ele se sinta amado, confiante e cativo à relação conjugal.

Quando nos casamos, votamos ao outro que estaríamos ao seu lado em toda e qualquer situação. Portanto, conserve seus sentimentos e suas ações fiéis, mesmo para um cônjuge traidor, não cumpridor de deveres. Permaneça fiel ao seu voto, ano a ano, procurando fazer o melhor na cozinha, no asseio da casa ou na busca para prover o sustento da família. Procure sempre acreditar na sinceridade do seu cônjuge ou na sensatez de seus filhos, a despeito de por vezes errarem.

Projete no cônjuge e nas interações diárias o modelo ideal, o alvo a ser atingido. Busque o modelo *ideal* em Deus, e ore para que Deus o torne *real*, de modo a tornar de seu casamento um espaço afetivo e feliz.

Quanto mais feliz for o seu relacionamento conjugal, mais felizes serão os seus filhos e melhor será o relacionamento deles com Deus. Apreenderão mais facilmente a amar seus pais, a respeitá-los e a honrá-los, o que significa que serão mais abençoados. Portanto, seja marido ou mulher antes de ser pai ou mãe, e viva uma vida conjugal justa, plena e íntegra de modo a promover a felicidade de seus filhos. Só então procure ser o pai ou a mãe de quem seus filhos se orgulharão no futuro, sendo a glória deles.

> *Os filhos dos filhos são uma coroa para os idosos, e os pais são o orgulho dos seus filhos.*
> *Provérbios 17.6*

Capítulo 5

O ninho vazio

Ao segurar um bebê, pensamos que ele demorará a crescer, que sempre o estaremos protegendo, e não o imaginamos longe de casa. É muito enriquecedor acompanharmos seu desenvolvimento físico, espiritual e intelectual. Mas a verdade é que, cedo ou tarde, os filhos, ou as "eternas crianças dos pais", deixam o lar para formarem suas próprias famílias.

Há muitos cônjuges que ficam perdidos quando os filhos saem de casa para conduzirem suas vidas. O "ninho" fica vazio, e se perguntam: "E agora? Quem vai preencher o vazio? Quem nos fará companhia? Com quem vamos partilhar nosso tempo?"

Deixando os filhos alçar vôo

Há uma fase, em geral no final da adolescência, que muitos filhos sonham com o dia em que deixarão seu lar. Pensam em ter um cantinho só pra eles, em morar sozinhos ou com amigos, e vivenciarem a tão sonhada liberdade. Com o tempo percebem que montar uma casa custa caro, que para manterem-se precisam de um bom emprego, e aprendem a serem gratos pela acolhida gostosa e carinhosa da casa dos pais.

O pai que dá um bom lar ao filho menino, terá na velhice um bom lar na casa do filho adulto.

Sólon

Penso que os filhos não devem ser estimulados a sair de casa fora do tempo correto, e muito menos devem ser expulsos, como muitos pais fazem. Mesmo os filhos mais problemáticos precisam de apoio e carinho para mudarem suas atitudes (se forem sociopatas, do tipo que batem nos pais e quebram a casa, podem precisar ser medicados), mas o melhor a fazer é mantê-los em casa sob os cuidados dos pais — a não ser em casos de dependência química (quando precisam ser internados), ou em casos extremos de filhos adultos envolvidos em marginalidade, quando colocam suas famílias em risco.

Sair no tempo correto é deixar o lar, por exemplo, para estudar e/ou trabalhar longe da casa dos pais. Um rapaz pode fazer uma escola militar, uma moça pode ganhar uma bolsa numa universidade distante para fazer uma pós-graduação, ou um dos filhos pode ser promovido no trabalho ganhando um posto numa cidade longe de casa. Nestes casos, por maior que seja a preocupação, muitas vezes os pais apostam e confiam em seus filhos, que estarão assumindo as rédeas da sua vida adulta.

Uma outra situação possível é deixar o lar para se casar. A Bíblia, em Gênesis 2.24, fala aos casais sobre deixar pai e mãe ao inaugurar uma família. Isto não significa dizer que os pais devam ser esquecidos, pois afinal foram eles que formaram, cuidaram e prepararam um cônjuge para o outro. Afinal, quanto melhor for um cônjuge, mais amor e gratidão o seu par deve ter para com seus sogros! Sem dúvida, o texto aponta para o fato de que quando um casal se une, é fundamental que eles já possam ter uma vida independente de seus pais — financeira, espiritual e emocionalmente, inclusive morando separados das famílias de origem.

Quando duas pessoas se casam é importante que tenham condições mínimas de moradia, pois as dificuldades do cotidiano podem acabar com o afeto, gerando brigas e insatisfações. Até porque filhos adultos e casados que precisam dos pais para pagar suas contas se tornam dependentes, têm que se submeter a muitas regras dos genitores, e acabam por destruir a admiração um pelo outro.

Por mais que os filhos casados possam precisar de seus pais em períodos de dificuldade, e por mais que os pais possam ajudar seus filhos ocasionalmente, vale lembrar que a independência financeira gera uma maior unidade entre o casal, auxilia na conscientização de que inauguram uma nova família, e cria uma interdependência um do outro: eles são quem decidem o que comprar, quando comprar, e aprendem a se tornar mais responsáveis com o dinheiro e a organizar o orçamento doméstico.

Do ponto de vista psíquico, uma pessoa madura e casada, por mais que valorize os conselhos dos pais, amigos e líderes, já deve ser capaz de poder decidir o que fazer a cada situação do cotidiano. Precisa aprender a conviver em sociedade, com amigos e cônjuges, criando novas regras e formas de se relacionar. O casal deve tomar todas as decisões em conjunto, aprendendo a negociar e a ceder, sem que haja interferência ou imposição dos sogros. E mesmo nos casos em que o casal more na mesma casa ou no quintal de parentes, o casal deve ter a sua independência e privacidade.

O filho(a) casado não pode passar os dias na casa dos pais, e precisa saber que há coisas íntimas do seu casamento que devem ser preservadas, a não ser em casos de agressões e desrespeito de um dos cônjuges. Ainda assim, muitas vezes consultar um profissional, pastor ou conselheiro pode ser melhor, a fim de evitar constrangimentos futuros na parentela, ou até mesmo para evitar que sogros ou pais imaturos venham a tornar a situação ainda mais vexatória ou complicada.

Por outro lado, os sogros não têm o direito de pedir aos filhos segredos para com o cônjuge. Também não devem exigir que o filho(a) sempre venha visitá-los sem seu esposo(a), a não ser que os genros e as noras estejam impossibilitados de vir temporariamente; e muito menos destratar suas noras ou genros, desonrando-os perante seus filhos. Deve sempre partir dos pais o incentivo para que sejam emocionalmente maduros e independentes, por mais que isto signifique perder o domínio que tinham sobre eles.

Vale lembrar que nenhum marido tem todas as qualidades do pai da esposa, e que nenhuma mulher vai ser a cópia das virtudes da mãe do marido. Portanto, cada casal precisa conhecer as qualidades e defeitos, tentar superá-los, lembrando que as diferenças entre as pessoas nos ensinam novas habilidades e nos conscientizam de que podemos sempre nos aperfeiçoar.

Os pais precisam incentivar seus filhos casados a buscar também a independência espiritual. Um casal precisa aprender a orar junto, a ler a Bíblia e discuti-la, e a motivarem-se mutuamente para ir à igreja e congregarem juntos em um mesmo espaço. Por mais que os pais continuem orando pelos seus filhos e seus respectivos cônjuges depois que estes se casam, muitos há que dependem da oração dos pais, pois não sabem orar e cultuar a dois, cientes de que Deus os ouve e os abençoa enquanto casal.

Seja a glória dos seus filhos. Seja motivo de orgulho e modelo a ser seguido. Esta é a melhor maneira de você não ser esquecido quando eles alçarem vôo.

Partilhando filhos com genros e noras

O casamento vai mudar seus filhos, pois apesar de já serem adultos, eles precisam se adaptar ao novo cônjuge, precisam se tornar um com as pessoas que escolheram para se casar. Entender isto implica aceitar que você também deverá adotar novos comportamentos se quiser manter um bom relacionamento com os seus filhos e suas famílias.

Primeiramente é necessário entender que seus filhos estão casados com pessoas diferentes de você. Sua nora ou seu genro pensam de modo diferente, pois são mais novos que você e tiveram outra criação.

Seus novos filhos (os genros e as noras), não vão tratar o seu filho(a) como você o faria. Eles são seus companheiros, são cônjuges e não pais. Podem não proteger os seus filhos como você gostaria, e têm outras formas de demonstrar cuidado e amor e de trocar afeto.

O temperamento deles pode ser muito parecido ou muito diferente do seu, criando dificuldades de compreensão. Assim sendo, converse francamente de modo a entendê-los melhor. Procure sair com suas noras e genros para conversar, e aceite a maneira diferente deles verem as coisas. Lembre-se que a amizade dos seus filhos você sempre terá, mas a amizade dos cônjuges deles você terá que conquistar.

Jamais fale mal de seus genros ou noras. Nunca tente jogar seus filhos contra seus pares. Se possível, agrade mais a sua nora ou seu genro do que aos seus próprios filhos, e em situações de impasse, sempre que possível, não fique do lado dos filhos. Lembre-se de que agora eles formam uma família, e que, portanto, por mais difícil que seja ouvir isto, você agora faz parte da parentela.

Aproxime os seus genros e noras de você. Ao invés de pedir coisas aos seus filhos, peça à sua nora ou ao seu genro, pois eles se sentirão respeitados. Convide primeiro sua nora ou genro para o almoço da família, e eles se sentirão mais bem-vindos à sua casa. Não tenha segredo. Converse sempre com os dois, seja para dar um conselho (quando solicitarem) ou para pedir algo. Isto os aproximará e você não dará motivo para mal entendidos.

Respeite as regras e os hábitos da casa dos seus filhos, e seja sempre aberto e franco. Aprendi com a minha sogra a não guardar mágoas ou rancor e a conversar abertamente e francamente sobre as nossas diferenças. Isto nos aproximou, nos modificou e enriqueceu nosso relacionamento. Não precisávamos usar indiretas, e aprendemos a elaborar diálogos repletos de amor e de respeito.

Você também é, ou já foi, nora ou genro. Portanto, lembre-se: se você ama o seu cônjuge deve amar também a família que o criou para você. Deixe que ele ame e honre os pais dele tanto quanto você ama e é próximo da sua. A honra, o respeito, o cuidado e o amor que vocês dedicam aos seus pais são requisitos para uma vida próspera e feliz.

Por fim, peça a Deus que lhe ensine a amar e a partilhar seus filhos com os seus genros e noras. Quanto mais próximo você estiver deles, mais facilmente você ampliará os vínculos com seus filhos e netos.

Netos: filhos com açúcar

Os seus netos são filhos com açúcar — são gostosos e entretêm, só dão prazer e não são de sua responsabilidade. Afinal, você já criou seus próprios filhos, foi responsável pela educação deles, e agora só lhe resta saborear os netos.

A você, como avó ou avô, cabe orar e amar. Portanto, deixe seus filhos e cônjuges criarem os seus próprios filhos. São eles os responsáveis pelos seus netos e, portanto, deverá ser sempre deles a palavra final sobre o que se relaciona à criança. O casal deve estar afinado a respeito das regras da boa educação e instrução que deseja dar aos filhos. Da mesma forma, é importante que os avós, tios, empregados ou qualquer outra pessoa que more ou exerça influência sobre a sua família também respeite as suas regras.

Muitos avós são solicitados para ajudarem seus filhos e seus cônjuges a criarem e educarem seus netos. Como não têm mais obrigações, alguns dizem *não* — no que estão certos! Outros preferem não cuidar em tempo integral dos netos, por vezes só auxiliando em pequenas tarefas, como pegar os netos na escola ou vigiar mais de perto uma empregada ou babá.

Entretanto, muitos atendem os filhos. Uns porque sabem das dificuldades, por vezes financeiras, e ajudam integralmente no que podem: ficam com eles em casa, levam e trazem da escola, ajudam nas tarefas escolares, dão almoço e jantar. O único cuidado necessário é que estejam afinados com os pais, de modo a darem, juntos, uma só educação. Afinal, por mais que os netos saibam que as regras da casa dos avós são diferentes das normas da sua própria casa ou dos seus pais, os conceitos morais e os valores ensinados devem ser semelhantes.

Mas há também avós que insistem em cuidar dos netos, mesmo contra a vontade dos filhos ou do seu próprio cônjuge: querem ter o controle dos netos, reviverem o cuidado com os filhos ou, quem sabe, ocuparem-se, sem perceber que podem estar atrapalhando a educação dos netos, o casamento dos filhos ou, o que é pior, o seu próprio matrimônio!

Portanto, se seus filhos e seus respectivos cônjuges solicitarem que você fique com os netos, verifique sua possibilidade e a real necessidade de você precisar se envolver. Se houver, e se você puder, então converse sobre as regras de educação, ouça as solicitações, imponha suas regras e limites, e esteja sempre conversando sobre os deveres de cada um dos envolvidos.

Outro ponto a analisar é: mesmo que você não precise cuidar dos seus netos, ao perceber algo errado na educação deles, fale com cuidado com sua nora ou genro, explique a sua preocupação e ouça as razões deles. Jamais repreenda seus filhos a respeito de algo que façam a seus netos, especialmente na frente dos mesmos. Muitos avós, com o desejo de proteger e amparar os netos, retiram a autoridade de seus filhos e cônjuges, e acabam ensinando a criança a não respeitar seus pais.

Só em situações extremas, quando os netos são espancados, abusados física e sexualmente, abandonados por pais drogados ou alcoolizados, que não tenham o cuidado necessário com os estudos ou com a saúde das crianças, é que os avós podem se intrometer. Nestes casos, doloridos e, infelizmente, mais comuns do que imaginamos, os avós podem, inclusive, solicitar a guarda dos netos — que pode ser temporária, enquanto aguardam os filhos se tratarem; ou permanente, quando a justiça percebe que a criança estará melhor protegida com os avós.

Por mais delicado que seja este assunto, vale lembrar que os pais devem permitir que os avós participem da educação e demonstrem afeto aos netos, mas que cabe ao casal de pais a direção da família, educando e formando os filhos. A ajuda dos avós e de outras pessoas será sempre bem-vinda e de grande valia, mas outros laços não devem ser mais fortes e decisivos do que os formados pela relação parental.

Preenchendo o vazio

Com a chegada dos filhos, é muito comum a mulher passar a assumir mais a sua função e sua responsabilidade como mãe, de tal forma que o homem começa a perceber sua esposa não como sua mulher, mas especialmente como a mãe de seus filhos. Da mesma forma, também e normal que o marido gaste mais tempo ocupando-se com o filho, por vezes até trabalhando mais para pagar as despesas extras. Este quadro, tão comum nos lares atuais, reflete uma inversão na hierarquia de papéis do casal. Ao invés de ocuparem-se de serem primeiro marido e mulher, passam a priorizar a paternidade ou maternidade.

Quando o ninho fica vazio, muitos casais percebem que, ao longo dos anos, se tornaram dois desconhecidos — com os afazeres e divisão de tarefas díspares que assumiram, foram se afastando, cada um se ocupando de funções específicas, e já não estão mais unidos em ideais e planos futuros. Sem assuntos sobre os filhos, o silencio se instaura.

Na verdade, há muitos casais que não conseguem mais conviver sem os filhos, e esta tem sido a principal causa para os divórcios de casais com vinte a vinte e cinco anos de matrimônio. Depois de construírem um patrimônio, de criarem seus filhos e partilharem do mesmo teto durante anos, descobrem-se sozinhos, diferentes e distantes, com interesses antagônicos. Geralmente são estes pais que mais se intrometem na vida dos filhos casados, desmotivados que estão para investirem na sua própria relação conjugal.

Por isso, a melhor forma de preencher o vazio da saída dos filhos é investir no relacionamento conjugal, buscando aprofundar o amor e manter aceso o companheirismo. Aproveite o tempo livre para cultivar seu casamento, e colher os frutos do seu trabalho, quem sabe viajando mais ou aplicando-se a um *hobby* antigo, como pintura ou música.

Quem adquire maturidade na vida adulta e se permite aprender com as vivências pessoais e dos outros, vai aos poucos construindo uma postura de vida que lhe permitirá experimentar o casamento como o período de colheita — de afetos plantados, de amores construídos, e de atitudes cultivadas com sabedoria e responsabilidade.

Cuide da sua saúde, exercite-se para ser fisicamente saudável quando a velhice chegar, trate-se para estar com a mente e as emoções em ordem, controle-se para manter seus sentimentos e suas lembranças sob o seu domínio, e se esforce para continuar aprendendo e construindo projetos para o seu futuro: amplie a sua auto-estima, dê afeto aos que partilharam a vida com você, ame e preserve a sua família, renove a guarde a sua fé em Deus, e por mais que a vida lhe tenha sido difícil, abandone as dores e ressentimentos, ciente de que Deus é a sua rocha e escudo. Traga à sua memória o que lhe dá esperança e espere na sua justiça, que não falha, nesta terra e em toda a eternidade.

Cultivando a velhice

Umas pessoas já nascem velhas, e outras jamais envelhecem.

A terceira idade, ou Melhor Idade, começa a partir dos sessenta e cinco anos. É verdade que algumas pessoas de trinta e quarenta anos já têm uma 'postura de velho', enquanto há indivíduos de setenta e de oitenta anos que ainda alimentam um espírito jovem — são mais criativos, empreendedores, entusiastas e producentes do que muitos trintões.

Isto significa dizer que, embora a velhice tenha uma data para iniciar, esta data é só um indício de um desgaste físico natural do corpo, já que a taxa de muitos hormônios caem, os ossos se tornam mais frágeis, e os órgãos precisam ser mais bem monitorados. Porém, no que tange à cognição e aos sentimentos, o idoso pode ser um adulto melhorado, que se permitiu aprender com a vida e que, conseqüentemente, chega à fase áurea da maturidade.

Sim, a vida ensina, mas infelizmente são muitos os que passam por ela sem aprender a se tornarem pessoas melhores. Há velhos de ambos os sexos que são fofoqueiros, que fazem intriga na família, que abusam sexualmente de seus netos, que são impacientes e agressivos, que ainda batem em suas esposas e filhos com ódio, e que são irresponsáveis em seus atos quando mantêm uma mente saudável.

Estes idosos mantêm os mesmos erros da juventude, e aperfeiçoaram sua maldade ao longo dos anos. Mas são pessoas que ainda têm tempo para mudar para alcançarem a salvação e uma vida mais producente e feliz, e para estas o ensino bíblico é taxativo:

> *Ensine os homens mais velhos a serem moderados, dignos de respeito, sensatos e sadios na fé, no amor e na perseverança. Semelhantemente, ensine as mulheres mais velhas a serem reverentes na sua maneira de viver, a não serem caluniadoras nem escravizadas a muito vinho, mas a serem capazes de ensinar o que é bom. Assim, poderão orientar as mulheres mais jovens a amarem seus maridos e seus filhos.*
>
> *Tito 2.2-4*

A população mundial está envelhecendo, e o Brasil não está longe de se tornar um país de velhos. Isto tem feito com que várias áreas de conhecimento, como a medicina e a psicologia, se voltem para estudar e acompanhar esta fase da vida, criando alternativas para uma velhice saudável e frutífera. Hoje há residências voltadas para as necessidades dos idosos, exercícios físicos para fortalecer a musculatura e ampliar a capacidade cardiorespiratória, remédios para combater a esclerose e fortificar os ossos, terapias e atividades para aumentar a socialização, e até classes de Escola Dominical e eventos para os "sós" nas igrejas mais comprometidas com esta faixa etária.

Não há como fugir da velhice. O que precisamos é, sem dúvida, abandonar o preconceito de que o que é velho é ruim, de que a velhice é chata e pacata, e de que quando chegarmos lá a vida acabou?! Na verdade, muitos jovens e adultos acabam com a sua vida quando se envolvem com drogas, quando fazem casamentos impensados, e acabam com a sua saúde física e emocional por não construírem atitudes responsáveis e saudáveis.

Se você ainda não é idoso, aprenda a respeitar e a admirar os mais velhos. Há uma história interessante, da época medieval, de um homem que vivia com sua mulher, seu filho pequeno e seu pai em um belo castelo. Quando seu pai se tornou idoso e começou a tremer as mãos, começou a derramar comida para fora do prato, sujando a mesa da sala de jantar. A esposa então sugeriu que o marido fizesse uma tigela de madeira maior e colocasse o pai para comer na mesa da cozinha de modo que ele não mais sujasse a casa. Certo dia, quando o pai chegava da caça, encontrou seu filho talhando um pedaço de madeira. Quando perguntou o que ele estava fazendo, o filho respondeu: "estou fazendo a sua tigela para quando você ficar velho e for comer na cozinha!"

Cuide dos seus pais, com gratidão pelo que fizeram por você, com o perdão para apagar seus erros, e com o amor que supera as barreiras das diferenças de faixa etária e de visões de mundo. Converse mais com eles, dê afeto, aprenda com as experiências de vida para ser mais sábio. Ouça seus conselhos, considere as suas ordens e trate-os como gostaria de ser tratado daqui a alguns anos (que passam rápido!).

Se você já é idoso, não importa qual seja a sua idade: lembre-se de que o desenvolvimento é um processo constante na vida humana, onde estamos sempre aprendendo com situações novas, reafirmando nossas convicções, repensando nossas atitudes e ações, enfim, reestruturando nosso eu, nossa maneira especial de ser e agir no mundo físico e social, de modo a adquirir maturidade psíquica e espiritual.

Aproveite a vida, cuide-se para ela. Seja produtivo, mantenha-se ocupado, viaje bastante, sorria sempre. Você já sabe que tudo é efêmero, que os anos passam rápido, e sente que sua cabeça está mais jovem do que nunca! Portanto, não complique a vida que, no final, é mais simples do que aprece ser. Permita que seus filhos alcem vôo, e aprenda a partilhar afeto com seu cônjuge, filhos, genros, noras, netos e bisnetos — só assim o ninho continuará a ser aconchegante e seguro, e poderá voltar a ser cheio de risos de crianças, e estará a ser florido em datas especiais.

Quando um pai dá alguma coisa para o filho, ambos riem.
Quando um filho dá alguma coisa para o pai, ambos choram.
Provérbio judeu

Parte Dois

Filhos, as maravilhas e as surpresas do desenvolvimento humano

Capítulo 6

O desenvolvimento humano

Desde crianças aprendemos que os seres vivos nascem, se desenvolvem (crescem, se reproduzem) e morrem. Entretanto, as características humanas, excluindo-se o genótipo (conjunto de genes de um indivíduo), são determinadas histórica e socialmente, não biologicamente como ocorre às outras espécies.

Chamamos de desenvolvimento o processo de apropriação e de construção das funções psicológicas, chamadas também de capacidades ou características humanas. Estas características, que tornam o homem diferente de todos os animais, são adquiridas ao longo de toda a vida da pessoa, através da interação com o mundo físico e social. Desenvolvendo-se, a criança aprende as coisas e forma sua personalidade: a sua maneira característica de ver as coisas e de reagir às diferentes situações.

A mais alta das torres começa no solo.
Ditado chinês

Desenvolvimento é um processo que ocorre em toda a vida do indivíduo, independente de sua idade ou papel que executa. A afetividade, as capacidades intelectual e perceptiva, a sociabilidade, enfim, todas as aquisições psicológicas individuais, estão em constante transformação e redefinição, respeitando-se o tempo individual e histórico, onde este último abarca não só o desenvolvimento acumulado de outras gerações, como acompanha as vivências do tempo presente.

O processo de desenvolvimento é contínuo, e está sempre em transformação. Em geral, surpreende os pais de primeira viagem, pois estes sempre comentam que quando começam a entender seu filho (a quantidade de comida que ele come, quantas horas ele dorme, como acalmá-lo quando ele chora, etc.) ele muda — adquire novos comportamentos, forçando os pais a se adaptarem às suas últimas competências, interesses, temores e necessidades!

Diferentes abordagens em desenvolvimento

A Psicologia do Desenvolvimento estuda, e na medida do possível explica, como nascem e se desenvolvem as funções psicológicas. Acompanhando sua trajetória, notamos que as diversas correntes apóiam-se em diferentes concepções do homem e do modo como ele aprende.

Filósofos como Anaxímenes, Pitágoras e Aeráclito, entre outros, buscavam uma verdade absoluta, um princípio eterno, que explicasse o homem em sua totalidade, desde sua gênese até sua maturidade física e cognitiva. Só com o aparecimento dos sofistas (filósofos que incentivavam o questionamento e ensinavam a arte da eloqüência) o homem começa a ser visto como sujeito cônscio e empírico, que pode vir a conhecer a si mesmo.

Platão, retomando Sócrates, já no terceiro século a.C., foi o primeiro a utilizar o termo "dialética", a conceber o homem como um ser constituído de relações e a afirmar que havia diferenças inatas de aptidões, diferenças individuais entre os homens. Entretanto Aristóteles, seu discípulo, divergindo de Platão, propõe que todos são iguais ao nascer, que a mente humana é uma "tábula rasa", e que as diferenças surgiriam com a educação e treinamentos posteriores.

Esta visão atravessou todos os períodos medieval e moderno, e chegou até o contemporâneo, influenciando muitos teóricos da Psicologia, em particular na área do Desenvolvimento. Negando ou assumindo a ótica aristotélica, estes se posicionam sempre em um ponto do eixo da controvérsia entre hereditariedade x meio; corpo x mente.

Assim, a criança passou a ser estudada como inferior ao adulto ou como um adulto em miniatura, ora sendo vista como ser acabado e determinado desde o nascimento, ora identificada como uma tela em branco, pronta para ser escrita e moldada pelo adulto. O desenvolvimento da criança passou a ser um estudo seccionado, cada teoria enfocando um aspecto, defendendo concepções excludentes, determinando fases e estágios acumulativos.

Alguns teóricos acreditavam que há uma organização intrínseca, onde as características e potencialidades básicas do ser humano (personalidade, conceitos, valores, aptidões cognitivas, afetividade, conduta social) estão como que adormecidas, esperando pela época ideal de amadurecimento. Assim, o papel do ambiente e do outro social é interferir o mínimo possível no desenvolvimento espontâneo do sujeito. No máximo é preciso ensinar à criança habilidades e normas que governam o comportamento dos mais velhos, já que a maturidade vem gradualmente com a idade, sendo plena na fase adulta.

Outros, como John B. Watson e B. F. Skinner, partem do pressuposto de que quase todo comportamento humano é aprendido, e que a aprendizagem se dá aos poucos, através de associações de estímulo/resposta, da imitação e da dependência na infância (considerada a raiz de toda socialização). Este grupo, ambientalista, na maioria das vezes, tem uma visão inatista das diferenças individuais, pressupondo assim uma organização intrínseca genética, que precisa ser ativada pela instrução.

Teóricos mais conhecidos, como Heinz Werner e Jean Piaget, consideram o desenvolvimento humano a partir de uma perspectiva evolucionária, com ênfase na interação entre o desenvolvimento da criança e o meio que a cerca, de modo a manter um equilíbrio entre ambos. Embora já considere o meio físico e social, este grupo ainda admite a idéia de maturação e a visão do desenvolvimento é linear, contínua e cumulativa. Piaget é um teórico reconhecido em todo o mundo pelo modo cuidadoso e detalhista como procurou mostrar o sujeito como construtor do conhecimento. A crítica mais forte que se faz a Piaget é de ter, talvez por se ocupar tanto do sujeito particular que constrói, negligenciado o contexto social, ou seja, a importância também das relações sociais no desenvolvimento do indivíduo, relações que, para outros teóricos, seriam possíveis antes mesmo do nascimento.

A psicanálise, a partir de teóricos como Mead e Freud, analisa o desenvolvimento humano como sendo motivado por forças internas, por conflitos entre as demandas do mundo social e as necessidades individuais. Há ênfase na adaptação, em estágios preestabelecidos e na visão do desenvolvimento como um processo constante e progressivo, de resoluções de conflitos entre o individual e o social.

Muitos dos conceitos desenvolvidos pelos teóricos interessados pelo desenvolvimento humano são igualmente importantes para o crescimento da ciência psicológica. Entretanto observamos que, ao longo da obra da maioria dos autores, o desenvolvimento tem sido entendido como um processo linear, onde há etapas ou fases que devem ser vencidas (criança > adolescente > adulto > velho), em conformidade à visão que se tem de ciência — esta última, por décadas, foi considerada como linear, caminhando por linhas simples e constantes, mas hoje é abordada como cíclica, onde se admite rupturas e saltos por vários estágios preestabelecidos.

Henri Wallon, Vygotsky, Bowlby e Lacan, dentre outros, são teóricos que trouxeram contribuições importantes. Estes discutem que o desenvolvimento não é, pura e simplesmente, a passagem por vários estágios ou etapas, mas o estudo da passagem de um processo para outro processo. Sob esta nova perspectiva, chamada socio-interacionista-construtivista, a criança é sempre um parceiro ativo de seu próprio desenvolvimento. Ela não só sofre a ação, mas ajuda na construção, na atuação e elaboração deste.

Para Wallon a criança é, desde o início, um ser social, já que o primeiro instrumento utilizado pela criança é o adulto. Antes de modificar o meio físico, a criança, através do movimento, atua e comunica-se com o meio humano para ocupar-se em construir a si mesma. Antes de entregar-se à exploração sistemática do ambiente externo, a criança ocupa-se em explorar seu próprio corpo, em observar mãos e pés, em sugar os dedos, em provocar, mesmo que a princípio inconscientemente, respostas nos que a cercam. A criança, através da interação, reorganiza sua cultura pessoal e amplia a cultura coletiva – que abrange a multiplicidade de culturas pessoais dos outros organizadores da relação criança/meio, bem como a cultura coletiva, mais ampla, do grupo social a que pertence. Desse modo, há uma co-construção, uma relação recíproca entre o desenvolvimento da criança e dos que dela tomam conta, sempre partindo da premissa de que somos, todos, seres sociais ativos, em pleno desenvolvimento.

Vygotsky enfatiza que o estudo do desenvolvimento deve observar três aspectos fundamentais: o biológico, pré-requisito para a instalação das funções superiores; o social, cuja função primordial é dar significado à esfera biológica; o psicológico, enquanto movimento pessoal e particular de cada indivíduo em entrelaçar as linhas biológicas e sociais.

Para Wallon e Vygotsky, o ser humano é um sujeito que, a cada etapa de seu desenvolvimento, adquire significados que o possibilita afetar e transformar o seu mundo e a si próprio. O desenvolvimento da criança é um processo dinâmico, cheio de rupturas, mudanças bruscas e crises. Começa a partir de um ser socialmente adaptado, onde o sujeito é réplica dos outros sociais, e evolui para a concretização de um indivíduo maduro e independente, mas que estará sempre se desenvolvendo através de crises e das interações sociais. Ambos têm uma visão holística da criança, que nasce imbuída no social, e ao mesmo tempo em que emergem suas características particulares (através do uso de instrumentos e atividades com a imitação e o jogo, por exemplo), ela adquire modos mais competentes (através de motivação, habilidades e atitudes coerentes) de ser e agir no mundo, de participação social.

A individualidade no desenvolvimento

Os bebês são indivíduos em desenvolvimento, e ao mesmo tempo são inteiros e completos em cada fase vivenciada. E isto acontece em cada faixa etária: estamos nos desenvolvendo, mas somos seres inteiros, não protótipos do que seremos amanhã, como se a criança fosse menor, somente um pequeno e incompleto adulto.

Além disso, mesmo dentro de uma mesma faixa etária, cada idade tem sua própria individualidade. A criança de cinco anos não é uma edição um pouco mais velha e melhorada da criança de quatro anos, nem o adolescente é uma criança de nove anos mais alta ou mais capaz. Uma idade não caracteriza simplesmente a soma das competências das idades anteriores.

Na verdade, cada idade tem a sua própria individualidade, um ritmo próprio, uma maneira específica de ser. E como o desenvolvimento não avança numa simples direção em linha reta, é de se esperar que idades de desequilíbrio se alternem com idades de equilíbrio. Isto porque o desenvolvimento é um processo descontínuo, marcado por crises: enquanto em algumas idades a maioria das crianças parece ter um equilíbrio geral e uma adaptação fácil às exigências da vida do dia-a-dia, outras idades são precisamente o contrário, e parecem caracterizar-se por um desequilíbrio ou um retraimento generalizado, gerando problemas com a alimentação, o sono, a reação às outras pessoas e até à vida pratica em geral. Nestas fases, ao se depararem com o inesperado, os pais se assustam, procuram explicações para o comportamento dos seus filhos — sem suspeitarem que as atitudes possam ser parte do processo do desenvolvimento.

Na hierarquia familiar, é importante o papel dos pais em interpretar e delimitar o lugar e o papel de cada um de seus filhos; em outras palavras, respeitar o processo e as características de cada um. Afinal, mesmo havendo comportamentos esperados dentro de alguns meses ou faixas etárias, estes podem variar de uma criança para outra.

Vale ressaltar que a individualidade no processo de desenvolvimento deve levar em consideração três aspectos: o temperamento básico da criança, a fase de equilíbrio ou desequilíbrio que ela possa ter atingido, e a maneira como os pais lidam com ela. Em geral, quando todos os aspectos são favoráveis, as coisas correm efetivamente bem.

Acompanhando o desenvolvimento

Observar o desenvolvimento dos filhos é uma atitude para toda a vida, até porque o desenvolvimento não tem fim. Acompanhá-lo requer paciência e determinação, pois é complexo, como um rio muito caudaloso, cheio de correntes, com fluxos e refluxos, redemoinhos e lagos tranqüilos, que consegue cavar um leito e alcançar seu destino.

Para perceber e acompanhar a criança em suas descobertas, é necessário que os pais sejam próximos e atentos. O tempo passa rápido, os anos voam, e muitos pais perdem muitas das descobertas dos filhos por estarem envolvidos em suas ocupações profissionais, domésticas ou ministeriais. Afinal, ser pai ou mãe implica desempenhar diferentes funções, ter responsabilidade e maturidade para lidar com diversas tarefas e compromissos, mas sem deixar de conhecer e acompanhar o desenvolvimento dos filhos.

A verdade é que pais mais aplicados e competentes tendem a ter filhos mais competentes, não por influência genética ou por precocidade como regra, mas pelo fato destes estruturarem o meio físico e social de modo mais criativo para a criança, colocando-a em contato com instrumentos (papel e canetas, computadores, cheques, etc.), e por estimularem sua fala e seu posicionamento frente a situações diversas.

Nos dias atuais, quando ambos os pais trabalham fora, é importante a qualidade do tempo que se dedica à criança, é preciso trazê-la para dentro das conversas e resoluções da família. É preciso incutir na criança sentimentos de autoconfiança e sensação de competência. A criança tem que se achar boa, sentimento que se apreende a partir de sua família.

Só conhecendo o desenvolvimento infantil, é que passamos a entender melhor as necessidades gerais e a maneira mais eficaz de educarmos nossos filhos. Conhecendo as necessidades e as características de cada fase, vencemos muitas das ansiedades e das curiosidades comuns aos pais, que sempre se perguntam se "o meu filho é normal?"

Acompanhar o processo de desenvolvimento é se maravilhar e se surpreender a cada dia com a criança, se emocionando nos muitos momentos em que ela descobre o novo, mesmo que sejam as suas próprias mãos ou pés. É congelar de medo quando ela começa a dar seus primeiros passos, se emocionar ao primeiro sorriso, chorar com ela quando se machuca, angustiar-se com o seu primeiro dia de aula. E olhar para seu filho e perceber que suas feições mudaram, sua voz engrossou, sua barba cresceu, e que ele passou você em estatura.

Por que aprender sobre a criança?

A teoria co-construtivista do desenvolvimento admite que os filhos nos ensinam, e que a criança sempre transcende a cultura de seus pais no processo de aprendizagem. Isto significa dizer que, por mais que os pais tentem organizar a vida das crianças de modo a educá-las — papel primordial enquanto pais — a criança internaliza esta educação ativa e subjetivamente. A sua personalidade seleciona algumas temáticas em detrimento de outras, e o ensino se torna particular, formador de uma visão de ser e estar no mundo muito pessoal. Isto explica as surpresas dos pais face a algumas respostas ou modos de comportamento de seus filhos. Também explica porque irmãos criados sob o mesmo teto e que receberam a mesma educação têm atitudes e comportamentos tão diferentes.

Contudo, isto não impede que os pais aprendam sobre a criança. Afinal, quanto mais aprendem sobre suas possibilidades e capacidades, mais são capazes de entendê-la melhor, respeitar as suas limitações e aproveitar bem as suas habilidades. Também os impede de exercerem um controle exagerado, ou a ceder à infeliz tentação de se adiantarem ao relógio biológico dos filhos — não se pode impor prematuramente uma determinada ordem ou exigência, pois as frustrações podem encobrir ou retardar uma aptidão que surgiria naturalmente, inclusive distorcendo o que gostariam de ensinar.

É por esta razão que, nos capítulos seguintes, vamos abordar, de forma simples e resumida, as principais características das diferentes faixas etárias. Leia com atenção, lembrando sempre que o processo de desenvolvimento é único e particular, e que as crianças apresentam variações no ritmo de aquisições e capacidades. E tenha sempre em mente que você é, ao mesmo tempo, agente importante na formação do seu filho, alem de serem parceiros do processo de desenvolvimento um do outro.

Capítulo 7

Os dois primeiros anos

As reações que um bebê provoca ao chegar na família são singulares. Alguns casais se surpreendem com a cor avermelhada ou com a quantidade de cabelo, outros se assustam com a feiura do neném, muitas vezes ainda inchado. Mesmo assim a maioria já arrisca um palpite sobre a sua aparência e performance: é calmo igual ao pai, tem o nariz da mãe, a testa da avó, o jeito da tia.

Mesmo quando a criança é desejada e esperada, pode surgir no seio da família sentimentos distintos, como a preocupação do pai para com o sustento deste novo membro, a ansiedade da mãe que se sente incapaz de cuidar deste ser tão indefeso e pequeno, ou o ciúme do irmão mais velho.

A chegada de uma criança reestrutura a ordem familiar. O casal e os outros filhos, se houver, terão que mudar alguns de seus hábitos e horários, e se adaptarem a este novo membro que, desde pequeno, necessita de muita atenção e cuidado. Afinal, o bebê tem necessidades várias, e conhecer estas necessidades nos ajudam a saber lidar com elas e a supri-las, o que favorecerá o seu desenvolvimento global – físico, emocional, educacional, social e espiritual.

A gestação

A gestação compreende o período em que o bebê está sendo gerado no útero materno. Ela tem início no ato da fecundação, quando o espermatozóide (do homem) se funde ao óvulo (da mulher), e termina no momento do parto, quando ocorre o nascimento e o bebê deixa o útero, sua habitação por nove meses ou por menos tempo, em algumas exceções.

O período da gestação tem sido largamente estudado por médicos e psicólogos em geral, pois é neste período que ocorre a formação do corpo e da mente da criança. Contudo, até hoje a ciência se surpreende com o milagre da vida, com a maravilhosa obra divina em fazer com que duas minúsculas células, ao se fundirem e se reproduzirem, formem ossos, terminações nervosas e membros, que trabalham tão harmoniosamente para a sobrevivência e o aparecimento de um ser humano pleno e completo. É sobre este conhecimento e obra divina que, assombrado, Davi escreve no Salmo 139.13-16:

> *Tu criaste o íntimo do meu ser e me teceste no ventre de minha mãe.*
>
> *Eu te louvo porque me fizeste de modo especial e admirável. Tuas obras são maravilhosas! Digo isso com convicção.*
>
> *Meus ossos não estavam escondidos de ti quando em secreto fui formado e entretecido como nas profundezas da terra.*

Os teus olhos viram o meu embrião; todos os dias determinados para mim foram escritos no teu livro antes de qualquer deles existir.

Por muito tempo se acreditou que o feto não ouvia e não sentia nada no útero. Entretanto, estudos recentes mostram que mesmo antes do nascimento a criança já tem vida biopsíquica e social. Ela apresenta movimentos em face de ruídos ou vozes conhecidas, demonstrando que ela já tem uma relação dialógica com a mãe e o meio. Fetos de 23-36 semanas de gestação apresentam movimentos corporais quando estimulados, e fetos de 30-42 semanas mostram variações no batimento cardíaco em face de vários tipos de estímulos, da fala humana ao som de um objeto externo. Estudos ainda evidenciam que fetos de 37-42 semanas demonstram, através de movimentos corporais e batimentos cardíacos, sinais de reconhecimento a vozes conhecidas.

Portanto, desde antes do nascimento a criança sofre a ação do meio e responde a este do modo que conhece: com seu próprio corpo, no início através de impulsos e depois intencionalmente. Mesmo no útero, ela já reconhece vozes, já responde às sensações bioquímicas de tristeza, alegria ou agressão da mãe e dos que a cercam, mesmo sem poder interpretar o que percebe — ela não pensa "meu pai está nervoso" ou "minha mãe está me rejeitando...", mas memoriza as emoções e impressões que vivencia.

É correto afirmar que o bem-estar mental do bebê tem início bem antes do nascimento, e que a saúde física e mental da criança principia, portanto, pela saúde materna. A mãe, durante a gravidez, cria atitudes, expectativas e decisões que irão influir no ritmo do desenvolvimento físico e mental do bebê. Por isto é importante acompanhar o pré-natal, executar os exames necessários, observar as mudanças no seu corpo e abster-se de substâncias que causem má formação ou dependência.

Muitas são as mães que sentem saudade dos períodos de gravidez, que se emocionam ao lembrar dos movimentos do feto que evidenciam o dom maravilhoso da vida. É um período único, onde se inicia o desenvolvimento e a formação física e emocional da criança.

Portanto, se você está grávida, aproveite este período para conversar com seu filho, cantar para ele, acariciar sua barriga e sentir seu filho como parte de você, como seu. Se você é pai, converse com seu bebê, vigie suas atitudes e seu tom de voz, e aja para que o período de gravidez deixe as melhores impressões na vida do seu filho. Quando os anos passarem, você verá que, dia após dia, ele se tornará independente e diferente de você, mas será sempre receptivo à sua voz e ao seu afeto.

Trabalho de parto e nascimento

É natural que haja uma preocupação quanto ao evento crítico do nascimento de uma criança, especialmente no caso do primeiro filho. Os pais se enchem de preocupações, muitas questões são formuladas ao ginecologista e ao obstetra, e muitos parentes e amigos surgem com histórias interessantes sobre o momento do parto — ora respondendo perguntas, ora aumentando ainda mais a ansiedade dos pais de primeira viagem.

Também é natural que o evento do nascimento seja cercado de cuidados, e até esperado por pais bem informados e responsáveis, que organizam enxovais, e que buscam o médico e o hospital que eles consideram necessários para o parto que desejam. Cada detalhe precisa ser avaliado: o tipo de parto (natural ou cesárea, dentre outros), se este será realizado com um mínimo de drogas ou até nenhuma, se o pai vai freqüentar cursos que o preparam para o momento tão esperado. Afinal, quanto mais os pais se preparam para participar do processo do nascimento de seus filhos, maior é a possibilidade do trabalho de parto ser reduzido e prazeroso.

Vale ressaltar que por muitos séculos os pais só iniciavam um envolvimento emocional com os filhos depois de horas do nascimento: as crianças nasciam e permaneciam com os olhos fechados por horas ou dias, eram afastadas dos pais por horas na maternidade, e ficavam embrulhadas em mantas e cueiros, como um "pacotinho", para que ficassem imóveis. Hoje, elas já nascem com os olhos abertos para vida, vestem roupas mais confortáveis e adaptadas ao clima, ficam livres para se movimentarem à vontade, e recebem o aconchego da mãe e da família minutos após o parto. O nascimento passou a ser comemorado e festejado, com direito a filmagem e fotos, e o contato visual e afetivo já pode e deve ser imediato.

4 semanas

Os bebês são indivíduos e, portanto, têm uma individualidade, que se traduz, inclusive, num ritmo particular para vivenciar seu próprio desenvolvimento. Lembre-se de levar isto em consideração ao constatar variações de dias ou meses em algumas das aquisições relacionadas por faixa etária.

O primeiro mês é considerado o mais preocupante, especialmente para os pais de primeira viagem. Embora a criança passe a maior parte do tempo dormindo e se amamentando, são semanas trabalhosas, especialmente para mães que passaram por cesárea e que, além dos cuidados com o bebê, ainda precisam cuidar de si mesmas.

Há uma estreita sociabilidade do bebê com o meio, iniciada no útero materno, particularmente com os adultos que dele tomam conta, mesmo porque o cuidado físico e afetivo (social) é necessário à sua sobrevivência. A criança precisa ser transportada, embalada, tocada, manipulada, embalada e acalmada – atitudes que podem torná-la relaxada e tranqüila, e que influenciarão seu comportamento presente e futuro.

O recém-nascido, totalmente ocupado em alternar o sono com a necessidade de se alimentar, tem em seu comportamento reações descontínuas e esporádicas, onde seus gestos não têm utilidade prática. Desse modo, é a família que completa, compensa e interpreta suas ações: o bebê estica a mão e nós a seguramos, ele chora e nós o acalmamos, ele se mexe no berço e nós interpretamos que está querendo colo.

Estes exemplos demonstram que mesmo quando apresenta reações espontâneas e reflexas, o recém-nascido provoca ações e intervenções no meio físico e social. Assim, através de suas primeiras gesticulações, mais claramente ao perceber o movimento e ação do outro, é que as primeiras atitudes da criança tomam forma, isto é, se transformam nos primeiros movimentos ordenados e significativos.

Ao longo das quatro primeiras semanas, é possível observar uma maturidade no bebê: seus movimentos se tornam mais coordenados, direciona e fixa o olhar em coisas e pessoas, os músculos adquirem um tônus mais firme, o comportamento parece mais bem organizado. A respiração é mais profunda e regular, engole com maior segurança, não se engasga nem regurgita tanto, e pode aquietar-se quando o pegam no colo ou ouve vozes conhecidas. Em geral é calmo, menos sujeito a sobressaltos, e o choro envolve dor, incômodos ou fome – o que deixa os pais ansiosos e nervosos!

Brinquedos e brincadeiras sugeridas: móbile; pedaço de pano de cores vivas pendurado na parede diante do berço; roda de argolas (argolas de plástico de cores vivas dentro de uma argola maior); brinquedos de plástico ou de borracha com barulhos; acessórios coloridos de berço. Música lenta e fantoches são excelentes formas de brincar, acalmando ou estimulando a criança.

3 meses

Aos três meses o bebê já se interessa pela interação social, observando e imitando expressões e movimentos. Seus olhos acompanham o olhar dos pais, e percebem as emoções estampadas nos olhares e nas falas dos que o cercam.

Como o bebê interage mais, é comum que os pais desenvolvam uma 'linguagem' emocional — cômica e exagerada, com muitos sorrisos, gritinhos, repetições e expressões faciais, fazendo caretas ou mostrando a língua. Esta conversa animada chama a atenção da criança, que imita os pais no mesmo tom e no mesmo ritmo, fazendo com que ela se sinta compreendida. É o início de uma linguagem emocional, que inaugura o processo de treinamento das emoções humanas, e evidencia o papel ativo do bebê no jogo social da relação parental.

Por volta dos três meses, a criança ganha expansividade e expressa com mais precisão as suas vontades através de gestos, choros, balbucio ou olhares. Torna-se mais interessada por agarrar e observar objetos, e sorri espontaneamente para as pessoas, o que já constitui um laço puramente afetivo. Seus gestos adquirem formas mais claras de intenção e de interação, pois percebe uma associação entre seus movimentos e os efeitos que estes provocam, de modo que suas atitudes e fisionomia entram no domínio da expressão, da compreensão e das relações interpessoais: ela faz cara de choro ou de surpresa, e sorri com a intenção de ser simpática.

Surge assim um novo quadro, onde o gesto do bebê não é espontâneo, mas possui finalidade e intenção: seus movimentos já têm um *porquê* (o desejo da criança) e um *para quem* (pessoa a quem se dirige). Paralelamente, o desenvolvimento emocional e físico da criança também passa a refletir a saúde e a atuação da família — o bebê de uma mãe deprimida, por exemplo, tende a espelhar a tristeza, a falta de energia, a alienação, a raiva e a irritabilidade de sua mãe, e se a depressão desta persiste por um ano ou mais, o desenvolvimento do bebê começa a se retardar. Isto evidencia que os adultos que cuidam de uma criança pequena influem muito em seu desenvolvimento emocional.

A vontade e a consciência de ser do bebê ainda é confusa, mas já apresenta alguns ganhos, na medida em que ele busca seus interesses em experiências concretas com o mundo físico (tocar seu próprio corpo, equilibrar-se, rolar e arrastar-se, etc.), com o mundo social (através do toque, do choro manhoso, do sorriso direcionado ao outro, dos jogos e das brincadeiras, etc.) e com o mundo cultural (manuseando brinquedos e objetos em geral).

Por outro lado, o bebê ainda necessita de longos períodos de sossego, de um ambiente acolhedor e relaxante, que lhe permita dormir e, em silêncio, organizar suas aquisições. Pais atentos percebem que a criança fica mal-humorada depois de uma reunião de família ou da agitação de um dia. Na maioria das vezes ela consegue se acalmar sozinha, e se não o fizer, eles devem ajudar a criança a se acalmar: diminuindo a luz, falando baixinho, embalando o bebê, cantando ou colocando uma música tranqüila, ou fazendo massagens na face e em seu corpo. Pais que acalmam contribuem para o equilíbrio emocional de seus filhos.

Brinquedos sugeridos: móbiles; brinquedos com botões, coloridos e barulhentos; argolas para o bebê morder; bola de água (bola de plástico resistente com objetos flutuantes dentro).

6 meses

Por volta dos quatro ou cinco meses, o bebê tende a se retrair, como se estivesse apreendendo informações do mundo e das pessoas. Pode ficar estudando as mãos e pés por longos minutos, e já reconhece pessoas, sons ou objetos desejados. Já em torno dos seis meses torna-se bastante comunicativo: novas perspectivas, novos sons e novas atividades fascinam o bebê. Gosta de ficar em pé no colo se balançando, ou de se sentar para ver o ambiente sob nova perspectiva, e prefere ter as mãos livres para manusear e agarrar objetos. Diverte-se ao rolar na cama, se distrai com os seus brinquedos, e já sorri à sua imagem no espelho, mesmo não sabendo que vê a si mesmo.

Nesta fase aparece, de forma mais nítida, a mímica infantil, que entre outras funções, possibilita a distinção das emoções básicas, como alegria, medo (quando "estranha" pessoas), espanto, etc. A criança está orientada para o mundo físico-social, utilizando com maior precisão o seu corpo (mãos, boca, sons, pés, etc.), para estabelecer contato e testar suas expectativas. Assim, através dos gestos e orientada por suas emoções, começa a apreender e a explorar o meio. E é este desejo de apreender que a incentivará, nos meses que seguem, a sentar, engatinhar e a se arrastar, literalmente, à procura de objetos atraentes e pessoas conhecidas.

É importante destacar que a partir dos seis meses fica evidente a ligação indissolúvel, a ação recíproca, entre o desenvolvimento psíquico e o biológico: é fundamental que a criança tenha um bom funcionamento cerebral para o desenvolvimento da motricidade, da linguagem e da inteligência. Entretanto, a vida psíquica, por vezes tão urgente, muitas vezes consegue vencer as condições precárias da biológica, além de melhorá-la.

Assim sendo, de modo a estimular o desenvolvimento físico e emocional, aceite os convites de seu bebê para brincar com objetos, imite suas reações emocionais, e converse bastante, espelhando os sentimentos que percebe em seu filho, dizendo coisas como "você está triste (contente, assustada, etc.), não está?", "você está ficando com muito sono" ou "quer vir para o colo do papai?" Através de você o desenvolvimento físico e emocional do seu filho é estimulado e enriquecido.

Brinquedos sugeridos: cadeira de bebê (pode ser utilizada em casa ou no automóvel); blocos de borracha com guizos dentro; tenda do bebê (assento suspenso no meio de uma mesa; para substituir a cadeira alta: não tomba; pode converter-se em mesa); quadrado; brinquedos grandes para montar, empilhar, separar, etc.

9 meses

A criança já maneja e interage com objetos com vontade e interesse, se senta sozinha, tem um bom domínio do seu físico, engatinha, e faz força para se pôr de pé, tentando deslocar-se pelo ambiente. Sua sociabilidade se amplia, consegue proferir algumas palavras como "mamãe" e "papai", e reage ao meio, tentando impor sua vontade.

Nesta fase o bebê já se interessa pela interação social, observando e imitando tudo e todos. Começa a perceber que os adultos a compreendem, que eles podem sentir e pensar a mesma coisa que ele. Isto fortalece os laços emocionais formados entre pais e filhos, e entre irmãos.

Ao mesmo tempo, a criança está começando a perceber que os objetos e as pessoas em sua vida têm uma determinada dose de permanência ou constância: o fato de a bola ter rolado para debaixo da cama e sumido, não quer dizer que ela não exista. Nota que mesmo tendo saído do quarto e não podendo mais ouvi-lo, a mãe continua sendo parte de seu mundo e é capaz de voltar ao seu campo de visão.

É o momento em que a criança se interessa pelos jogos de esconde-esconde, ou por jogar coisas para que os adultos as peguem, ansiosa para brincar, interagir e provocar reações afetivas em quem gosta.

Brinquedos sugeridos: peças para montar, empilhar, separar, etc.; blocos de borracha; blocos coloridos, quadrados ou redondos, para encaixar numa caixa grande; placas ou blocos coloridos de madeira, bola tamanho médio para estimular a locomoção; brinquedos aquáticos.

Primeiro ano

O início do primeiro ano de vida não é fácil. Embora a curiosidade e a capacidade de dar alguns passinhos leve a criança para novos espaços, o seu andar ainda não é firme. O manuseamento de objetos não é tão interessado nem tão hábil, mas permite-lhe participar em brincadeiras infantis recíprocas, tais como bater palmas e dizer adeus.

As limitações por conta da imaturidade no domínio motor e adaptador, na linguagem e no desenvolvimento emocional, podem provocar-lhe acessos de fúria: até porque quer pedir algo e não consegue pronunciar as palavras, deseja um objeto e não o alcança, quer pular um obstáculo, mas não tem a altura ou a firmeza necessária!

O mundo das palavras também se amplia. Por volta dos doze meses, além de *mamãe* e *papai*, o vocabulário aumenta de modo considerável. As crianças são capazes de imitar sons, de responder quando as chamam pelo nome, de reagir adequadamente a *Não ou Me dá*. Também já são capazes de decorar, ouvir histórias curtas com atenção, e representá-las através de desenhos, ainda que não bem estruturados. A fala também facilita a nomeação e o agrupamento dos objetos, o que é muito importante para a complexa e necessária interação entre a manipulação de objetos e a maturação cerebral.

Embora algumas crianças já arrisquem os primeiros passos por volta dos onze meses, geralmente aos quinze meses a criança já se mantém de pé, e até é capaz de caminhar, levada pela mão. Ela sempre quer ser notada, e exige mais e aceita menos do seu ambiente do que quando era simplesmente um bebê. Sua atividade não se esgota: atira brinquedos e depois quer que lhes sejam dados outra vez, faz barulhos, quer pegar todos os objetos possíveis, e "briga com o sono" de modo a evitá-lo.

Aos dezoito meses a criança já caminha firmemente, arrisca saltos, e escala escadas e solos acidentados. Com o domínio da marcha e da fala, ocorrem mudanças na relação com o meio físico, dos domínios viso-motor, auditivo-fônico e tato-cinésico, tornando o ambiente mais acessível e atraente. Geralmente tem uma vontade extremamente forte, e quando está determinada a cumprir uma tarefa pode ter dificuldade de prestar atenção quando falam com ela, ou de obedecer às ordens que recebe.

Nesta fase, a percepção torna-se mais precisa e o movimento tende a ser repetido, o que vai permitir a eliminação de movimentos inúteis e a eficiência do gesto: ela pode executar por um longo tempo, repetidas vezes, um mesmo movimento com brinquedos ou com seu corpo, como bater a bola no chão, agachar e tocar os pés, pular amarelinha, etc.

A criança amplia e aprimora também a predominância de formas de acordos entre ela e o meio físico e social, havendo o reconhecimento de pólos ativo/passivo, autor/alvo, etc., que instaura a mobilidade das situações e dos papéis. A criança é, reciprocamente, autor e objeto de uma mesma situação, quando, por exemplo, brinca de esconder/achar o outro, dar/receber um abraço ou um tapa nas mãos, empurrar/receber uma bola, ser aluno/professor, etc.

Aproveite bem esta fase para correr e brincar muito com seu filho. Converse bastante, dê muito carinho, e aproveite para firmar uma amizade que pode durar toda a vida.

Brinquedos sugeridos: cadeirinha de passeio; carrinho de bebê; cavalo de pau, para montar, com rodas; brinquedo de puxar e de empurrar; Jogos de encaixe com peças grandes e coloridas; bolas; caixas simples, para abrir e fechar; brinquedos aquáticos; animais ou bonecas de pano macio ou de borracha antialérgica; livros de pano e de cartão forte, com figuras de seu cotidiano; carrocinha de mão; martelo e estaca de brinquedo; instrumentos musicais artesanais; caixa de música.

Capítulo 8

A criança de dois a cinco anos

Como pais, devemos saber olhar para todas as fases de nossos filhos e entender que eles têm modos de se comportar e necessidades diferentes a cada etapa de suas vidas. Precisamos, portanto, nos adaptar à elas e coordená-las com pulso forte, com boas doses de amor e de paciência, e sempre com muita dedicação.

A faixa etária de zero a seis anos é uma das mais belas, pois nesta formamos a estrutura do caráter e da personalidade dos nossos filhos. Ela pode ser dividida em várias sub-faixas, chamadas de Berçário, Maternal, Jardim, Principiantes, Pré-escolares, etc., mas estas subdivisões nem sempre são correspondentes aos vários estados do Brasil. Assim sendo, dividiremos nosso estudo por idades, como já fizemos no capítulo anterior.

2 anos

Durante o segundo ano aumentam os diálogos que a criança mantém consigo mesma. Assim, dependendo das situações, pode ralhar com ela própria, dizer "obrigado", "cuidado!", "não faça isso", ou repreender um brinquedo por atos cometidos por si própria (pode tropeçar no pé da mesa e dizer "mesa feia, você me machucou!").

Para certificar-se de seu "eu", ela primeiro o compara, ora identificando-se, ora opondo-se aos outros sociais com quem interage, sejam objetos ou pessoas: usa o *Não* com mais freqüência, e compara aspectos físicos e comportamentais dos irmãos. Ao imitar, projeta nos que a cercam seus próprios motivos: veste a roupa da mãe, e imita a voz e postura do pai para dizer coisas que gostaria de ouvir. Ao falar, alterna personagens, enquanto vai começando a distinguir os outros em seus possíveis papéis (o padeiro, a empregada, o jornaleiro, a professora, o barbeiro, etc.).

A criança revive verbalmente a sua infância, e pode mesmo querer ser um bebê. Chama a si mesma de *eu* e as outras pessoas de *você*, embora algumas ainda se confundem com o uso dos pronomes *meu* e *seu*. Contudo, a relação com as regras que envolvem propriedade ainda são confusas: para a criança, *o que eu vejo é meu, se eu quero é meu, e se é meu eu não empresto porque é meu para sempre*. Vale ressaltar que esta atitude não é mesquinha, mas uma forma de exprimir sua individualidade.

Ampliam-se os jogos de alternância (brinca de ser pai ou mãe, e logo após de ser filha ou filho), o brincar espontâneo e as atividades múltiplas de expressão corporal (correr, jogar bola com amigos, brincar de bonecas, dar cambalhotas, etc.). Estas atividades ampliam o universo de sua cultura pessoal e a capacidade de atuar e transformar a cultura coletiva de seu grupo social.

Esta idade é, acima de tudo, uma idade de extremos opostos. A criança não tem capacidade para escolher entre alternativas e, assim, oscila interminavelmente entre quaisquer dois extremos: Quero/Não quero; Faço/Não faço. Assim sendo, dar-lhe muitas opções de brinquedo ou de alimentos pode deixá-la confusa e irritada.

Nesta idade a criança pede para urinar com antecedência, e é capaz de ir sozinha para o banheiro e puxar as calças para baixo. Já que o intestino aos dois anos é treinável, as crianças podem passar um dia sem evacuar, e algumas têm maior facilidade se despirem a roupa toda.

Embora brigue com o sono, pode ser acalmada à noite, quando os pais a colocam para dormir e lhe cantam músicas ou contam histórias. Podem desejar ouvir a mesma música ou história por noites seguidas, até decorá-las — e se irritam se os pais mudam o final ou alternam a ordem de uma história ou música.

A criança está agora segura de si, com o domínio das capacidades motoras e lingüísticas. Emocionalmente, a vida lhe parece mais fácil (uma vez que as suas exigências não são tão violentas como eram antes), e ela desenvolve melhor a capacidade de esperar e de suportar frustrações ligeiras ou temporárias, como ouvir "não posso agora" dos pais, ou não ganhar o brinquedo ou a bala que deseja.

Brinquedos e brincadeiras sugeridas: rampa de escorregar; gangorra; trens com vagões para atrelar; blocos leves com formas geométricas; tabuleiros com furos e estacas de cores variadas para encaixar nesses furos; balde e pá para areia; bonecas e carros macios e laváveis; telefone plástico; lápis de cor (tamanho grande); tábuas para construções, para transportar, içar e caminhar sobre elas; triciclo; carrinho de mão; carro de bombeiros, escavadora, caminhão basculante suficientemente grande para a criança se sentar nele; tinta para pintar com os dedos; canudos para fazer bolhas de sabão; pincéis grandes para "pintar" com água.

3 anos

Esta idade inaugura um estágio, que Henri Wallon chama de personalístico, e que se encerra por volta dos seis anos. Na idade de três anos, este período é importante para a elaboração eu/outro, quando há o crescimento gradual na criança de se diferenciar dos outros com quem convive.

Por volta dos três anos ocorre a chamada "crise de Personalidade", onde a criança adota um ponto de vista exclusivo e unilateral: o seu. Passa a ter uma personalidade particular e constante, com uma perspectiva própria, situando os outros em relação a si mesma. A criança tem necessidade de ser aplaudida e reconhecida pelo que faz, como se estivesse numa fase narcisística. Contudo, paralelamente, as pessoas são importantes para ela e gosta de criar amizades, pois a sua acrescida capacidade de linguagem permite-lhe apreciar a conversa e reagir bem a sugestões verbais.

Aos três anos a criança torna-se mais objetiva: em situações do cotidiano e de impasse, se comporta de maneira mais adequada, apresentando maior objetividade em suas reações e motivos, mesmo que estes não sejam corretos. Assim, pode torna-se teimosa, difícil de ser convencida que está errada. Na verdade, muitas vezes a criança se opõe aos outros de forma exagerada, sem motivos aparentes, como um simples (e complexo!) mecanismo de diferenciar-se pela oposição.

Quanto ao afeto e ao sexo, é curiosa, gosta de observar e de tocar o corpo dos adultos, e se interessa pelo casamento. Brinca bem com crianças de ambos os sexos, embora já perceba as diferenças anatômicas, e começa a se interessar pelos bebês, embora não entenda muito bem como um bebê pode ser gerado no útero materno.

Nesta idade a criança pode e deve arrumar seus objetos e manter seu quarto organizado. A rotina de ir ao banheiro já está bem estabelecida: a criança aceita ajuda se precisar dela, e pode se manter sem urinar durante toda a noite; como pode acordar sozinha e pedir que a levem ao banheiro. As meninas fazem uma ou duas tentativas experimentais para urinarem de pé, e os meninos podem se sentar para urinar quando cansados.

A necessidade de imitar, de substituir e de opor-se ao outro, e de competir e de apropriar-se do que é do outro pode gerar brigas, mentiras e astúcias. Porém, ao mesmo tempo em que briga, a criança também gosta de cooperar e de agradar pais, professores e amigos. Embora insista em fazer o que ela quer, ela ainda é muito vulnerável, perguntando freqüentemente se as pessoas gostam dela, ou se ela faz as coisas certas. É um bom momento para elogiar e/ou ensinar valores e princípios éticos e morais.

Brinquedos sugeridos: cavaletes de pintura; grandes blocos ocos com tábuas para construções; brinquedos para transporte (carro, trem, caminhão basculante, etc.); blocos maciços com formas geométricas; quebra-cabeças simples; jogos de encaixe e de emparelhamento; acessórios para as bonecas; utensílios domésticos de plástico (fogão, pratos, vassoura, cordas para a roupa, trouxas de roupa, ferro de passar, etc.); pecas de vestuário (chapéus, luvas, panos, sapatos, bolsas, etc.); tesoura de pontas redondas; papel colorido; tinta para pintar com os dedos; argila.

4 anos

O quarto ano de vida é importante para a construção do processo de abstração: a criança consegue se situar ao longo do tempo (passado, presente e futuro), vendo-se em um processo contínuo, além de ser capaz de abstrair situações, conceitos e ações. Assim, pode reagir às situações presentes, às imagens do passado e a planos e elaborações futuras.

É uma idade expansiva, em que a criança pode bater em amigos, dar pontapés, atirar pedras, quebrar coisas e, nas suas manifestações emocionais, rir de forma estrondosa, ter acessos de fúria ou chorar copiosa e exageradamente. Funciona, porém, como uma gangorra, pois em outros momentos são perfeitamente encantadoras e divertidas, não obstante os excessos do seu comportamento.

Esta fase é também chamada da idade dos porquês: sempre questiona o que ouve, investiga fatos e pergunta muito sobre as coisas do seu cotidiano. Como tem a preocupação de separar a realidade da fantasia, uma de suas perguntas favoritas é "isto é verdade?", "aconteceu mesmo?". É extremamente curiosa a respeito das atividades das outras pessoas, pergunta acerca de onde vêm os bebês, de como eles saem da "barriga" da mãe.

Aos quatro anos, a saúde tende a mostrar-se frágil. Pode apanhar resfriados seguidos, ter dores de estômago ou vômitos em situações de convívio social, e sentir necessidade de urinar, em situações de excitação emocional ou durante as refeições. Muitas ainda precisam chupar o dedo ou ter um objeto de estimação por perto para adormecer, e alguns meninos interessam-se em demasia pela masturbação. Em todas estas situações, os pais precisam estar atentos para a intensidade e freqüência das ocorrências — o melhor a fazer é não bater ou recriminá-los continuadamente, mas dispor de mais tempo para conversar, apoiar e brincar com os filhos.

O apetite é regular. A insistência em certos alimentos e a recusa de outros denota preferências e desagrados bem mercantes e definidos. A criança começa a ajudar a planejar as suas refeições e a colocar a mesa. Pode atrasar-se, quando come sozinha, embora não precise de que lhe dêem a comida.

Nesta idade geralmente vai de bom grado para a cama cedo, mas gosta de ouvir uma história antes de dormir, de ficar um tempo entretida com livros ou lápis de cor, ou de brincar com bonecas ou carrinhos. Pode precisar ir ao banheiro à noite, especialmente se ingerir muito líquido duas horas antes de ir se deitar.

A criança é capaz de se lavar sozinha, embora seja necessária a vigilância da mãe para não ignorar alguma parte do corpo. É capaz de se enxugar parcialmente, veste e despe-se sem grande ajuda, é capaz de distinguir a parte da frente e de trás, e de amarrar os sapatos e abotoar os botões da frente da roupa.

Há também mais motivação para que a criança complete uma tarefa. Se começa a construir uma casinha com os seus blocos, essa construção acaba realmente por ser uma casinha, não acontecendo como aos três anos: quando começava um castelo, que depois era um caminhão e, por fim, um posto de gasolina.

Nesta fase, a criança gosta que lhe concedam novos privilégios, e é menos sensível aos elogios e às censuras. Precisa receber ordens antecipadas, claras e simples, para começar a fazer aquilo que se pretende que ela faça, como "depois deste desenho você vai tomar o seu banho". Se a criticam ou censuram pode mostrar-se arrogante, grosseira, respondona ou fazer uma birra de mau gênio. Faz as suas tarefas de rotina sem protestos e de uma forma independente. As restrições verbais dão agora melhor resultado do que as físicas. Os objetivos e as competições ajudam a motivá-la.

Gosta de exibir as coisas que possui e a se gabar delas, e faz o mesmo em relação aos amigos prediletos. Interessa-se em partilhar seus objetos e roupas com os amigos e irmãos. Procura sempre levar para casa os trabalhos que faz na escola, e gosta que sua família os admire. Com relação ao dinheiro, já consegue juntar moedas para comprar uma coisa mais cara. É a idade de maior verbalização imaginativa, portanto conta muita historia inventada, e por vezes mal consegue distinguir entre a ficção e a realidade.

Nesta fase, é importante que os pais estimulem a convivência dos filhos com amigos e irmãos. A amizade proporciona um terreno fértil para o desenvolvimento emocional da criança, que nesta fase aprende a se comunicar com clareza, a trocar informações e a esclarecer mal-entendidos. Aprende a ceder a vez para falar e brincar, a compartilhar objetos e experiências, e a aceitar regras para suas brincadeiras. Os conflitos também são mais facilmente resolvidos, já que aprende a compreender os sentimentos, as vontades e os desejos do outro.

Brinquedos sugeridos: equipamento de ginástica; trapézio e argolas; utensílios de jardinagem; banca plástica de carpinteiro com martelo, serra, pregos, etc.; quebra-cabeças de madeira; famílias de bonecas e de ursinhos (não se deve adquirir bonecas requintadas em nenhuma idade); roupas de bonecos com botões grandes e casas para abotoar; equipamento para médicos e enfermeiras; quadro-negro e giz; lápis de cor; tesoura de pontas redondas; papel colorido e cola; tintas; argila; corda para pular; instrumentos musicais, tais como pulseiras de guizos, tambores, tantã, marimbas e caixa de música; mesa e cadeira do tamanho da criança.

5 anos

Nesta idade, a criança já entende seu papel na família e nos grupos sociais que participa. Por estar todo o tempo preocupada em conhecer e testar a si mesma, ela começa a cobrar das pessoas atenção especial, a tentar chamar atenção dos que gosta, a apresentar reações de vergonha ou ciúme, e a participar de grupos de adultos para ter oportunidade para falar, cantar, etc.

Tende a ser calma, estável, digna de confiança e bem ajustada. É amigável e nada exigente para com as outras pessoas, pensando sempre em agradar e ajudar. Os pais voltam a ser o centro do seu mundo, e muitos se surpreendem com a dependência da criança, especialmente se os filhos forem do sexo masculino. Vale lembrar que é só uma fase passageira, onde a criança deseja estar com os pais e de fazer o que eles lhe pedem. Gosta que a ensinem, gosta de pedir licença e gosta de obedecer. Por vezes é capaz de prometer a si mesma "Hoje eu só vou fazer coisas boas" ou "Vou fazer tudo o que o meu pai me pedir".

Algumas das características desta faixa são o crescimento rápido, a habilidade com certos jogos, a curiosidade, o período curto de atenção, a imaginação rica, a imitação, o medo e a excitação. Se uma decisão precisa ser tomada, ela decide rapidamente, não impondo a si mesma muitas alternativas. Continua com as histórias e exageros de sua imaginação, mas começa a distinguir o real do imaginário, ciente de que está inventando historias.

Nesta idade a criança está em vias de se alfabetizar, e já é capaz de escrever seu nome e ler vagarosamente. Com o seu domínio motor melhorado, gosta de desenhar, podendo passar horas nesta atividade. Cumpre e respeita regras claras que compreende, e preocupa-se com o horário da escola, da natação, do futebol, etc.

Preocupa-se pouco com as coisas que possui, interessa-se em colecionar objetos, e gosta de levar seus pertences para a escola e casa de amigos — mas esquece facilmente, pois sempre se interessa pelos objetos dos outros (podendo até se apoderar de brinquedos ou de outros objetos alheios). Sabe que o dinheiro serve para fazer compras, consegue economizar, e gosta de ter dinheiro em mãos para entregar ao caixa de um estabelecimento.

Já assume pequenas responsabilidades, mas sua competência ainda carece da ajuda de adultos. Apresenta inquietações e receios, mas estes são, em regra, temporários e concretos: trovões, sirenes, escuro, solidão, e receio de que os pais não voltem de suas ocupações. Preocupa-se com o casamento dos pais, tenta aproximá-los depois de uma discussão, e teme que eles se separem. Se vivenciar problemas ou situações de medo ou estresse, seu sono pode ser perturbado por pesadelos, e não é raro que acorde gritando ou procurando a cama dos pais.

Geralmente a criança tem uma boa saúde, mas podem aparecer dores de cabeça ou de ouvidos, e até sintomas somáticos, como náuseas e vômitos, após uma ou duas semanas de escola. Aumenta a freqüência com que leva a mão à boca, põe o dedo no nariz e rói as unhas. Quanto ao sexo, reconhece as diferenças físicas entre os sexos, mas não se mostra muito interessada nelas. Contudo, a representação social já está formada: um menino pode rejeitar brinquedos de meninas, tais como bonecas, e uma menina pode se opor a fazer coisas que considera ser de menino.

O apetite costuma ser bom e a criança 'limpa' o prato. Embora varie notavelmente de uma refeição para outra, o café da manhã costuma ser a refeição mais fraca, o que pode se tornar um mau hábito no futuro. Come sozinha, vagarosamente, e já começa a usar a faca para espalhar a manteiga ou o doce no pão. A conversa à mesa interfere com a comida: quando o assunto é interessante ou muito desgastante, ela pára de comer.

Nesta idade a criança pode ir para a cama sem necessitar de qualquer atividade preparatória do sono, embora algumas crianças 'leiam' ou se entretenham com bonecos e lápis de cor durante um tempo. Se vivenciarem ou virem cenas muito excitantes ou violentas na televisão ou em games, podem ter sonhos assustadores e acordar aos gritos. Portanto, os pais devem estar dirigindo-as para atividades mais relaxantes e calmas.

Embora a sociabilidade seja crescente, a criança pode excluir amigos de uma brincadeira, ou ser excluída por seus pares. Na primeira situação, cabe aos pais e professores incutir valores de bondade e sensibilidade para com os sentimentos dos outros, respeitando a criança e ouvindo seus porquês. No caso dela ser excluída, o adulto pode atuar intermediando a parceria com uma outra criança, incentivando a brincadeira solitária (que pode ser divertida), e até se oferecendo como parceiro de atividades e brincadeiras.

Com a maturidade, a criança, em geral, lida melhor com as situações difíceis. Tem medo do abandono, mas lida bem com a idéia de morte e faz perguntas diretas a esse respeito, especialmente se perde um amigo, parente ou animal de estimação — o melhor a fazer é ser honesto, mostrar que entende a sua dor, e deixá-la viver o luto. Com relação ao medo, ela mostra-se mais corajosa, mas ainda é perfeitamente razoável que ela procure o conforto da luz, a cama dos pais, e certificar-se de que há adultos por perto.

Como já tem idade para entender as conseqüências das brigas, a criança também pode ficar com medo de que o conflito entre seus pais termine em separação e divórcio. Muitas vezes ela pode se responsabilizar pelo conflito, culpando-se pelos problemas. Pode vir a achar que está em seu poder solucionar o conflito, que seu papel é manter a família unida — no que deve ser refutada pelos pais, já que esta tarefa é deles!

Aos cinco anos e meio, a criança pode tornar-se muito emotiva, desejando ser a mais amada, ser sempre a primeira e ter tudo para ela. Não suporta perder, esperar pela sua vez, repartir com os outros. Tem que ter sempre razão, precisa sempre ganhar, e exige que lhe façam elogios. Contudo, ela solicita e aceita bem a orientação e a vigilância dos pais e professores, sempre perguntando como se faz as coisas que pretende, pois quer fazer tudo corretamente.

Sempre pondera se uma coisa é boa ou má, isto é, se é permitida ou proibida pelos pais, e tem grande interesse pelo comportamento dos amigos: se eles são bons ou maus, ou se fazem as coisas como deve ser. É um excelente momento para os pais trabalharem conceitos como honestidade, verdade, fidelidade, altruísmo, empatia e retidão, dentre outros, que formarão e aperfeiçoarão seu caráter.

Brinquedos sugeridos: livros com frases curtas; equipamento de ginástica; trapézio e argolas; utensílios de jardinagem; quebra-cabeças de madeira; famílias de bonecas e de ursinhos (não se deve adquirir bonecas requintadas em nenhuma idade); roupas de bonecos com botões grandes e casas para abotoar; equipamento para médicos e enfermeiras; quadro-negro e giz; lápis de cor; tesoura de pontas redondas; papel colorido e cola; tintas; argila; corda para pular; espécimes de seres vivos, tais como peixes, tartarugas, lagartos, caracóis, pássaros e pequenos mamíferos; tanque de areia.

Capítulo 9

A criança de 6 a 8 anos

Até os seis anos acontece uma longa jornada. A criança passa por uma sucessão de fases de aprendizagem e de reajustamento, ganhando aos poucos uma auto-dependência física e emocional, ampliando sua cultura, seus horizontes físicos e suas funções psicológicas.

6 anos

Quando chega aos seis anos, a criança já adquiriu a consciência de seu eu. Ela é o centro do seu próprio universo, dá grande importância ao seu nome, e gosta de escrever seu nome em todas as coisas que faz. Interessa-se por sua infância, por histórias acerca dela própria, por tudo o que lhe diz respeito. Até porque se imagina como tendo vivido sempre no passado, e devendo viver para sempre no futuro.

Neste período acontece o fortalecimento da identidade pessoal, ao mesmo tempo em que valores, preferências e hábitos podem ser mudados pela facilidade com que a criança pode manipular e transformar coisas, pessoas e situações. Ela sempre pensa que sabe tudo, e quer fazer tudo à sua maneira, usando "porque não quero", ou "não faço". Pode manter relações difíceis com as figuras de autoridade (pais, professores, supervisores, irmãos mais velhos, etc.), especialmente se estas não souberem convencê-la com sabedoria, paciência e bom humor.

A criança é interessada no seu comportamento e no dos companheiros, quer seja bom ou mau. Tem necessidade de ser sempre a primeira, a mais querida, a mais elogiada, quem sempre ganha nos jogos e brincadeiras. A criança está atuante e comprometida com seu próprio processo de individuação, lutando para se fazer reconhecida como indivíduo, muitas vezes brigando para medir a sua força em relação às pessoas que conhece.

Nesta idade a criança não gosta muito de cumprir rotinas, como escovar dente, pentear cabelo ou tomar banho. Poucas são capazes de tornar banho sozinhas, desde que a mãe o prepare, e a maioria lava só os braços e as pernas. Contudo, depois que o iniciam o banho, não querem mais sair, e passam horas brincando com sabão, espuma e bonecos.

É capaz de se vestir sozinha, exceto amarrar os sapatos (deixa-os muito frouxos) e abotoar os botões mais difíceis. Como quer ser independente, recusa ajuda não só para se vestir, como também para escolher o que vai usar. Os meninos podem escovar os cabelos (quando mandados), mas a maioria das meninas não tem paciência para escovar cabelos embaraçados, úmidos ou encaracolados.

Tem um forte sentimento de posse das coisas e gosta de exibi-las, mas não é cuidadosa com roupas ou com a arrumação de seu quarto: perde acessórios do vestuário (tênis, cinto, bolsa, presilhas de cabelo, etc.), larga roupas no chão, as meias são espalhadas pela casa, e não tem cuidado em manter as roupas limpas.

Quando faz algo errado, dificilmente assume a culpa sem antes se justificar, muitas vezes atribuindo seu erro às atitudes de outros, sejam seus amigos ou irmãos, e até objetos inanimados (diz que errou um exercício na escola por causa do lápis quebrado, por exemplo). Mas também não sabem mentir, especialmente se prejudicam alguém — são muito amigas e fiéis às pessoas que gosta.

Em geral a criança hesita muito entre duas opções, pois tem dificuldade em tomar uma resolução. Se tiver que escolher entre dois brinquedos ou dois sanduíches diferentes, fica sem saber o que deve fazer, podendo inclusive se irritar. Por vezes, o melhor a fazer, é deixar que ela escolha sempre o mesmo lanche, ou comprar roupas e acessórios sem a criança estar presente — senão quem se irrita são os pais!

Quando se envolve em disputas ou em discussões, sustenta seu posicionamento, não para disputar autoridade, mas pelo prazer de manter sua coerência. Pode, inclusive, passar semanas "de mal" com colegas da escola ou da rua. Em casa, especialmente com os irmãos, muitas vezes os pais precisam forçar a criança a abraçar os irmãos, perdoar (ou mandar quem errou dizer suas desculpas), de modo a promover um bom entrosamento entre a família.

A noção do que é bom ou mau ainda está associada às regras dos pais. Assim, a criança se acha boa se consegue obedecer às regras parentais, mas por vezes já pergunta, quando faz algo mau, se ela é boa, ou se pode ser boa de novo. Pode precisar, nestes casos, que os pais digam "você é boa, mas fez algo ruim", ou "você errou, foi má, mas eu continuo amando você e sei que você é boa".

Gosta de levar presentes para a professora, e pode trazer escondidos os trabalhos que faz na escola para mostrá-los aos pais. Se receber um presente, quer mostrá-lo aos amigos, até para que brinquem juntos, já que gosta de partilhar o que tem — os lanches para o recreio escolar inclusive.

A criança nesta idade é desorganizada com brinquedos. Gosta de ter uma boa quantidade de coisas suas, mas não toma cuidado com elas, não sabe onde as deixa, e as espalha pela casa e quintal. Perde e estraga coisas, mas ainda assim gosta de colecionar objetos: papéis de carta, figurinhas de álbuns, botão para jogos, canetas, bonecas, carrinhos, etc. Se a criança não for estimulada nesta fase a, pelo menos, arrumar seu quarto e brinquedos, não espere que ela seja organizada na adolescência.

Ainda tem pouca noção de propriedade, podendo mecher, e até pegar, aquilo que vê e deseja ter, sem olhar a quem pertence. Quando coleciona e guarda, pode guardar objetos de propriedade alheia, mas também é capaz de dar coisas valiosas para ajudar a completar a coleção de um amigo. Nos jogos, tem dificuldade em perder, podendo fazer até trapaças para ganhar.

Com relação ao dinheiro, a criança está mais interessada nos objetos que o dinheiro pode comprar do que no próprio dinheiro. É um bom momento para iniciar a semanada (valor pequeno para ela passar a semana, só um pouco mais do que o suficiente para lanches escolares). Vale ressaltar que o dinheiro não pode ser moeda de negociação — trabalhos domésticos como varrer o quintal, lavar o cachorro, enxugar a louça, arrumar o quarto, ou colocar roupas sujas para lavar, não devem ser remuneradas, e sim reconhecidas como tarefas da casa e da família.

Aos seis anos a criança pode adoecer com freqüência, sendo comum as inflamações da garganta e os resfriados (com complicações de pulmões e ouvidos), bem como crises de alergia. Os pais devem estar atentos às vacinas, pois há uma grande incidência de catapora, sarampo, coqueluche, difteria, escarlatina, rubéola e caxumba.

O corpo, em movimento e crescimento contínuo, costuma ser muito flexível e ativo. As crianças conseguem fazer uma contorção total do corpo, e apresentam trejeitos faciais, ruídos guturais, sufocações, suspiros, podendo até surgir uma gagueira temporária quando agitadas. Há também um forte movimento de mastigação: da língua, dos dedos, do cabelo, dos lápis, da antena do telefone sem fio, etc. Estão sempre com as mãos em movimento, põem o dedo no nariz; e roem as unhas, mordem os lábios. Tropeçam facilmente, caem das cadeiras e, distraídas, esbarram em móveis da casa.

Eventualmente, podem começar a gritar fazendo birras, atirar coisas e dar pontapés. Nestes momentos precisam ser acalmadas, o que pode ser feito com um forte abraço, ou com uma boa repreensão verbal.

Na área sexual, a criança tem consciência das diferenças físicas entre os sexos, e tem sempre muitas perguntas, que devem ser respondidas franca e diretamente pelos pais (sem dar mais informações que o necessário). Nesta idade, os pais devem estar atentos, pois muitos colegas (e até adultos próximos) podem forçar as crianças a participar de brincadeiras sexuais: brincando de médicos para tirar temperaturas retais, fazendo com que mostrem suas genitálias, e as envolvendo em práticas homossexuais.

Há, especialmente nas meninas, interesse em saber como os filhos são gerados (aceitam a idéia de que se forma na barriga da mãe e brotou de uma semente), a maneira pela qual o bebê sai da mãe, e em saber se o parto é dolorido. Os meninos podem, ora se interessarem por professoras ou moças que conhecem, ora por uma menina mais nova. As meninas começam a fazer perguntas acerca da menstruação, e os meninos reconhecem as meninas bonitas, e estas os meninos simpáticos. O "namoro", caso aconteça, por vezes nem envolve toques físicos, como o pegar na mão — a não ser que seja estimulado pela família ou por crianças mais velhas.

Aos seis anos, o funcionamento do intestino tende a ser regular, mas as crianças precisam de uma rotina doméstica. Pode ser preciso lembrar de que devem urinar antes de sair de casa para brincar, ou de dormir, mas se precisarem acordar no meio da noite, o fazem sem maiores problemas.

O apetite é bom, e a maioria tem um pequeno aumento de peso, pois passam a comer mais durante os intervalos das refeições do que nelas. Serve-se de mais comida do que aquela que é capaz de comer, e procura comer alguma coisa antes de ir para a cama. A criança está sempre pronta a experimentar novos alimentos, especialmente os doces, e come bem sozinha. O uso da faca deve ser estimulado, bem como as regras de boa educação à mesa, como usar o guardanapo, sentar-se corretamente, não mastigar de boca aberta, ou derrubar comida fora do prato.

Nesta fase a criança dificilmente dorme de dia, especialmente nas grandes cidades. E à noite pode fazer oposição à hora de deitar. Ainda gosta de ouvir história ou de conversar com os pais à cama. Volta a levar brinquedos para a cama, e gosta de orar antes de dormir. Quando tem um sonho ruim, procura a cama dos pais. O ideal é que durma entre nove a onze horas por dia, pois conseguirá assimilar melhor os conteúdos escolares.

Com o advento dos conceitos científicos, passa a explorar detalhes, a experimentar recursos e relações, e a empreender tarefas. Agora as possibilidades intelectuais, incluindo os papéis da memória, linguagem, função simbólica e vivência cultural, abrem espaços para novas definições do *eu*, onde este é capaz de se diferenciar nos momentos em que ocupa diferentes funções e posições nos vários grupos que freqüenta.

7 anos

Nesta idade a criança assimila impressões de tudo o que vê, ouve e faz. Está sempre atenta aos comportamentos das pessoas, e às conversas dos adultos e irmãos mais velhos. Observa as diferenças de atitudes e de conceitos ensinados na sua casa, dos que são veiculados na escola ou na família de amigos.

A criança de sete anos gosta de pensar — algumas até dizem "vou parar um pouco para brincar de pensamento". Por vezes, pode ficar tão absorta em seus pensamentos, que parece estar "no mundo da lua", e nem ouve as ordens que lhe dão. É importante que os pais tentem sempre conversar com elas, pois podem pensar que são adotadas, que vão morrer em breve, que um membro da família não gosta dela, ou que sua casa vai ser assaltada.

Começa a se envergonhar do seu corpo, não gosta que pessoas estranhas olhem para ela, ou que se encostem nela. Se tiver franja no cabelo, ou se mantiver o mesmo corte ou comprimento por algum tempo, teme cortar o cabelo e, assim, perder sua identidade — quer ser conhecida por fatos determinantes, quer um lugar fixo à mesa ou no carro, e gosta de ter um armário, uma mesa de trabalho, ou um quarto só para ela.

O seu mundo está crescendo e tenta encontrar a sua posição no mundo físico e social. Olha-se mais no espelho e, nas meninas, há uma preocupação maior com sua aparência: ao sair de casa, os sapatos devem estar limpos, a roupa passada, e os cabelos penteados, mas esquece-se de escovar os dentes, passar fio dental, colocar perfume, e até de tomar banho.

A maioria das crianças já se banha sozinha, mas precisa ser lembrada para escovar dentes e lavar as mãos antes das refeições. Também se arruma sozinha, mas pode ter preguiça de escolher roupas ou de vesti-las, como pode ter um movimento de vestir-se rapidamente. Mas continua a ser descuidada com a sua roupa: quando se despe, deixa a roupa no chão; se rasga ou mancha a roupa, não avisa à mãe. De modo semelhante, perde os trabalhos que faz, quebra os brinquedos que ganha, e não é muito cuidadosa com livros e cadernos da escola.

Já não tem tanto medo de ficar só em casa, ou de acordar à noite. Se estiver magoada ou chateada, procura ficar quieta e solitária — o que os pais devem respeitar, mas não incentivar ou permitir que se estenda por muitas horas (por que não conversar com o filho?).

A criança se envergonha de seus erros, mas não gosta de ser caçoada ou criticada. Quando isto acontece, ela se fecha, evita as pessoas, ou reage bruscamente, muitas vezes com choro, do que se envergonha. Se a gozação ou crítica persiste, pode evitar dizer o que quer, pensa ou faz. Com o tempo, pode desenvolver a idéia de que as pessoas são injustas e más.

A pensativa criança de sete anos não restringe seu pensamento a ações específicas. Ela analisa mais as situações e as pessoas, e percebe melhor quando estas falam uma coisa e desejam outra, quando o discurso não bate com a prática. Como os laços familiares começam a se afrouxar, cresce a noção de comunidade, e a convivência no mundo social faz com que a criança sinta as conseqüências dos atos dos outros sobre si mesma, e que desenvolva o medo de ser enganada ou magoada pelo outro.

Nesta idade, a criança se preocupa muito com a atitude de mentir e trapacear, especialmente quando se trata dos seus amigos. Há uma alteração na consciência do bom e do mau. Não são mais os pais o padrão, mas as regras sociais e morais, de certo e de errado, começam a ser internalizadas e analisadas, fazendo com que a criança forme padrões universais de conduta, que servirão de embasamento para as suas futuras ações.

A criança procura agir em harmonia com seus padrões de conduta e com a aprendizagem adquirida com seus pares e com os adultos. Sabe que certos comportamentos são bons (obedecer, não responder, fazer as coisas de boa vontade, ajudar em casa e na escola), e que outros são maus e trazem conseqüências tanto para si como para os outros (mentir, roubar, não vigiar o irmão, etc.).

Em geral ela se comporta melhor fora de casa, cobra de si mesma honestidade e bondade, sofre com o que considera injustiça: não ter uma boa nota já que estudou; não ser convidada para a festa da amiga que ajudou nos deveres escolares; ou receber uma bronca do pai só porque ela resolveu dar um banho no cachorro, que estava sujo, na pia da cozinha.

A criança de sete anos ainda tem dificuldade em mudar de idéia, mas pode, de vez em quando, dar ouvidos à razão dos outros e se convencer com argumentos de caráter moral. Tem mais facilidade em assentar idéias, fazer opções e tomar decisões simples, especialmente se ambas as alternativas são do seu agrado. Preocupa-se com o que as outras pessoas pensam dela, é sensível e sugestionável, pode chorar se a criticam ou ferem sua sensibilidade. Sente-se feliz com elogios, embora estes lhe sejam menos necessários do que em outras idades.

Quando perde um jogo, pode reagir jogando as cartas ou o dado longe, ou pode procurar justificar seu 'fracasso' culpando o outro por sua distração. Quando erra, sempre tenta explicar seu erro, e discute com os pais ou professores a respeito da 'justiça' do castigo que lhe é imputado. É comum, quando os pais ordenam que ela faça algo, que a criança queira saber quais as vantagens ou as conseqüências caso ela decida não obedecer. Pergunta sempre "Por que eu tenho que fazer o que você me pede?" e é comum que retruque a uma ordem dizendo "mas eu não quero fazer isso..." ou "tenho que fazer isso agora?".

É habitual que concorde com uma tarefa, e que se distraia, desviando de suas obrigações assumidas. Em geral ela ajuda em casa, mas executa as tarefas melhor quando as partilha com um irmão ou com a mãe. Quer ter responsabilidades, especialmente na escola, mas tem medo de não estar à altura delas, já que a autocrítica está bem aguçada.

Nesta idade as doenças diminuem, mas há riscos de resfriados prolongados, rubéola, caxumba, catapora e sarampo. A criança pode ter dores de cabeça ou musculares quando está muito cansada ou excitada. Devido à fadiga ou concentração, pode ainda roer as unhas, pôr o dedo no nariz, chupar o dedo ou gaguejar, mas faz força para se controlar.

É uma fase ativa: fala muito, mexe em objetos e manuseia-os, se pendura na porta do guarda-roupa, inclina a cadeira para trás, tenta proezas atléticas. Gosta de barulho, de assobiar, de cantar no banheiro, e de brincadeiras coletivas, como queimadas, pega-pega, pique-bandeira, futebol e vôlei, dentre outras.

Esta pode ser a última idade em que meninos e meninas brinquem juntos, sem uma diferenciação com base no sexo. Embora tenha um menor interesse pelos assuntos e brincadeiras sexuais, a criança observa e analisa melhor os papéis sexuais: distingue comportamentos machistas, percebe a maior força muscular dos meninos, defende a supremacia do seu sexo. É possível que num 'namoro' haja a idéia, geralmente forte, de um futuro casamento.

Se a mãe ou uma amiga da família engravidar, interessa-se pelo desenvolvimento do bebê: quer saber como ele cresce, como se alimenta, como ele sairá da barriga, quanto é que ele custa, e como a sua chegada vai alterar o seu espaço na casa e no afeto dos pais. Já sabe que a gravidez pode se repetir, e que as mulheres mais velhas não mais engravidam.

O apetite costuma ser moderado. Aceita alimentos que não conhece, e gosta de leite, carne, sorvetes e sanduíches, especialmente se feitos com margarina ou manteiga. À mesa, ainda derruba comida, empurra os alimentos com os dedos para o garfo ou colher, e fala com a boca cheia. Prefere comer acompanhada, e se interessa pelas conversas dos adultos, além de discutir ou de gracejar com os irmãos. Quando come sozinha, opta por continuar a ler ou a ver televisão.

Leva menos objetos e brinquedos para a escola, a não ser que seja novo ou especial. Ainda gosta de coleções, mas torna-se mais seletiva, e não oferece mais o que lhe fará falta (canetinhas, figurinhas, canetas, etc.). Embora aprecie ter pastas e porta-lápis para organizar seu material escolar, sempre acha o material do colega mais interessante, e não se importa de copiar sua mochila ou lancheira.

Nesta idade, as crianças de dividem quanto ao sono: há um grupo que dorme rapidamente, e outro que enrola o quanto pode para ir dormir. Os dois grupos gostam de ouvir estórias, se preparam para a noite de sono sem ajuda (colocam pijamas, desarrumam a cama, escovam os dentes, fecham as cortinas do quarto, etc.), e levam brinquedos para a cama. Os pesadelos são raros, acordam pouco para urinar (e o fazem sozinhas), precisam de mais de nove horas de sono, e podem acordar e ficar com o pijama ao longo de toda a manhã.

As meninas são fascinadas pelos objetos das mães, como maquiagem, broches e enfeites; e os meninos curtem o carro ou a motocicleta do pai. Há um interesse maior pelo dinheiro, conhecem-no melhor, juntam com mais objetividade, e lidam bem as semanadas, conseguindo poupar dinheiro para fazer alguma compra mais dispendiosa, como a de uma bicicleta ou boneca, por exemplo.

8 anos

Nesta idade a criança é mais extrovertida, gosta de estabelecer contato com pessoas e lugares novos, sempre aberta a novas amizades e experiências. Parece que está tentando experimentar o seu eu, perceber como se comporta, como as pessoas reagem a ela.

Apresenta maior consciência de si mesma como pessoa, e fala mais à vontade de si mesma, sem vergonha de expressar suas vontades e intenções. Percebe melhor as diferenças entre ela e os outros, não só física como cognitivamente, e é capaz de confrontá-las. Isto faz com que aumentem as discussões, quando apontam as falhas ou erros umas das outras. Não raro, também ressaltam as falhas de caráter de seus pais e irmãos mais velhos.

Aos oito anos a criança pode ser muito teatral. Aumentam as expressões fisionômicas e os seus gestos intencionais, de modo que resume em poucas posturas a personalidade ou o comportamento dos que conhece. Pode ser muito divertida, ter tiradas cômicas rápidas, e surpreender os adultos com 'decisões' inusitadas como "vou me casar aos vinte anos", "minha mulher vai ter que trabalhar mais do que eu" ou "quando eu fizer doze anos eu vou morar sozinha".

Há um interesse dominante em relacionar-se com outras pessoas - crianças ou adultos. Quer que os adultos participem do seu mundo, que compartilhem com ela seus sentimentos e projetos. Faz muitas exigências aos pais, e quer que eles procedam de determinadas maneiras (que parem de beber ou fumar, que saiam mais com ela, que a deixem estudar só quando quiser, que a escute quando chegar da escola, etc.).

A criança de oito anos tem pressa de crescer. Percebe que os mais velhos sabem e podem mais do que ela, não suporta ser tratada como criança, e reivindica os privilégios dos irmãos mais velhos. Tenta mostrar-se à altura dos padrões estabelecidos pelos outros, e pode experimentar um sentimento de culpa quando não consegue corresponder às expectativas de terceiros.

A sua vivência e, consequentemente, experiência, a fazem compreender que os padrões de comportamentos das pessoas, ou seus gostos, não são iguais. Ela então começa a se identificar, intencionalmente, com determinadas pessoas ou grupos sociais: com os mais bagunceiros da sala de aula, com os esportistas, com os mais tímidos, etc. Pode apresentar uma falta de equilíbrio ao discutir com as outras pessoas, mas em geral é capaz de aceitar (mesmo que não concorde) as razões alheias. Pode retrucar "tudo bem, já que você quer...", ou "eu não concordo, mas já que você insiste..."

Espera elogios por seus feitos, especialmente se sabe ser merecedora, mesmo quando deprecia seus méritos. Por outro lado, pode se debulhar em lágrimas perante uma crítica que considera imerecida. Nestes momentos, é bom que os pais ouçam-na com atenção, pois ela pode estar certa, e precisar ouvir um pedido de desculpa, ou estar com um valor moral a ser corrigido.

Aos oito anos, a criança preocupa-se não só com aquilo que os outros lhe fazem, mas também com o que eles fazem a terceiras pessoas. Ela se assombra com a violência na comunidade que mora, as agressões entre colegas da escola, o abandono de meninos na rua, o desemprego do pai, etc. Amplia-se também o interesse por lugares e povos distantes no espaço ou no tempo.

A saúde melhora consideravelmente, e há um número menor de doenças e da duração destas. Porém, as alergias são mais freqüentes, e podem surgir dores de cabeça, dores de estômago e necessidade de urinar quando realiza tarefas desagradáveis ou estressantes. Nesta idade, por conta da coragem em explorar o meio, ocorrem muitos acidentes provocados por queda e afogamento, relacionados com automóveis e bicicletas.

É comum que a criança faça careta quando lhe dão uma ordem que a contraria, ou que ainda possa chorar de cansaço. Algumas ainda mantêm o hábito de roer as unhas, esfregar os olhos, ou chupar os dedos enquanto estão lendo ou escutando, ou quando cansados ou doentes.

Aumenta a quantidade de alimentos que a criança ingere, e o peso dela aumenta correspondentemente, sendo preciso limitar a quantidade de comida. Já usa bem a faca (ao invés dos dedos), e pode comer andando pela casa, ou em pé na frente da televisão. Ainda derrama comida fora do prato, mas sabe se portar educadamente quando está em casa alheia. Aprecia almoçar com sua família, gosta de conversar à mesa, e pode orar agradecendo pelo alimento.

Seu sono costuma ser tranqüilo, embora não goste de dormir cedo para participar das atividades da família. Pode precisar passar mais algum tempo lendo ou ouvindo música antes de estar pronta para adormecer. É um bom momento para uma conversa gostosa com os pais, que podem não só conversar, mas orar e cantar com seus filhos.

Toma banho sozinha, mas em geral demora muito, brincando no chuveiro ou na banheira. Lava as mãos e o rosto com menos perfeição do que quando era mais nova, porque está sempre apressada. Já consegue cuidar das unhas, e vai ao banheiro regularmente, podendo prender a urina enquanto espera uma atividade terminar, como um desenho na televisão, por exemplo. Ao usar o banheiro, ainda não lava as mãos espontaneamente. Precisa ser lembrada, mas insiste em que o façam com discrição, com um simples sinal.

Gosta de escolher a roupa que vai usar, é capaz de selecionar convenientemente as peças do vestuário de acordo com o clima da estação, mas tem a tendência de vestir sempre a mesma bermuda ou calça, de acordo com a sua preferência, tanto para usar em casa como em festas de família. Veste-se sem auxílio, e se rasga ou suja a roupa avisa à mãe ou empregada da casa, pois não quer parecer descuidada. Algumas crianças (na maior parte meninas) são cuidadosas com a roupa, pendurando-a ou colocando-a para lavar. Porém ainda é grande o índice dos descuidados, que deixam as roupas jogadas e sujas, por vezes com restos de comida ou de doces dentro do bolso, que atraem formigas e fungos.

Nesta idade a criança é mais responsável pelos seus atos, assume suas falhas, e negocia as punições. Sente necessidade de pedir desculpas, e deseja que após seu pedido as mágoas sejam esquecidas, mesmo que as conseqüências persistam. Pode ter atitudes extremas, como, por exemplo, trazer um amigo para almoçar sem estar autorizada a fazê-lo, ou pedir licença para uma coisa insignificante, como pegar um copo de água na geladeira da própria casa.

Ao ser elogiada, precisa saber dos motivos, e prefere uma avaliação justa de suas ações do que ser bajulada. Em geral, também avalia as atitudes, qualidades e defeitos dos amigos, e elege o melhor atleta, a amiga mais inteligente da escola, o colega mais honesto, o mais divertido no jogo, o mais brincalhão, o mais mentiroso, etc.

Gosta de ser tratada como adulta, e não admite ser repreendida em público, especialmente na presença de amigos — o que os pais devem, na medida do possível, respeitar. Pode se irritar facilmente com gracejos e implicâncias de irmãos mais velhos, bem como chorar copiosamente quando se sente injustiçada.

A criança de oito anos sabe o que quer. Não muda de opinião facilmente, e para isto precisa se convencida com muita habilidade. Toma com facilidade as suas decisões, embora tenha dificuldades com as pequenas coisas da vida cotidiana. Ela tem consciência de quem é, do que pode, das matérias da escola que compreende melhor, bem como da sua força e da sua aparência. Já decide quando, de que forma, e com quem vai ser boa ou má. Ainda assim, pode culpar-se se proceder mal, e neste caso vai atrás do perdão de quem magoou.

Nesta fase, a criança é muito interessada em possuir, e busca a qualidade das coisas que deseja — a roupa da marca da moda, o último modelo do game, a mochila que 'todo mundo tem'. O quarto e a roupa estão geralmente em desordem, mas mantém algumas coisas arrumadas, como a carteira, os livros e certos brinquedos. Gosta de dinheiro, projeta o que vai comprar, e pode planejar seus gastos.

Como é bastante aberta e expansiva, tende a contar histórias inventadas e a gabar-se. Mas distingue a realidade da imaginação, e pode "experimentar" um adulto para ver se ele acredita nas suas histórias. Contudo, sempre procura falar a verdade nos assuntos que considera importante.

As normas do grupo da escola, ou dos amigos da rua, podem influenciar mais na determinação do seu comportamento do que as normas vivenciadas ou ensinadas na sua família. Portanto, os pais precisam estar atentos aos meios freqüentados, aos valores dos amigos, às conversas na Internet, ao material que os filhos trazem nas mochilas da escola, etc. Acompanhar os filhos, de perto e com amor, é a única forma de preservar neles os valores morais e espirituais da família.

Capítulo 10

A criança de 9 a 12 anos

O período dos nove anos até a adolescência vem fortalecer a identidade pessoal, ao mesmo tempo em que introduz a criança em uma rede de categorias e conceitos que promoverão a passagem e a construção de relações sociais mais diversas. É, portanto, uma fase de extrema importância para a prevenção da delinqüência juvenil, onde pais e educadores precisam estar por perto, orientando atitudes e reorganizando valores.

As possibilidades intelectuais, incluindo os papéis da memória, linguagem, função simbólica e vivência cultural, abrem espaços para novas definições do *eu*, onde este é capaz de se diferenciar nos momentos em que ocupa diferentes funções e posições nos vários grupos que freqüenta.

9 anos

A criança de nove anos é sensível às realidades que a perspassam: ela percebe a dor do outro, a situação da família que mora debaixo da ponte, a fome do menino de rua, o estilo da roupa dos amigos mais pobres ou ricos, a situação difícil do casamento dos pais. Tem uma percepção razoavelmente tolerante das características dos que a cercam, e manifesta uma tendência enérgica para regular as suas conexões com eles, sem necessidade de qualquer intervenção alheia. Pode ser que não o consiga sem discórdias; mas, mesmo assim, o seu comportamento representa o nascimento de uma visão democrática.

É competitiva, e gosta de ser elogiada pelo que faz de maneira específica. Precisa receber instruções minuciosas, pois deseja sempre fazer bem feito o que se propõem a executar. Procura sempre honrar sua palavra, mas não é mais todo e qualquer pedido do adulto que cumpre, pois seu interesse e suas vantagens sempre serão avaliadas prioritariamente. Muitas vezes, para fazer valer sua vontade, os pais precisam usar da autoridade que lhes cabe, com boa dose de paciência e convencimento.

Nesta idade, preocupa-se menos com o bom e o mau; pensa agora em termos de bem e mal. Assim, se algo não é bom, mas faz bem ao seu ego ou satisfaz sua vontade, ela pode optar por fazer o que errado – como comer doce escondido mesmo sabendo que é diabética, ou desobedecer uma ordem dos pais para matar uma aula e ir ao futebol com amigos. Vale ressaltar que mesmo os padrões do comportamento bom e mau são ditados pelo grupo da sua idade, não mais estão restringidos aos defendidos por seus pais.

Por outro lado, é capaz de tomar uma decisão facilmente, mas algumas vezes pode modificá-la pelo peso em sua consciência, já que quer acertar, envergonha-se quando se comporta mal, e não gosta de ser repreendida pelos pais ou professores. Isto demonstra que os valores internalizados em sua primeira infância coexistem com os atuais, que podem ser opostos ou complementares.

É bastante crítica consigo mesma e com os outros. Avalia o comportamento das outras crianças com quem convive, e usa frases como "ele é legal, está sempre ajudando todo mundo", "ela é tão orgulhosa que não percebe que machuca os outros", "ele pensa que ninguém gosta dele" ou "eu sou mesmo muito convencida..."

Nesta fase percebem-se nitidamente as diferenças individuais. Algumas meninas podem vaguear pela casa, intranqüilas e mal-humoradas. Outras crescem muito, começam a menstruar e desenvolvem um corpo com formato mais feminino, e se acham atraentes e, portanto, mais interessantes, do que as amigas. Alguns meninos divertem-se lutando uns com os outros, enquanto outros podem passar os dias como se estivessem 'no mundo da lua', distraídos e tranqüilos.

A criança de nove anos pode expressar sua ira ou raiva de modo violento, chutando móveis e portas, ou envolvendo-se em disputas e brigas na escola. Como em geral é competitiva, gosta de jogos de equipe e de cartas, mas pode perder a compostura quando perde, resmungando, emburrando ou implicando com seus pares até conseguir uma briga verbal ou física.

Por outro lado, a vida da criança de nove anos é mais simples. Ela é mais independente, mais auto-suficiente e mais digna de confiança. Tende a ser mais responsável com as tarefas domésticas e escolares, embora não se esforce para satisfazer os pedidos dos pais – só há tempo para o que lhe interessa, seja fazer o trabalho da escola, cuidar do seu corpo ou cabelo, ler livros sobre mecânica ou eletricidade, ou assistir um canal sobre história.

Fica bem sozinha, e estando só em casa, é capaz de preparar um sanduíche, fazer um suco ou estudar. Contudo, se escurece o dia ou os pais atrasam, se preocupa, liga para saber onde estão, e se não consegue notícias pensa o pior, imaginado tragédias. Já vai sozinha à rua para realizar compras simples, telefona para casa e quer que saibam onde ela está para sentir-se segura.

Começa a realizar listas do que tem a fazer (estudar, ligar para uma amiga, comprar uma peça para a bicicleta, lavar a cabelo, etc.), e pergunta-se o que fará na vida profissional. Por vezes preocupa-se em demasiado com as suas atividades, com o seu corpo, com o seu lar, com a conduta dos pais e dos irmãos.

Geralmente exige muito de si mesma, faz duras autocríticas, e está ansiosa em agradar aos que ama. Como é muito perspicaz, percebe os olhares de repreensão, a negligência da mãe em abraçá-la, o desafeto de um dos irmãos, ou a preferência dos avós por um outro neto. A noção de certo e errado é mais demarcada, e pode vivenciar conflitos entre as normas impostas pelos adultos e as que regem a sua comunidade infantil.

Procura estar bem informada sobre sexo, mesmo que busque esta informação com amigos do mesmo sexo. Interessa-se em observar revistas e livros ilustrados sobre o assunto, e pode ocorrer o seu primeiro contato com a pornografia. Sente-se acanhada em mostrar seu corpo, especialmente ao progenitor do sexo oposto ao seu.

Inicia-se a separação dos sexos nos jogos e brincadeiras — surgem o "clube do Bolinha" e o "clube da Luluzinha". Por vezes competem entre si, meninos contra meninas, e quando se juntam para brincar o fato pode dar origem a brincadeiras que façam alusão a namoricos. Mesmo que algumas meninas já menstruem e sejam mais maduras emocionalmente, a verdade é que a maioria não mostra muito interesse pelo sexo oposto. Sobre namoro ou sexo, fala coisas do tipo "Ainda sou muito criança para essas coisas".

A criança de nove anos pode comer o mesmo que um adulto em cada refeição. Tem bom domínio dos talheres, conhece bem as regras de etiqueta à mesa, e continua a se comportar melhor fora de casa, defendendo que em casa ela pode ficar mais à vontade para comer alguns alimentos com a mão ou se alimentar de colher.

Já construiu uma rotina com relação à hora de dormir, que geralmente é diferente para os finais de semana e férias escolares. Prepara-se sozinha para dormir, e ainda precisa de cerca de dez horas de sono. Gosta de ler, ouvir música ou ver televisão para 'pegar no sono', mas pode se entreter e acabar perdendo o sono. Podem acontecer pesadelos, mas se estes forem semanais, é importante investigar o que a está preocupando.

Ainda precisa ser lembrada de que deve escovar bem os dentes e lavar cuidadosamente as mãos, embora seja razoavelmente independente, tomando banho sem muita resistência. Penteiam-se sozinhos (meninos e meninas), mas pode manter a roupa espalhada pelo quarto, sem se preocupar com sua conservação, mesmo com relação às peças preferidas.

Não perde as suas coisas regularmente, e pode ter cuidados especiais com seu quarto, alguma gaveta, ou com diários e livros que gosta. Os meninos se interessam por desmontar coisas, observar como algumas peças de carro funcionam, e em colecionar revistas ou figuras relacionadas a algum hobby, como futebol ou aeromodelismo. As meninas preferem colecionar papéis de carta, acessórios (anéis, brincos, cintos, etc.), e podem também guardar fotos de cantores ou artistas que apreciam.

Os padrões morais são mais rígidos, e só pouquíssimas crianças se apoderam deliberadamente de coisas que não lhes pertençam. A maioria já é capaz de saber perder, com razoável elegância, em jogos competitivos, até porque lidam melhor com o conceito de que 'amanhã pode ser o meu dia'.

Embora goste de dinheiro e saiba melhor como usa-lo, perde um pouco o interesse por sua semanada, podendo até esquecer de pedi-Ia aos pais. Algumas crianças são capazes de juntar pequenas quantias para comprarem algum objeto mais caro, mas a maioria lida bem com o fato de que "se eu precisar, e meus pais tiverem, eles pagam pra mim".

Nesta idade a criança se interessa por saber quanto custam várias coisas, e entende perfeitamente quando os pais não podem arcar com os objetos que deseja. Sabe esperar pelas datas importantes para ganhar algo melhor, e é capaz de realizar pequenas tarefas (como lavar o carro ou aparar a grama do vizinho, por exemplo) para conseguir dinheiro para si ou para a família.

Aos nove anos a criança esforça-se para ser aceita em seus grupos sociais, e precisa de figuras fortes como exemplos. É uma fase em que precisa do genitor de mesmo sexo próximo a ela (mãe/menina, pai/menino), pois há um movimento de identificação, inclusive sexual, com os que convivem com ela. Ela projeta a sua própria personalidade na origem das suas amizades ou da sua admiração pelos outros, e precisa admirar os pais e líderes – se isto não acontecer, terá como ídolo o garoto mais forte da rua, um personagem virtual da televisão, ou até o traficante do bairro em que mora.

10 anos

Esta fase tende a ser mais tranqüila, pois a criança é em geral mais alegre e divertida. Se os pais se tornam figuras admiradas pelos filhos, a convivência melhora consideravelmente, o que pode fortalecer a amizade, que vai auxiliar muito a relação parental na adolescência.

Aos dez anos a criança não mostra grande interesse pelo seu eu, não fica tentando se entender, ou fazendo perguntas difíceis sobre o futuro — prefere viver e aproveitar a vida, aqui e agora! Diverte-se com coisas simples — grande parte das meninas ainda brinca de boneca, e os meninos ainda se divertem com seus carrinhos.

A maioria das meninas acha os meninos da sua idade muito 'crianças', e interessa-se em olhar para meninos mais velhos. Algumas meninas não mostram interesse pelo sexo, e não fazem perguntas a esse respeito, e muitas são as que se interessam pelo papel do homem na reprodução. Debatem temas como menstruação, filhos e casamento, mas com um interesse absolutamente prático e despido de romantismo.

A maioria dos meninos não se envergonha por se mostrar nu em família. A maior parte já ouviu falar das relações sexuais e do papel do pai na reprodução, e já esteve envolvida em jogos sexuais infantis. Há da parte deles certo interesse pelas piadas indecentes, mas podem rir de situações que não entendem com propriedade, ou não saber distinguir as piadas que podem ser contadas quando estão com meninas no grupo. A maioria faz poucas perguntas acerca do sexo, embora seja a época certa para que os pais falem abertamente, tirando as dúvidas de meninos e meninas.

Crianças de dez anos gostam de comer, muito e constantemente. Experimentam novos sabores, especialmente na rua, em comidas tipo *fast food*, e muitas já preparam sanduíches e doces simples. Falam com entusiasmo daquilo de que gostam, simulam vômitos quando descrevem as comidas de que não gostam, e preferem doces, bolos e sorvetes. Gostam de beliscar entre as refeições, mas podem ser bastante determinadas quando decidem fazer uma dieta.

A maioria não gosta de ir para a cama cedo, pede para ver "só mais um desenho" na televisão, para realizar "uma última partida", ou para dar "só mais uma voltinha de bicicleta no quintal". Alguns, quando cansados e excitados, adormecem rápido, mas podem falar durante o sono. Outros, quando excitados, demoram mais para dormir, pensando no dia ou evento diferente que tiveram. Os pesadelos podem aumentar, e geralmente estão associados com a preocupação (sonha com ladrões, assaltos, morte, etc.) ou agitação (sonha com cenas de games que joga ou de filmes de terror que assiste) cotidiana. Nesta fase os meninos costumam precisar de onze horas de sono, uma hora a mais que as meninas.

Esta idade é conhecida por muitos pais como a 'fase da sujeira'. Por mais que tenham consciência de que precisam tomar banho, lavar as mãos ou a cara, ou escovar os dentes, protestam e, se possível for, enganam os pais — podem entrar no banheiro, ligar o chuveiro e ficar assentados lendo uma revista sem nem chegar perto da água (por vezes passam uma mão molhada no cabelo para disfarçar!). É preciso que os pais lembrem que têm de lavar as mãos antes de comer, e às vezes é necessário mandar que as crianças se levantem da mesa para fazê-lo. Alguns chegam a tomar banho uma vez por semana, e a maioria prefere andar suja a lavar-se, não se preocupando com o aspecto do cabelo. O interessante é que não se preocupam se cheirando mal, mas começam a se importar com a aparência, se é gorda ou magra, alta ou baixa, se tem manchas ou espinhas, se o cabelo é liso ou crespo.

Algumas crianças insistem em comprar as roupas com os pais, gostam de experimentar modelos diferentes, e querem opinar sobre seu vestuário. Outras detestam experimentar roupas em lojas, mas ainda assim preferem escolher o que levar da loja — embora aceitem o fato de os pais afirmarem que não têm dinheiro para uma peça tão cara, ou que devem escolher duas ou três peças das doze que experimentaram.

Do ponto de vista da moralidade, a criança já é bastante crítica e consciente. As que negligenciam o estudo, ou se envolvem com más companhias, sabem discernir que estão erradas: as regras morais funcionam como um controle interno, que ela decide se vai seguir ou contrapor. Gosta de respeitar a lei (pede que os pais coloquem os cintos de segurança no carro, lê o regimento escolar, segue pontualmente o manual dos jogos, etc.), e é capaz de organizar e dirigir um clube (de xadrez, leitura, esportivo, etc.) com normas, regulamentos e árbitros.

Já aprendeu a esperar a sua vez de se pronunciar, e sabe respeitar a fala do outro numa discussão. É boa estrategista: é capaz de fazer uso das suas recentes capacidades intelectual para desacreditar seus 'inimigos', formando grupos contra eles e apresentando seus argumentos em discursos eloqüentes. Possui ainda certo senso de humor, e um sentimento forte contra a injustiça e o favorecimento, posicionando-se tanto em casa como na escola, muitas vezes comprando a briga de irmãos ou amigos.

Aos dez anos a criança tende a ser dissimulada para conseguir o que deseja, mas é extremamente corajosa para encarar as tarefas do dia a dia: crianças do campo, depois da escola, ajudam os pais a arar a terra; e crianças da cidade são eficazes para ajudar a família a cuidar de uma loja ou quitanda. Paralelamente, se a criança se envolve na marginalidade, não tem receio de distribuir drogas, de servir ao narcotráfico, ou de manusear uma arma.

Distingue bem as diferenças entre os valores aprendidos em casa, na igreja, com os amigos e veiculados na mídia. Pode vivenciar um grande conflito interno, pois se teve uma boa formação familiar, esta servirá como freio às suas investidas sociais erradas. Se errar e for acusada por sua consciência, a criança pode ficar irritada ou deprimida, e sempre tenta se justificar com frases do tipo "sei que errei, mas sou um bom menino".

Geralmente a criança de dez anos não gosta de mentir, não admite roubar, tenta ser justa com os amigos, e procura ajudar os que gostam. Interessa-se por piadas novas, inventa histórias engraçadas, coleciona frases e parlendas, e curte músicas altas e bem ritmadas. Canta muito no banheiro, e pode se interessar em aprender violão, teclado ou bateria – fato que os pais devem aproveitar e estimular.

Organiza bem a sua semanada, e algumas crianças já são capazes de administrar uma *quinzenada* (dinheiro suficiente para duas semanas). Oferecem-se para tarefas domésticas (como lavar a louça, varrer a casa ou arrumar seu quarto) em troca de dinheiro, o que deve ser rejeitado para que não construam a idéia de que serão pagos por suas obrigações. Contudo, a criança pode receber dinheiro por ajudar o pai no comércio, ficar com as gorjetas que recebe ao entregar uma encomenda de verduras, ou até ganhar uns trocados para lavar o carro do pai.

Em geral evita compromissos e responsabilidades: pode olhar com prazer o irmão mais novo, mas não gosta de ser cobrada por isso, por exemplo. Por mais que respeite o horário de dormir durante a semana, gosta de poder decidir, às sextas ou sábados, a hora que quer dormir. Consegue, portanto, conciliar suas obrigações com certa liberdade de escolha.

Quando ansiosa, pode retornar a comportamentos anteriores, como morder as unhas, franzir os lábios, gaguejar, murmurar, puxar o cabelo, chupar os dedos, e ter súbitos e breves acessos de ira. Quando estas atitudes se tornam freqüentes, a criança pode estar precisando de ajuda para resolver algum conflito emocional: pode não aceitar sua imagem, não se relacionar bem com um dos pais, sentir-se rejeitada pelos amigos, ou estar com dificuldades de aprendizagem na escola.

11 e 12 anos

A partir dos onze anos, quando entra na fase chamada de pré-adolescência, a criança ingressa na ante-sala da adolescência — começa a questionar os valores apreendidos, a comparar experiências, a criticar regras e normas sociais e familiares, a discutir formas alternativas de fazer as coisas e de pensar sobre o mundo.

Nesta fase as meninas, que costumam se desenvolver mais cedo, se tornam mais altas que os meninos e se acham mais adultas do que eles – que são tratados como "infantis". Com isso, é comum que não brinquem mais juntos, e passem a compartilhar entre si as mudanças advindas com a puberdade.

Com a explosão hormonal, as espinhas começam a aparecer, a menina passa a menstruar e os meninos de doze ou treze anos podem já produzir espermatozóides. O corpo também sofre mudanças: os braços e pernas esticam de repente, e muitas vezes o tronco não acompanha, de forma que andam cambaleando, e sente dores nas articulações, a chamada "dor do crescimento".

A maioria das crianças já administra bem uma mesada (dinheiro para passar o mês, que inclui gastos com passagens, lanches escolares e saídas no fim de semana). Algumas poupam um pouco, outras não poupam nada, mas há as que conseguem guardar para uma boa causa. Também não gostam muito de ajudar em casa — para o que estão sempre cansadas, mas podem ter acessos de organização ou de curiosidade, e pedir para as mães as ensinem, por exemplo, a fazer um doce ou um prato de que gostem.

A criança nessa fase às vezes fica cheia de exigências sobre o estilo de suas roupas, de sua mochila, o tipo de atividades que os outros estão vendo que ela faz. Ela faz de tudo para evitar chamar atenção sobre si, especialmente para não atrair a implicância e a crítica dos colegas. Esta preocupação em ser igual, não é um movimento de conformismo, mas de construção e de interpretação das regras sociais, de modo a poder, mais tarde, se diferenciar do grupo. É como se primeiro ela se identificasse para, num segundo momento, já na adolescência, se diferenciar.

Nesta fase, a criança está ampliando ainda mais a sua convivência com as pessoas e seu mundo – ela é mais independente, passa mais tempo fora de casa com múltiplas atividades, e aprende a partilhar suas experiências com amigos de seu meio social. Ao mesmo tempo, ela pode se tornar implicante — "pega no pé" dos irmãos, retruca as ordens dos pais, implica até mesmo com o cachorro ou a cor do quarto que tanto gosta. Na verdade, ela repassa em casa o que sofre fora do lar: os colegas criticam, xingam e implicam uns com os outros constantemente.

Algumas crianças conseguem criar inimizade com os companheiros que duram o resto da vida, e é muito comum que haja uma grande mudança de amigos. Entretanto, a criança está desenvolvendo seu lado cognitivo, aprendendo o poder do intelecto sobre a emoção, se conscientizando de que pode manter o controle de si mesma. Assim sendo, ela descobre, por exemplo, que a melhor forma de reagir à implicância é não demonstrar qualquer emoção. Aprende a conviver com dissabores e a manter seu bom humor, mantendo suas emoções sob controle.

Ao mesmo tempo em que consegue abafar as emoções, a criança adquire uma maior consciência do poder do seu intelecto: desenvolve respostas rápidas, trata uma frase com cinismo, argumenta com inteligência, posiciona-se com ar de superioridade, e faz valer seus pontos de vista. Infelizmente, como teme a concorrência e a inimizade dos colegas, pratica sua arrogância com os pais (até porque sabe que eles a amam e que vão superar esta fase, continuando do seu lado). Cabe aos pais entender este movimento, mas sem abrir mão da sua autoridade, ensinando à criança que ser inteligente e perspicaz não a autoriza a passar dos limites da boa educação e do respeito.

Aos onze e doze anos há uma nova estruturação da nossa personalidade, já que todos os conceitos e valores que aprendemos em casa e na rua (na escola e igreja, com amigos e televisão, etc.), são peneirados e selecionados.

O pai e a mãe não vão ter mais a influência que tiveram no momento das bases da formação da personalidade da criança (dos 0 aos 6 anos). O pré-adolescente, por sua inteligência e capacidade de observar e analisar as coisas, é que vai fazer o trabalho maior e determinar o tipo de pessoa que ele vai ser, que tipo de roupa que vai vestir, o gosto que terá.

Contudo, este caminho não é linear ou simples. Até definir e organizar sua personalidade (o que só vai acontecer no final da adolescência), há um longo caminho. E nesta fase ele se caracteriza pela incongruência: a criança se preocupa com o que é justo e correto moralmente, mas pode se comportar arbitrária e maldosamente em situações isoladas. Pode, por exemplo, defender que animais sejam bem tratados, mas levar seus amigos a excluírem um colega do time de futebol; ou pregar a liberdade e consolidação dos direitos da mulher, ao mesmo tempo em que canta músicas que denigrem a imagem feminina.

Como pai ou mãe, fique atento ao seu filho nesta fase. Se ele estiver sendo muito maltratado pelos companheiros, ajude-o a entender o porquê, ensine-o a controlar suas emoções, e ofereça opções, como ampliar seu grupo de amigos fazendo vínculos em outros espaços, como igreja ou clube. Se descobrir que seu filho está ferindo outra criança, intencionalmente ou por influência de outros colegas, ensine-o a se colocar no lugar do outro, desenvolvendo sentimentos de bondade e de aceitação das diferenças. Não faça pouco do desejo dele de se enquadrar, de vestir-se e agir como todas as crianças de sua idade, e colabore para que ele realize esse desejo. Mas não deixe que ele perca a si mesmo, trocando valores morais e éticos saudáveis por outros de menor valia.

Um instrumento que vem sendo utilizado para formar e deformar valores é, sem dúvida, a Internet. Ela vai ser contemplada em capítulos posteriores, mas vale ressaltar que a criança, especialmente depois dos dez anos, pode se tornar viciada na rede: muitas são assediadas por pedófilos na fase dos onze e doze anos, e outras entram em sites pornográficos por curiosidade e acabam se viciando. Há as que se envolvem afetivamente com pessoas mais velhas ou com grupos filosóficos perigosos — que fazem apologia às drogas, à anorexia e bulimia, ao nazismo, à perseguição a grupos religiosos, e à marginalidade.

Do ponto de vista cognitivo, o pré-adolescente é "antenado" pelas informações que adquire, e está atuante e comprometido com seu próprio processo de desenvolvimento, lutando para se fazer reconhecido como indivíduo, muitas vezes negociando para medir a sua força em relação aos grupos que freqüenta. Valores, preferências e hábitos podem ser mudados pela facilidade com que pode manipular e transformar coisas, pessoas e situações.

É por esta razão que a educação doméstica precisa ser racional, pois não basta dizer *Não* sem explicar o porquê (eles querem saber as razões, os motivos, as conseqüências de cada ato). Não basta dar comida e dinheiro sem acompanhar amizades e hábitos, ou ser pai e não ser amigo. Da mesma forma, o ensino bíblico precisa levar em conta a curiosidade e a informação que os filhos contêm, sendo prático e interessante, ajudando-os a responder questões da ciência e da alma.

Capítulo 11

Os anos da adolescência

Nos dias atuais a adolescência é um período bem estudado e abordado pelos meios de comunicação. A geração *teen* — chamada assim porque, em inglês, dos treze aos dezenove anos, as idades possuem a terminação teen: *thirteen a nineteen* — tem hoje programas televisivos, revistas, livros e lojas de roupas voltadas para o público adolescente, e há até estatutos governamentais que defendem os direitos desta faixa etária.

Porém, não foi sempre assim. Afinal, a adolescência é fruto das mudanças socioculturais que vivenciamos no mundo do trabalho e da família. Nos tempos do Velho Testamento, as meninas aprendiam a fazer pão, costurar, tecer e fiar sob os olhares das mães. Poucas aprendiam o ofício dos pais — o que acontecia excepcionalmente, especialmente se os pais não tinham filhos do sexo masculino. As moças eram consideradas virtuosas quando sabiam se portar moralmente e dominavam as técnicas para o cuidado da casa, administrando bem as tarefas domésticas e aventurando-se parcialmente no trabalho secular.

No mesmo período, encontramos as Escolas da Sinagoga, onde os meninos iam estudar as escrituras com professores qualificados para lhes explicar a lei, e também aprendiam regras de etiqueta, música, arte da guerra, e outros conhecimentos práticos ao cotidiano e à vida masculina. Os meninos oficializavam a passagem da meninice para a mocidade, o que acontece até hoje quando têm cerca de treze anos, já estão bem educados e decoram trechos da Lei judaica. Assim sendo, quando lemos a palavra "moço" na Bíblia, em geral esta se refere a adolescentes, em geral a rapazes a partir de treze anos que ajudavam na casa, nos trabalhos do campo, e até em escolas de profetas e nas sinagogas.

Até meados de 1950, a aplicação do termo "adolescência" era incomum. Os rapazes com mais posses iam estudar no exterior, ou em conventos e colégios internos, e tinham a chance de vivenciarem a juventude. Já a grande maioria dos meninos aprendia sua profissão com os pais e avós, e era comum que rapazes e moças se casassem com treze, quinze ou dezesseis anos, quando já eram considerados responsáveis para trabalharem pelo sustento da casa, além de maduros para zelarem pela manutenção da família.

Hoje, é necessário que a pessoa cumpra mais anos com estudo e formação profissional, o mercado de trabalho absorve mais pessoas na faixa dos vinte anos e, consequentemente, a maioria dos casamentos acontece por volta dos vinte e poucos anos. Isto faz com que seja possível a vivência da adolescência, quando não se é mais criança, mas também não se cobram do adolescente a maturidade e a responsabilidade de um adulto.

O adolescente já tem idéias próprias, observa o mundo e questiona valores. Portanto, se você é pai ou mãe, já não basta dizer "Não vai fazer porque eu não quero!" É imprescindível conversar, discutir as razões do seu pedido ou da sua ordem, fazer-se entender. E, por fim, vale lembrar da importância de se conversar sobre tudo: virgindade, namoro, homossexualismo, prostituição, aborto, drogas, escolha profissional, etc.

Muitos pais e líderes se sentem acovardados com o discurso do "Eu sei o que estou fazendo" e com a postura aventureira e curiosa de seus adolescentes. Lembre-se de que eles estão na fase da auto-afirmação, e que por esta razão podem sempre contrapor, ou simplesmente discordar por discordar. Contudo, se você é pai, paga as contas dos seus adolescentes e lhes dá proteção e abrigo, não abra mão de exercer a sua autoridade: limite o tempo da internet e da televisão; diga não ao uso de drogas, a cigarros e bebidas alcoólicas; selecione os amigos que entram em sua casa; e defina horários e rotinas familiares, como almoços em família.

Todo adolescente, por mais que negue, tem necessidade da atenção dos pais e dos líderes que admira. Eles precisam e gostam de se sentirem assistidos, protegidos e queridos — nada dói mais do que entrar e sair de uma casa ou de uma igreja sem receberem um "Bom dia!" ou ouvirem "Como você está?" Eles gostam de ser admirados pelos acertos, ouvidos com atenção e respeitados em seus direitos e projetos de vida.

Quando crescem, muitos adolescentes não gostam mais de demonstrações de afeto em público, especialmente se estas atitudes não são corriqueiras em seu lar de origem. Mesmo assim, eles ainda precisam, e muito, de abraços, beijos, cafunés e elogios, pois ainda estão sedimentando a auto-estima e a capacidade afetiva. Na verdade, quanto mais satisfeito afetivamente um adolescente se encontra com seus amigos e com sua família, menor será a sua necessidade de aventurar-se em namoros precoces, em pornografia ou em prostituição.

O desafio de crescer e de fazer diferença no mundo é intrínseco ao adolescente. Porém, há outros desafios que a família e a igreja precisam fornecer, incentivando-os a projetar metas para o futuro, de modo a construírem uma vida saudável, realizada e feliz. É nesta fase que fazem a escolha profissional para a vida e, assim sendo, incentive-os a estudar e a levarem a sério o ofício escolhido. Também os estimule a selecionar melhor os amigos, a exercerem uma atividade na igreja, e a se expressarem do seu jeito peculiar de falar, de testemunhar e até de louvar com ritmos e formas mais descontraídas e animadas.

Auto-afirmação

Desde que nasce a criança funciona como uma esponja, assimilando conceitos e exemplos do seu meio. A partir da adolescência, que é uma fase de transição, a criança, até então bastante dependente, começa a assumir sua independência e individualidade. Passa a elaborar mais conceitos pessoais e individuais, fruto das vivências e das influências da família, dos amigos e dos estudos. Os adolescentes já pensam por si mesmos, têm as vontades bem definidas, e projetam planos para o futuro. O grande problema, é que podem se afastar da família e da igreja se estas não estiverem prontas para lidar com suas necessidades e questionamentos.

No estágio da adolescência e da juventude a pessoa está novamente voltada para si mesma. É um período de auto-afirmação, de busca por sentir-se e entender-se única e particular, quando seu *eu* deve estar ao mesmo tempo diferenciado e integrado. Portanto, é um período em que os indivíduos têm necessidade de apoiar-se e oporem-se aos outros, o que tem levado muitos a denominarem estas fases como o "período da aborrescência" ou a época em que somos "rebeldes".

Como os adolescentes se voltam muito para si mesmos, adquirindo comportamentos, gostos e linguagem específica, muitos pais e professores se assustam com as mudanças e se esquivam de tarefas e posturas fundamentais frente aos filhos, como o diálogo e o uso da autoridade.

Na adolescência nossos filhos se perguntam: "Quem sou eu? O que estou me tornando? O que devo ser?" Os filhos voltam-se mais para si e a família muitas vezes assume um papel secundário em suas vidas. Por outro lado, as amizades são importantes, pois é através dos amigos que ele vai descobrir quem ele é fora do âmbito familiar.

Os adolescentes se encontram numa fase de autodescoberta. Querem mudar o mundo e experimentar novas identidades, novas realidades e novos aspectos de sua personalidade. Afinal, tudo neles está mudando: a voz, o corpo, o humor e as responsabilidades a assumir.

Nesta fase o adolescente tem a difícil tarefa de aceitar a si mesmo. Ele descobre que começa a pensar igual ao pai que tanto criticava, e percebe que nem todos os seus sonhos são possíveis. Para se conhecer e se aceitar melhor, ele precisa se opor, e os pais são sempre os escolhidos como figura de oposição. Afinal, foram eles que sempre organizaram e administraram a vida dos filhos, e agora vão ter esta administração testada. Por outro lado, os pais já tiveram anos para provar que vão amar os seus filhos independentemente dos erros que possam praticar.

É difícil ser pais de adolescentes. Ninguém gosta de ser testado ou de receber oposição dentro da própria casa. Mas os conflitos serão menores se as pontes do diálogo e do afeto estiverem erguidas e se pais aceitarem que seus filhos estão se tornado adultos e independentes deles.

Auto-imagem

Os adolescentes descobrem que há algumas coisas na vida que ele não escolhe. Não escolhe os pais, a família em que nasce, o tom da pele, a cor dos olhos, o tipo de cabelo, e nem se vai ser criado no campo ou em uma grande cidade. Não decide quantos irmãos vai ter, o seu sexo, e nem mesmo o seu próprio nome!

Entretanto, a despeito de ainda ser dependente de outras pessoas, percebe que é o principal responsável por si mesmo, especialmente pelas suas atitudes. Não pode decidir a quantidade de irmãos que terá, mas decide como vai se relacionar com eles: vai ser chato, implicante ou amigo? Não escolheu a primeira escola onde estudou, mas hoje cabe a ele resolver se será você um aluno estudioso e educado, ou desobediente e desinteressado nos estudos.

A partir das coisas que viveu, dos elogios ou críticas que ouviu, das imagens que gostou, das conversas com os amigos, e dos pensamentos e idéias que construiu, o adolescente foi montando o seu "eu". Hoje é o resultado de todas as vivências que teve, de todos os pensamentos que produziu, dos livros que leu e de todas as impressões que as pessoas (pais, parentes, amigos, professores, etc.) deixaram nele.

Como estão com seus corpos sofrendo transformações, é muito comum que ainda não estejam satisfeitos com o corpo que têm. Contudo, não é só a imagem que vêem que importa, e sim a imagem que têm de si mesmo, a qual se expressa pelo modelo das roupas que os adolescentes vestem, no jeito como penteiam o cabelo, na forma como andam ou no tipo de linguagem que utilizam.

É a partir dos conhecimentos que tem sobre seu corpo e sua alma (parte que pensa, sente, planeja, deseja e se comporta), que o adolescente desenvolve sua auto-imagem, que pode ser definida como o que pensa de si mesmo: Pensa que é bom ou mau? Feio ou bonito? Talentoso ou despreparado? Amigo ou infiel? Pode ser mais do que é? É capaz de se esforçar para ser um filho ou um aluno melhor? Consegue e quer superar as suas deficiências, sejam elas quais forem?

Na adolescência, estas perguntas precisam ser respondidas, pois é a partir destas que eles vão se afirmando enquanto pessoa, mesmo que seja pelas diferenças: uns são sérios, usam roupas sóbrias e estão sempre com tudo combinando; outros são mais largados, gostam de roupas e sapatos práticos e confortáveis, quando não estão sempre de tênis. Há aqueles que estão sempre com cabelo cortado e certinho, enquanto há outros que gostam do estilo despojado, que usam cabelos grandes e roupas largas. Sem falar nos que tomam banho de perfume, ao contrário daqueles que fogem de banho.

Auto-estima

Enquanto a auto-imagem refere-se ao que o adolescente pensa de si mesmo, a auto estima pode ser definida como o valor que ele se dá. Um adolescente pode ter consciência de que é pobre, feio e deficiente visual, mas também saber que é um bom amigo e talentoso para a música — tendo portanto uma auto imagem verdadeira sobre si mesmo. A partir então do que ele sabe sobre si mesmo (das suas qualidades e dos seus defeitos, inclusive), ele vai atribuir um valor a si mesmo.

Note que se conhecer bem é o primeiro passo para se gostar. Portanto, converse francamente sobre os defeitos e limitações dos seus filhos, mas sempre ressalte as características positivas da sua personalidade. Ajude-os a exercitarem os talentos naturais, e a desenvolverem outros dons para que tenham destaque no mundo profissional, social e ministerial.

Os adolescentes precisam aprender a pensar sobre suas capacidades e possibilidades, e acreditar nos planos que desejam para a vida. Só então conseguirão se esforçar para serem melhores, se importarão menos com o que os outros falam a seu respeito, e alcançarão o amor próprio, ou uma auto-estima positiva.

A baixa auto-estima tem sido a causa de muitos males. Ela faz com que um adolescente possa negar os princípios de sua família para fazer parte e ser aceito em um grupo. Já uma alta auto-estima determina a firmeza de caráter para que resista às drogas ou à prostituição — já está provado que é a carência de afeto a responsável pela inserção na vida sexual na adolescência. Afinal, quem se ama não se doa a qualquer um, em busca de um sexo fugaz e descompromissado.

Individualidade

Na adolescência amplia-se a necessidade da busca da individualidade, ao mesmo tempo em que é importante ser parte integrante de um determinado grupo social. Isto faz com que ele viva um conflito: como ser igual aos outros, e ser diferente e único ao mesmo tempo?

Para ser igual, ele tem que ser aceito pelos membros do grupo, o que só ocorrerá mediante a identificação dos valores de comportamento. Afinal, ele também será sempre influenciado pelas pessoas com quem convive, e precisa escolher com cuidado de quem vai se aproximar para estabelecer vínculos de amizade. Se vier a se tornar amigo de pessoas viciadas em drogas, pode começar a pensar que ser viciado não é assim tão mal, muitas vezes entrando por este caminho para ser mais bem aceito pelos amigos a quem decidiu se juntar. Muitos, inclusive, entram na homossexualidade para serem iguais aos amigos *gays*, ou tornam-se agressivos, passando a ter condutas em grupo que nunca teriam em casa ou sozinhos.

Ao mesmo tempo em que imita e se comporta como os demais, começa a se conscientizar de que ninguém mais no mundo é igual a ele. Mas esta individualidade implica em certa solidão, pois há momentos em nenhuma outra pessoa vai poder entendê-lo como gostaria — e é exatamente neste momento que os pais podem ocupar um lugar privilegiado, já que acompanharam seus filhos por todas as etapas da vida até então.

Pais amigos conseguem convencer seus filhos que para ser aceito em um determinado grupo, não podem abrir mão de sua individualidade, se deixando influenciar e se submetendo a atitudes e pessoas que vão de encontro à educação que receberam. Afinal, não vale a agradar aos outros e machucar a si próprio, ferindo seus valores e transgredindo a sua fé.

Ensine seu filho adolescente a se afastar de pessoas violentas, revoltadas com o mundo, que tragam raiva em seus corações, e que sejam agressivas física e verbalmente. Oriente para que busquem amigos pacíficos, mansos, de boa família e com boa índole. Da mesma forma, enfatize que amigos imorais, que falam palavrões o tempo todo, acabam sujando a boca e a mente de seu filho, fazendo com que seus valores comecem a desmoronar. Só assim você poderá fazer de seus filhos indivíduos livres e felizes.

Sociabilidade

Atualmente não existem mais limites geográficos que sejam barreiras para que os fatos circulem pelo mundo. Os meios de comunicação em massa aproximam os povos e nós passamos a viver em uma pequena aldeia global. O poder da informação é incontestável. O que os meios de comunicação veiculam passam a formar nossa opinião sobre os acontecimentos, suas causas e conseqüências, além de induzir nosso comportamento e direcionar nossos valores.

Ao mesmo tempo em que se individualiza, o adolescente mergulha na vida social, inclusive buscando estar atualizado sobre os fatos que acontecem no seu meio e no mundo, mas ainda não tem uma opinião crítica sobre as coisas e os fatos. A televisão, o rádio, o cinema, os jornais, as revistas, o fax, o telefone e a internet têm características e propriedades diferentes, mas fazem parte da vida dele de maneira muito intensa. Há ainda música e as propagandas, que são outras formas de passar informação e de formar opinião — quando sem que se perceba claramente, passam uma mensagem e induzem o adolescente a mudar sua opinião e a concordar com o que defendem ou querem vender.

Ao mergulhar no meio social, utiliza-se da gíria: uma espécie de código, cujo significado só conhece quem pertence ao grupo. Ela se modifica periodicamente e passa quase a ser característica de uma determinada geração: pessoas de uma mesma faixa etária conhecem as mesmas gírias, que com o passar do tempo ficam velhas e caem em desuso.

O adolescente incorpora a gíria ao seu vocabulário, e esta se torna uma forma de contrariar o sistema de linguagem, transgredindo as regras. Existem gírias que são empregadas por grupos marginais, como traficantes, prostitutas, etc. Outras gírias são de extremo mau gosto, sendo até vulgares, funcionando como palavrões. É importante que os pais as conheçam, de modo a orientar seus filhos, que podem utilizá-las sem saber o significado real das palavras.

Os adolescentes de hoje têm mais liberdade para escolher suas formas de lazer. Contudo, é necessário que haja muito cuidado na escolha dos lugares a serem freqüentados. Sempre haverá lugares na sua cidade, como praças, eventos, lanchonetes e casas de festas, nos quais seu filho vai poder ir com os amigos da igreja e da escola, e até mesmo com você. Mas existem locais, que por mais que estejam na moda, são freqüentados por pessoas indecentes, como prostitutas ou garotos de programa. Há outros em que os adolescentes se dividem em patotas ou tribos, que brigam entre si, chegando a causar mortes e traumas físicos.

Oriente seus filhos para que construam uma sociabilidade sadia, com bons amigos, boa linguagem e bons programas de lazer. E, como bom amigo, participe, o máximo possível, da vida social do seu filho.

Sexualidade

"Sexualidade" é um termo utilizado para todas as espécies vegetais e animais; refere-se às diferenças anatômicas e funcionais entre machos e fêmeas. Homens e mulheres têm corpos e órgãos sexuais diferentes entre si, e se comportam, se vestem e se desenvolvem de forma diferenciada. Também usamos essa palavra para tratar das experiências essencialmente sexuais, como sensações, motivos e sentimentos inspirados pelo instinto, pelo desejo ou pela atração sexual entre as pessoas.

Na adolescência, com a explosão da produção hormonal, o corpo se modifica: nascem os pelos pubianos, a transpiração e o odor nas axilas aumentam, há o crescimento e a moldagem do corpo. Nas meninas há o crescimento dos seios, a cintura afina, os quadris se alargam, e ela ganha gestos e posturas mais femininas. Nos meninos há o crescimento do pênis, bem como a produção do sêmem (com espermatozóides que podem engravidar uma mulher). Na adolescência também pode ocorrer, ocasionalmente, a polução noturna, quando o rapaz ejacula à noite (eliminando o sêmen produzido pelos testículos) e a menina acorda com a calcinha mais molhada de modo a eliminar secreções vaginais. Com essas mudanças vêm também novos interesses, desejos e sentimentos, surgindo, a partir daí, a admiração pelo sexo oposto.

Nesta fase, é comum que se amplie a prática da masturbação (prática de provocar prazer mediante a manipulação dos órgãos genitais). Esta tem sido considerada um comportamento normal, quando não se torna um hábito. Infelizmente, porém, muitos adolescentes ansiosos e solitários praticam com freqüência a masturbação, pois esta, por proporcionar prazer e descarga sexual, acaba sendo um mecanismo para aliviar tensões e ansiedades do cotidiano. Nestes casos, a masturbação pode se converter numa prática tão repetitiva que leva ao vício — e o vício é um estado de dependência que escraviza ou subjuga a pessoa.

Outro problema básico do ato de masturbar-se é que, para se alcançar o prazer, imagina-se muitas fantasias sexuais. Ninguém se masturba pensando na prova de matemática ou de ciências. As pessoas que se masturbam pensam em outra pessoa, imaginam seus próprios corpos nus, ou idealizam situações eróticas que aumentam seu prazer sexual. Muitos ainda se utilizam revistas, filmes ou fotos pornográficas, e acabam trazendo para si mesmos os malefícios de uma mente suja e contaminada, que os afasta de Deus.

Converse com seus filhos, de ambos os sexos, sobre masturbação, com cuidado para não colocar sobre eles uma culpa maior do que a devida. Caso saiba que seu filho está viciado, querendo se masturbar freqüentemente, ele precisa de ajuda (se possível, psicológica). Descubra o que o deixa tão ansioso ou tenso e procure facilitar para que faça coisas para sentir-se bem, como praticar esportes, ter relacionamentos sadios, desenvolver hobbies, e manter atividades sociais e profissionais. Vale lembrar que deve ver coisas sadias, que as conversas não devem ter temas picantes e eróticos, e que o namoro precisa ter limites claros. Os que assim procedem aprendem a controlar seus impulsos e vontades, e não têm necessidade de se masturbar.

Outro assunto a discutir com seu filho adolescente é virgindade. Os rapazes podem ter várias relações sexuais sem nunca sofrer uma alteração no corpo que comprove a perda de sua virgindade. Contudo, todo garoto precisa estar consciente de que seu corpo deve ser guardado, mesmo que nada no seu físico seja rompido na sua primeira relação sexual. E isto significa que fazer sexo oral ou se envolver com homossexualismo também caracteriza perda de virgindade, pois são práticas sexuais voluntárias.

Quanto à virgindade feminina, é bom recordar que toda menina nasce com o hímen — uma película que cobre a vagina desde o nascimento, que contém um pequeno orifício onde sai, mensalmente, a menstruação. Na primeira vez que uma mulher faz o ato sexual, a introdução do pênis em sua vagina produz o rompimento do hímen, e ela deixa de ser virgem. Entretanto, perder a virgindade não é apenas praticar o ato sexual, tendo o hímen violado. Existem casos em que adolescentes permitem que seus namorados façam coisas piores, por mais que mantenha o hímen intacto; isso pode marcar uma menina emocionalmente, além de comprometer a pureza do seu corpo como forma de glorificar a Deus.

Discuta com seu adolescente a respeito das doenças sexualmente transmissíveis, do risco de gravidez (que pode acontecer mesmo sem penetração, quando o rapaz ejacula entre as pernas, nas roupas dela, ou via sexo anal). E ressalte sempre que ninguém dá valor ao que é barato, ao que é fácil de ser encontrado. Portanto, cada adolescente precisa se valorizar, não se doando antes do casamento, muito menos trocando sua virgindade por presentes que não duram, ou entregando-a a quem não merece.

Por fim, se algo der errado e sua adolescente engravidar, é bom que os pais conversem com a família do rapaz, e que juntos decidam o que fazer. O pai da criança deve assumi-la na justiça, com todas as responsabilidades legais, mas muitas vezes o casamento rápido não é a solução, e pode até ampliar o problema.

Atitudes radicais

Todo adolescente tem a tendência de ser radical. Nesta fase da vida quer conhecer todos os lugares, fazer todas as coisas, ter tudo o que quer e não pode — deseja aproveitar cada momento.

O adolescente tem saúde para jogar o dia todo, disposição para varar a noite na internet, palavras para ficar horas no telefone, e voz para cantar suas músicas prediletas por horas seguidas. É a única fase da vida em que conseguimos fazer várias coisas ao mesmo tempo, como, por exemplo, ouvir música, jogar um vídeo-game, falar ao telefone, comer biscoitos e ainda acompanhar uma partida de vôlei na televisão!

Há ainda os que radicalizam nos esportes. Fazem "pegas" com o carro dos pais, competem com motocicletas e carros 'envenenados', pulam de alturas sem nenhuma proteção, arriscam-se em rios e em mares sem ninguém por perto, curtem trilhas e rappel, mas não fazem cursos para executarem os exercícios com segurança, entre outras loucuras.

Aos pais cabe acompanhar as atividades dos filhos, lembrando-os sempre de que até mesmo o divertimento e a aventura precisam ser muito bem planejadas e pensadas com sabedoria. Afinal, sem os devidos cuidados, a vida pode ser curta.

Geração saúde

Os adolescentes de hoje se intitulam membros da chamada Geração Saúde. Todos dizem querer ter boa saúde, se alimentar bem, fazer dietas e se manter com o corpo em forma. As academias se espalham pelas cidades, e as bebidas energéticas, à base de guaraná, de ginseng, de açaí e de outras frutas e sementes, são vendidas como auxiliares para uma vida saudável. A grande maioria diz gostar de esportes, de competições e de aventuras para as quais precisam ter um bom coração e muita disposição.

Há uma excessiva preocupação com a boa forma física entre os adolescentes: estão em busca da beleza do corpo como expressão de poder (pensam que os mais bonitos conseguem os melhores partidos?!) e de sensualidade (pensam que os mais malhados chamam mais a atenção?!). Muitos ficam obcecados por um corpo bem trabalhado, malham horas seguidas e fazem muita musculação para dar forma e volume aos músculos, trazendo problemas para os joelhos e para a coluna cervical.

Outros usam inibidores de apetite ou anabolizantes (usados para obter massa muscular de forma rápida), prejudicando a saúde física, mental e emocional. De vez em quando o noticiário traz à tona casos de moças e rapazes que tomam até hormônios para animais (como cavalos e touros), na busca de conseguirem mais músculos e se tornarem mais "bombadas" (musculosas em exagero). Grande número deles chega a morrer.

Vale lembrar que cuidar do corpo e procurar ter uma boa aparência não é errado, e muito menos pecado. Na história de Ester, lemos que ela, mesmo já sendo formosa, antes de ir à presença do rei Assuero, passou por doze meses de tratamentos de beleza com cremes e esfoliantes, e submeteu-se a uma dieta alimentar balanceada (Et 2.7-12) para tornar-se ainda mais bonita. Lemos no livro de Cantares que a noiva (que também representa a igreja) era uma mulher formosa, de fala mansa e doce, com cabelos bem cuidados e perfumada.

Se você tem filha adolescente, é bem ressaltar que os padrões de beleza mudam. Nos séculos passados as mulheres consideradas bonitas eram gordinhas, roliças e muito brancas, bem diferente do ideal de beleza da atualidade. Também é bom lembrar que nem todas as mulheres têm o mesmo biótipo: umas têm cabelo encaracolado, outras cabelo liso; há adolescentes altas e outras baixas; umas têm tendência a emagrecer (fazem dieta para engordar) e outras tendem a engordar (fazem dieta para emagrecer)!

Portanto, ajude a sua filha a cuidar da sua aparência, acompanhar sua saúde (inclusive indo ao ginecologista), tratar bem a sua pele, e a comprar roupas que realcem seus pontos positivos (seus olhos, sua cor de pele, o formato do seu corpo, sua altura, etc.). Mas não permita que ela radicalize e se escravize por dietas, por remédios ou pela busca desenfreada da forma física perfeita! Por fim, se você é mulher, jamais entre em competição com ela – muitas mães imaturas emocionalmente destroem a auto-estima de suas filhas ao não aceitarem a idade que têm, não permitindo que suas filhas brilhem sozinhas em sua adolescência.

Se você tem filho homem, incentive-o a se cuidar, a se vestir bem, dar um bom corte no cabelo e barbear-se, a praticar esportes e a se manter com a saúde em dia, visitando médicos (urologista e clínico geral). Cuidar do corpo é necessário, pois além de manter a saúde, aumenta também a auto-estima. Mas vigie para que ele não faça uso de anabolizantes ou de outras drogas para estimular o desenvolvimento muscular, pois o uso indevido tem como conseqüências doenças e, em alguns casos, até a morte do usuário.

É bom ressaltar que muitos adolescentes, especialmente do sexo feminino, têm desenvolvido a *anorexia* (distúrbio emocional que causa aversão à alimentos, pelo fato de que a pessoa, mesmo magra, tem uma imagem de si mesmo como obesa) e a *bulimia* (distúrbio associado à anorexia em que a pessoa provoca ou faz vômito cada vez que se alimenta). Estas doenças começam por uma busca desenfreada por remédios e por dietas milagrosas, e em casos graves, as adolescentes precisam ser internadas, pois não têm forças para andar ou para falar, e podem chegar à morte por inanição.

As tribos

Uma das necessidades do adolescente é estar integrado em um grupo, que eles chamam de tribo: grupo de pessoas que se veste de forma parecida, freqüenta lugares comuns, gosta das mesmas atividades, e usa uma mesma linguagem, às vezes com gírias específicas que só eles entendem.

É impossível relacionar todas as tribos que existem. Há algumas que rompem com as barreiras do regionalismo, e que podem ser identificadas em todas as cidades do Brasil. Há outras cujos nomes podem variar de uma cidade para outra. Nas cidades do interior, por exemplo, é comum que haja tribos onde as pessoas se aglutinam porque gostam de rodeio, de música sertaneja, de montanhismo ou de mergulhar em rios e riachos. Nestes casos, as roupas, os lugares a freqüentar, as músicas, a linguagem e os costumes também são diferentes.

Vamos abordar algumas mais comuns, que encontramos em várias cidades do Brasil e do mundo, a despeito de serem designadas com outros termos:

- *Góticos*. São conhecidos pelas enormes correntes ao redor do corpo e da cintura, e também pelos crucifixos que usam, em geral para acompanhar camisas brancas que dão um toque romântico ao visual negro. A despeito dos crucifixos, não costumam freqüentar igrejas – servem muito mais para identificá-los como um grupo. A maquiagem das meninas é sempre muito pesada, os cabelos geralmente são coloridos de vinho ou de preto, e os meninos gostam de casacões (tipo capa de chuva) pretos e longos. Gostam de músicas e histórias mórbidas e suicidas.

- *Motoqueiros*. Grupo de pessoas que gostam de usar motocicleta, e que promovem passeios e viagens por estradas de barro ou de asfalto. Em geral conversam sobre marcas de motos e passeios, gostam de usar roupa de couro preta, e são chegados a uma tatuagem. Há grupos de pessoas jovens, mas há também um grande número de vovôs com visual anos sessenta e cabelos compridos.
- *Ciclistas*. Reúne pessoas que gostam de bicicletas, ou que gostam de assistir e de participar de campeonatos de jogos radicais, onde ciclistas e skatistas promovem manobras perigosas, chamadas radicais. Algumas gírias desta tribo: *assar batatas* (subir uma ladeira em alta velocidade), *bike* (bicicleta), *carniça* (bike muito velha ou que funciona mal), *giro* (treino leve), *socar* (pedalar bem rápido).
- *Hippies*. O movimento hippie iniciou-se nos anos sessenta, como uma forma de protestar contra preconceitos, guerras e ditaduras. No início queimaram soutiens, organizaram grandes eventos musicais ao ar livre, e inauguraram um jeito de se vestir de modo colorido. É a tribo do "Paz e Amor", dos cabelos grandes e longos, que difundiu o uso de drogas como maconha e LSD.
- *Grunges*. Estes são os chamados "descolados", optando pelo conforto e por peças alegres. Alguns acatam mais um visual tipo sujo: os cabelos não são penteados todos os dias, as roupas são desbotadas, as calças têm as bocas desfiadas e são rasgadas nas pernas, e os tênis e sapatos são surrados e com cadarços diferentes. Há também os que criam um estilo mais limpo e urbano: os homens combinam ternos com tênis, e camisas sociais e gravatas com saias longas ou calças desbotadas e rasgadas. As mulheres abusam das peças masculinas, como camisas e gravatas, combinando-as com peças mais femininas.

- *Clubbers*. São pessoas que gostam da noite, especialmente de clubes, boates e danceterias. Curtem ritmos dançantes, inclusive os tecnos e as músicas alteradas pelo DJ (disc-jóquei), que é o profissional que comanda o som e anima as festas. Infelizmente, é comum nestas festas a distribuição de drogas, como a ecstasy e a cocaína, que facilitam ao usuário ter disposição para dançar e pular a noite toda – mas que causam dependência química. As gírias mais conhecidas são *galera* (turma), *papo de elefante* (conversa chata, cansativa), *fuá* (bagunça), *dar um perdido* (sair de mansinho, despistar alguém) e *carão* (pessoa que vai a festas sem ser convidada).
- *Patricinhas*. É uma tribo formada por garotas que gostam de andar arrumadinhas, com tudo combinado, e que em geral abusam da cor rosa. O local preferido para passeios é o shopping, ou as ruas da cidade que têm o maior movimento. São alegres e divertidas, e podem ser um pouco preconceituosas com as de visual menos elaborado. Estão sempre em dia com as fofocas, mas procuram tirar boas notas na escola e ler livros e revistas.
- *Mauricinhos*. É uma tribo masculina, que se assemelha ao grupo das patricinhas (mas que não gostam de rosa por representar uma cor mais feminina na nossa cultura). Eles estão sempre bem arrumados, perfumados e em grupos, mas podem se tornar extremamente egocêntricos e preconceituosos.
- *Skatistas*. É a turma que gosta de andar de skate (ou *fita*), cuja maior aventura é conseguir manobras radicais em pistas próprias, e cuja ideologia é tentar sempre a superação dos limites. Usam roupas folgadas, gostam de boné, precisam de tênis com uma base mais larga, e usam gírias como *frango* (quem anda de patins), *dar área* (ir embora), *Ganso* (pessoa fofoqueira), *reileira* (manobra bem sucedida, feita com habilidade) e *estar ligado* (estar por dentro do assunto).

- *Punkies*. São conhecidos por abusarem de um visual rebelde, vestem-se de preto, usam anéis e pulseiras na cor prata com acabamentos pontiagudos imitando chifres e espinhos, e adotam estampas de dragões e de personagens metalizados. Há grupos que se organizam por ideologias macabras, visando perseguir e surrar pessoas que pertençam a um grupo ou a uma raça, que sejam negras ou homossexuais, por exemplo.
- *Surfistas*. Estes gostam de pegar onda, usam macacões próprios para a água, e vestem-se com camisetas coloridas e bermudas largas e compridas. Infelizmente, embora a filosofia dos surfistas seja a da busca da saúde, muitos são os surfistas que usam drogas, que chamam de leves (maconha ou cheirinho da loló), mas que causam dependência e geram um comportamento antisocial. As gírias mais conhecidas são *tomar uma vaca* (levar um tombo, cair da prancha), *animal* (surfista agressivo), *Brother, brô, magrinho* (amigo, parceiro), *casca-grossa* (surfista habilidoso e experiente).
- *Metrossexuais*. É um jeito masculino novo de se cuidar, difundido por campanhas publicitárias vinculadas à moda e às empresas de cosméticos, e que tem sido difundido especialmente pelo movimento homossexual. Muitos ainda não consideram que sejam uma tribo, mas há aspectos que comuns a todos: as roupas precisam ser "de marca", as cutículas das mãos são sempre feitas; as unhas estão sempre pintadas; os cabelos são alisados, pintados com mechas e reflexos, e bem tratados; usam muitos cremes e cosméticos quotidianamente, e gostam de jóias. O que espanta neste grupo é o exagero no cuidado e na busca por novos tratamentos e cremes, e pelo visual andrógino.
- *Outros*. Há muitas outras formas de agrupar pessoas por estilos de vida (tribos) que poderiam ser citadas. Há as tribos de musicistas (que gostam de tocar instrumentos de diferentes especialidades);

de pessoas que gostam de montanhismo (subir montanhas unindo exercício e paisagem); dos que gostam de aventuras radicais: *body jump* (saltar de grandes alturas), *rappel* (escalar e descer rochas e encostas), canoagem (encarar correntezas e cachoeiras de rios perigosos), pára-quedas e asa delta, mergulhos submarinos, e outros.

Aos pais cabe acompanhar a construção da auto-imagem dos seus filhos, conversando, sendo exemplos a serem imitados, e achegando-se para conhecer seus amigos e ideologias. Um adolescente não muda um guarda-roupa da noite para o dia, nem se modifica tanto em uma semana. Entretanto, muitos pais só percebem que algo não está bem quando eles já estão cheios de correntes, com cabelos tingidos e com atitudes desviantes da estrutura moral da família.

Todo filho acaba construindo o seu estilo de vida. O problema existe se ele escolhe mal o grupo a freqüentar, ou se aprofunda muito nas ideologias de uma tribo — neste caso ele se torna escravo de uma forma de se vestir, de uma linguagem, de espaços a freqüentar e de pessoas. Cada vez mais se tornará antisocial, entrará em conflito com as normas da sua casa e da sua família, e afastará da fé em Jesus, que morreu para que fôssemos livres!

As drogas

A curiosidade é ampliada na fase da adolescência, o que pode ser muito benéfico: o adolescente experimenta coisas e situações, aumenta suas experiências, interessa-se pela tecnologia e a domina, aprende sobre objetos e lugares, desejando alcançar projetos ousados e estimulantes.

Por outro lado, a curiosidade pode ser fatal, especialmente quando o adolescente deseja conhecer melhor o mundo das drogas. Embora a carência afetiva e a falta de direção parental sejam fatores que também influenciam o vício, a grande maioria dos adolescentes entra nas drogas pela curiosidade ou para serem mais bem aceitos em seu grupo de amigos.

As drogas são substâncias químicas extraídas e manipuladas diretamente das plantas, ou produzidas sinteticamente em laboratórios. As drogas interagem no corpo humano provocando reações diversas: sono, alívio de dor, relaxamento muscular, tremores, inchaço, euforia, tontura, desinflamação, etc. Algumas são benéficas para o alívio e até a cura de sintomas e de doenças, chamadas então de remédios — são as drogas liberadas pelos conselhos mundiais e nacionais de Medicina e de Saúde, que são feitas em laboratórios credenciados, e vendidas em farmácias, também chamadas de *Drogarias*.

Entretanto, hoje costumamos chamar de drogas as que são ilegais, que são vendidas por contrabandistas e atravessadores, e que não foram liberadas pelos órgãos de controle para consumo. Estas têm efeitos devastadores no corpo, especialmente no sistema nervoso central, e podem até mesmo matar uma pessoa por overdose (quando se usa uma dose excessiva) ou pelo uso contínuo.

Toda droga, e aqui estão incluídos também o álcool e o fumo, possui um ou mais componentes químicos que, quando aspirados ou ingeridos, entram na corrente sangüínea, e chegam ao sistema nervoso. Porém, a sua ação se complica pois, ao cair no sangue, que irriga as células do corpo, inclusive de órgãos, músculos e tecidos, acaba infectando as células do corpo com o componente químico da droga usada. É por isto que, mesmo após a morte, é possível saber quais os componentes químicos utilizados por uma pessoa através do exame bioquímico das células do seu corpo.

Ao infectar as células, o organismo absorve a química da droga, passando a usá-la em muitas das suas funções. Com o hábito do consumo das drogas, o organismo se torna dependente da substância encontrada nelas – quando o consumidor se torna dependente químico, pois já está viciado, já que seu corpo pede a droga e ele fica desesperado até consumir a substância solicitada pelo organismo.

A dependência pode ser física, quando o corpo passa a solicitar a ingestão da droga, ou psíquica, quando a mente 'pede' a droga para o exercício das suas funções. Ao chegar neste estágio a liberdade individual se esvai. O que antes era feito pela curiosidade ou prazer, por vontade própria, a partir da dependência a pessoa consome por necessidade, por obrigação, por escravidão. O drogado se torna escravo da droga que consome!

É importante falar sobre os efeitos de algumas drogas ilegais, focando as mais importantes, já que a cada dia há mentes doentias trabalhando clandestinamente para manipular 'venenos' mais potentes e que causem ainda mais dependência. Até porque, quanto mais dependente uma pessoa se torna, mais ela consome, e quanto mais ela consome, mais dinheiro os fabricantes, traficantes e atravessadores ganham.

Álcool — o álcool pertence ao grupo das drogas depressoras do SNC, mas merece uma atenção especial por ser muita antiga e porque, no Brasil, o consumo de bebidas alcoólicas é amplamente difundido. Muitos adolescentes começam a usar álcool porque seu efeito inicial é desinibidor — a pessoa fica mais falante, corajosa e animada. Contudo, com a continuação do uso, seus efeitos podem ser: atitudes impulsivas, perda parcial da consciência, diminuição da potência sexual, tremores, visões assustadoras, perturbação mental, tremores, alucinações, convulsões, e coma alcoólico, podendo levar à morte.

Inalantes e solventes — os inalantes são as substâncias que podem ser inaladas, a partir da aspiração pela boca ou nariz. Os solventes também podem ser inalados, mas são capazes de dissolver coisas e evaporam rápido. Estão presentes no éter, clorofórmios, gasolina, fluído de isqueiro, cola de sapateiro, removedores, esmaltes, etc. São conhecidos pelos nomes de cheirinho da loló ou loló, lança-perfumes ou lança, e cola. Nas primeiras doses drogas causam euforia e agitação, mas com o uso freqüente aparecem náuseas, tosse, muita salivação, perturbações olfativas e visuais (as coisas ficam tortas), dor de cabeça, depressão, voz pastosa, falta de coordenação motora, fala enrolada, pesadelos, convulsão e visões estranhas, dentre outras. Com o tempo a pessoa ouve vozes, e pode chegar ao coma e até à morte.

Ansiolíticos — são os chamados calmantes, que muitas vezes são receitados por médicos para doenças específicas em doses diferenciadas. Quando alguém toma um calmante regularmente e sem ordem médica, ela fica mais desligada do ambiente, perde reflexos importantes para dirigir e trabalhar, perde a capacidade da memória, tem desmaios, tem queda da pressão arterial e se ingerir álcool pode entrar em coma. Com o vício e a dependência, há os sintomas de irritabilidade, insônia, dor pelo corpo, muita transpiração e convulsão. A overdose leva à morte.

Narcóticos ou opiáceos — são conhecidas também como entorpecentes, derivam do ópio e têm um efeito analgésico (diminuem a dor) e aumentam o sono. As mais conhecidas são o ópio, a codeína, a morfina e a heroína. São muito usadas para tratar doenças onde a dor é intensa, e a *heroína* é a mais usada ilegalmente, geralmente injetada nas veias do corpo. No início produzem torpor, tonturas, náuseas e vômitos, misturados com um sentimento de leveza e euforia. Com o uso, causa dependência extrema muito rapidamente, e produz cólicas, angústia, dores pelo corpo, apatia e medo, podendo levar à morte por overdose.

Barbitúricos — conhecidas como bola, bolinhas e soníferos, causam extrema dependência, e provocam uma sensação aparente de calma e relaxamento, Contudo, com o uso produzem falta de coordenação motora, inconsciência, sono pesado, irritação, delírios, ansiedade, convulsões e parada cardíaca.

Maconha — conhecida como haxixe, baseado, erva, ganja, marijuana, beise, tora, fumo, bagulho, fininho, etc. É uma das drogas mais utilizadas no Brasil, mas não é tão inofensiva quanto parece: no início produz olhos vermelhos, boca seca e taquicardia, somados a relaxamento, diminuição da fadiga e vontade de rir. Porém com o uso produz angústia, tremores, sudorese, prejuízo na memória e na atenção, delírios e alucinações, alto índice de câncer de pulmão, esterilidade masculina e dependência.

LSD — chamada de ácido, produz os mesmos efeitos da maconha, causando menos dependência, mas ampliando os sintomas da perda da habilidade para perceber situações de perigo, da depressão, de comportamentos violentos e de alucinações amedrontadoras (chamadas de má viagem ou de bode).

Cafeína — presente, em pequenas quantidades, no café, no mate, no chá preto, no guaraná e na coca-cola. Em doses pequenas, não produz dependência e faz com que as pessoas fiquem estimuladas para as tarefas rotineiras, o efeito "energético". Porém, em doses excessivas, produz excitação, insônia, dores de cabeça, taquicardia, problemas digestivos, nervosismo e dependência psíquica.

Nicotina — encontrada nos cigarros, pode ser mascada ou aspirada, e provoca dependência física e psíquica. Produz irritabilidade, palpitação, tontura, ansiedade, fadiga, faringites, bronquites, falta de apetite, perturbação da visão, infarto e diversos tipos de câncer.

Anfetamina — também são conhecidas como bola, bolinha, rebite, ice, etc. São muito usadas por adolescente que querem emagrecer ou que gostam de ficar acesos e ligados para curtir uma festa ou para estudar. Provoca dependência física e psíquica, grande excitação, agressividade, alucinações e delírios, além de facilitar a anorexia (aversão a alimentos).

Cocaína — pode ser inalada ("cheirada"), ou injetada na corrente sanguínea ("pico"), quando a pessoa pode contrair AIDS ou o vírus do hepatite. Provoca a sensação de euforia e bem estar, irritabilidade e aumento da atenção a estímulos externos. Com o aumento da dose, produz pânico, delírio de perseguição, alucinações, sensação de ouvir vozes ou de bichos andando pelo corpo, desorientação, convulsões e até lesão cerebral. Chamada de pó, neve, branquinha, brisola, pico, *crack*, coca, basuko, pedaço, carreirinha, etc.

Como todas as drogas causam dependência física e/ou psíquica, com o uso acontece o que chamamos de tolerância: o organismo vai se acostumando às doses, solicitando o aumento da quantidade a ser ingerida ou aspirada. Nestes casos, para sair das drogas, a pessoa precisa passar pela Síndrome da abstinência, que é um período em que ela deixa de consumir a droga, e que sofre com alterações físicas e psíquicas, como dor atroz, alucinações, falta de raciocínio e agressão com os outros e para si mesma.

Quando há dependência, a Síndrome de abstinência requer obrigatoriamente tratamento médico e hospitalização, pois o usuário de drogas precisa ser medicado, contido para não ter acesso às drogas, e por vezes até amarrado para não se suicidar.

Profissão

No final da adolescência, surge um grande dilema: a escolha da carreira profissional. Nesta fase, muitos adolescentes se tornam ansiosos, irritadiços e preocupados, pois sabem que estão diante de uma escolha difícil que, sem dúvida, irá influenciar todo o seu futuro. Outros há que, em face do desafio, preferem fugir da escola e dos estudos — neste caso, se você faz parte dos pais zelosos e sábios, posicione-se, oriente e colabore para que seus filhos organizem a vida profissional.

Por mais informações que tenham, são muitas as opções de carreira no mercado de trabalho, e não há adolescente que deixe de ficar em dúvida. Muitos acabam seguindo a profissão de seus pais, outros tiram sortes ou escolhem a que parece mais rentável ou acessível no momento. Afinal, pensam, como definir a profissão a seguir?

Primeiramente, ensine seus filhos a orar. Não só no momento da decisão, mas desde a infância, a partir do momento (que geralmente acontece por volta dos sete anos), em que têm consciência de que precisarão optar por uma determinada carreira. Ore para que Deus mostre com clareza suas vocações naturais e a carreira onde melhor poderá usá-las. Há pessoas que têm um dom natural para a música, outras que trabalham com madeira como ninguém, outras têm facilidade para entender a organização de um computador ou dos astros estrelares. Enquanto há alguns que admiram a correria de um hospital, há outros que ao ver sangue perdem os sentidos e que se estressam rapidamente com situações assustadoras.

Em segundo lugar, se possível, incentive seus filhos a fazerem um teste vocacional, que hoje em dia é realizado na maioria dos colégios públicos e particulares. A Orientação Vocacional busca, como o nome já diz, definir e elucidar para o que o indivíduo é vocacionado. Geralmente é realizado na época da escolha de um curso profissionalizante ou do vestibular. Analisa-se o histórico escolar para ver o grau de interesse em diferentes matérias, e são feitos testes para avaliar aptidões e o grau de concentração, abstração, entre outros. Ao final, limita-se uma área de interesse (médica, de ciência exata ou humana, etc.) ou se relaciona as melhores carreiras para o indivíduo escolher.

Em terceiro lugar, converse com seus filhos e pensem juntos. Muitas vezes a escolha de uma profissão pode implicar na saída da sua cidade, no afastamento da família e da sua igreja. Algumas carreiras implicam em mais anos de estudo do que outras, as vezes até em estudar todo o dia, e neste caso a condição financeira também pode interferir, já que os pais terão que sustentar os gastos.

Por fim, incentive e colabore para que seus filhos façam a parte deles: estudar. Qualquer profissional, seja ele de nível básico, médio (segundo grau) ou superior (universidade), precisa se esforçar para ser bom e ser bem remunerado. Há pessoas que sonham em ganhar muito dinheiro, mas não gostam de estudar ou de trabalhar. A dedicação à profissão escolhida é a maior garantia de sucesso na vida profissional, pois um profissional esforçado, que faz seu trabalho com esmero, será sempre bem indicado e bem remunerado.

Adolescentes e pais

Para seu filho adolescente, as experiências dele são únicas, ele acha que ninguém vivenciou questões semelhantes. Portanto converse com sabedoria, não tente ser sabichão e respeite suas inquietações e sentimentos. O que você sentiria se seu melhor amigo estivesse sempre apontando as suas falhas, implicando com você por causa de assuntos delicados, dando lições de moral e querendo lhe ensinar como viver a sua vida? Transmita os seus valores ao seu filho adolescente de forma clara, referindo-se a atos específicos, dizendo a seu filho que o que ele fez afetou você.

Envolva os seus adolescentes na igreja e garanta que eles tenham acesso a outros adultos ou companheiros que aceitem os mesmos valores que você. Conheça os amigos dos seus filhos e ore para que os valores que lhe foram ensinados na infância sejam mais fortes do que os que lhe são apresentados na escola ou no trabalho.

Por fim, ajude o seu filho adolescente a crescer. Embora para você ele sempre será como uma criança, diante de Deus e dos homens ele deverá ser adulto e maduro, respondendo pelos seus atos. Fale, aconselhe e proteja-o o quanto puder das drogas, da delinqüência, da violência e do comportamento sexual de risco. Seja seu aliado, dê a sua ajuda com empatia, cerque-o de oração e promova um encontro pessoal dele com Jesus.

Capítulo 12

A juventude

A juventude, que começa por volta de dezoito anos, é um período de definições. As oportunidades e o esforço vão definir a profissão com a qual a pessoa vai ganhar a vida e prover o seu sustento na vida adulta. Os amigos vão influenciar a construção de hábitos e a elaboração de conceitos, muitos dos quais hão de nortear a vida familiar e ministerial futura. A escolha dos pares para os namoros e envolvimentos afetivos vai definir a vida sentimental e conjugal.

A juventude é também uma fase de grandes decisões. Definimos quem somos, que tipo de pessoa vamos namorar, que tipo de carreira vamos seguir, o comportamento a assumir, o estilo de roupa que vamos usar, os lugares a freqüentar, os valores e dogmas a defender.

As informações são rapidamente assimiladas e a sensibilidade está aflorada, mas os jovens ainda precisam de direção, de bons exemplos e de bons conselhos. Portanto, se você tem filhos jovens, esteja atento aos seus amigos, incentive os seus projetos e invista na vida profissional deles. Sim, as atitudes e escolhas da juventude são responsáveis pela estrutura da vida adulta — e por isso são tão importantes!

Todo jovem busca a liberdade. E ter o controle da própria vida é normalmente a idéia que associamos quando pensamos no conceito de liberdade. Afinal, pensamos, a pessoa livre pode fazer o que quiser! É por esta razão que o jovem refuta a autoridade de terceiros sobre os seus rumos. Pensa que já tem condições de decidir sobre o que é bom para si mesmo. Não gosta mais que os seus pais escolham as suas roupas, amigos e hábitos. Acha os conselhos dos mais velhos meio ultrapassados, e tudo o que deseja é poder fazer o que quer — do jeito, da forma, e na hora que planeja.

Contudo isto é impossível: ainda depende dos seus pais, professores e parentes. Por outro lado, ainda tem pouca experiência para muitas coisas que deseja, de modo que nem sempre pode decidir de forma mais adequada nas questões de maior importância para o seu futuro.

Auto-conhecimento

Ciências como a filosofia, a biologia e a psicologia têm tentado definir o homem, seus limites e potencialidades, e a maneira como sente, pensa e reage ao meio em que vive. Livros e mais livros já foram escritos tentando responder a pergunta que sempre angustiou o ser humano: "Quem sou eu?" Até hoje, porém, não chegaram ao conhecimento absoluto sobre o homem, e nem hão de chegar.

Os jovens têm uma ânsia de conhecer. Podem ficar horas discutindo futebol ou política, e com a mesma intensidade discutir questões profundas e existenciais, como: "De onde vim e para onde vou? Por que nasci e qual o propósito da minha vida? Por que vou morrer? O que me reserva o futuro? Qual o verdadeiro sentido e razão da minha vida?"

Como seu futuro ainda é incerto, e como serão muitas as decisões a tomar, o jovem não tem resposta a muitas de suas perguntas. Pode conhecer a gama de profissões, pode se relacionar com várias pessoas do sexo oposto que seriam bons partidos para namorar, mas ainda é difícil saber o que fazer, é complicado definir o que realmente quer.

Se na juventude não é possível conhecer as grandes questões da vida, uma coisa é certa: é a época para voltar a si mesmo e se conhecer. Até então, o adolescente vinha mergulhado no mundo social, partilhando valores, redescobrindo conceitos e estruturando um sistema próprio de crenças e de comportamentos — é um movimento voltado para o mundo externo.

Na juventude, começa um processo inverso: o movimento se volta para dentro, onde o que mais importa é o que o jovem é, quer, gosta, deseja, e pode ser e fazer.

Individualidade

Todo jovem tem o seu estilo. Tudo bem se uma moça é do tipo que procura conforto, enquanto sua irmã gosta de salto alto e de cabelos impecáveis. Ou se um rapaz é do tipo que quer segurança, e seu melhor amigo gosta de esportes mais perigosos. Cada um tem seu jeito, uma aparência e gostos diferenciados.

Afinal de contas, cada pessoa é única e singular, e esta constatação, muito forte na juventude, faz com que o jovem se conscientize de que ninguém pensa ou sente como ele. Isto o torna especial, mas implica também em certa solidão, pois há momentos em que nenhuma pessoa que vai poder entendê-lo como gostaria. Para fugir desta solidão, são muitos os que, ao invés de aceitarem e aprenderem com o fato de serem diferentes, passam a vida procurando fazer coisas para se tornarem igual aos outros.

Para fazer parte de um grupo, muitos se tornam fracos, se deixam influenciar e se submetem a fazer coisas errôneas e que não gostam, às vezes até indo de encontro à crenças ou educação recebida. Para serem aceitos no meio onde convivem, muitos acabam se diluindo, perdendo a identidade e os limites que os fazem únicos, e que dão razão à sua forma de pensar e de agir. É por isto que hoje muitos jovens se dizem perdidos, não sabem o que querem, quem são e porque tomam atitudes que os prejudicam. Muitos acabam se envolvendo com drogas, participando de roubos e se relacionando sexualmente com pessoas totalmente diferentes deles.

Os problemas se ampliam quando um jovem se sente arraigado num estilo de vida e se aprofunda cada vez mais em suas ideologias, muitas vezes defendendo conceitos que confrontem os princípios bíblicos e/ou morais, como usar drogas, curtir músicas cujas letras exaltem a marginalidade, vestir-se de modo indecente ou anti-social, e juntar-se a grupos que espancam pessoas só por elas serem brancas ou negras. Nestes casos estará quebrando leis divinas e humanas, criadas para o bem estar da sociedade em que vivemos.

Por mais que os pais possam e devam influenciar e orientar seus filhos na juventude, é importante ressaltar que seu filho jovem, abaixo de Deus, é quem melhor se conhece. Ele sabe os momentos em que tem medo, conhece o que dá prazer, reconhece seus erros e acertos. Não é mais a criança que seguramos no colo e a quem, a todo o momento, ditávamos as regras, mostrando o melhor a fazer. Seu filho já tem, ou deveria ter, domínio do que é correto, e parâmetros morais a seguir.

Corpo

Os jovens vivem numa geração que se intitula *Geração Saúde*. Entretanto, mais do que preocupados com a saúde, eles estão em busca da perfeita forma física, da beleza do corpo como expressão da sensualidade e como objeto de desejo por terceiros.

Hoje é importante ter o corpo bem trabalhado, malhar horas seguidas e fazer muita musculação para dar formas e volume aos músculos. As academias vivem repletas de adolescentes e jovens atrás de um corpo escultural. Há várias lojas especializadas em roupas e aparelhos específicos para ginástica, novelas televisivas que incentivam este comportamento, programas em rádios e televisão que se esmeram na venda de aparelhagem própria para os malhadores, estabelecimentos que vendem inibidores e anabolizantes.

Está cientificamente comprovado que o corpo precisa de boa alimentação e de exercícios para uma boa atuação nas diferentes modalidades da vida secular. A própria Bíblia nos adverte que devemos cuidar do nosso corpo, tratá-lo com afeto, e não pecar, matar ou descuidar dele, pois o corpo é templo onde o Espírito Santo de Deus habita:

> *Acaso não sabem que o corpo de vocês é santuário do Espírito Santo que habita em vocês, que lhes foi dado por Deus, e que vocês não são de si mesmos? Vocês foram comprados por alto preço. Portanto, glorifiquem a Deus com o seu próprio corpo.*
> *1 Coríntios 6.19,20*

Lemos na história de Ester que, mesmo sendo esbelta e formosa, antes de ir à presença do rei Assuero ela passou por tratamentos de beleza, limpeza de pele, exfoliação e hidratação corporal, além de banhos perfumados e dieta alimentar:

> *Mardoqueu tinha uma prima chamada Hadassa ... também conhecida como Ester, que era atraente e muito bonita... Ele logo lhe providenciou tratamento de beleza e comida especial... devia completar doze meses de tratamento de beleza prescritos para as mulheres: seis meses com óleo de mirra e seis meses com perfumes e cosméticos.*
> *Ester 2.7,9,12*

Isto nos mostra que nosso corpo deve ser bem cuidado, tratado com especiarias e cremes próprios para o nosso biotipo, e que devemos procurar trazê-lo limpo, perfumado e disposto, mesmo se para isto tenhamos que efetuar exercícios físicos e dietas alimentares. As adolescentes e jovens devem ir ao ginecologista e clínicos para efetuar exames necessários a cada caso, e os rapazes também devem visitar urologistas e médicos em geral. Devemos zelar por nossa saúde.

Contudo, o que temos assistido não é um cuidado com o corpo, mas um culto ao corpo, onde este é reverenciado como se fosse a coisa mais importante. Há um cuidado exagerado, onde inibidores de apetite ou anabolizantes (utilizados para a força e resistência muscular) têm sido utilizados sem parcimônia, desrespeitando o próprio corpo e prejudicando a saúde física, mental e emocional.

Muitos rapazes extrapolam: pesquisas têm mostrado que o número de cirurgias plásticas reparadoras das glândulas mamárias masculinas dobram a cada ano porque o uso de anabolizantes promove o crescimento das mesmas. Há ainda quem fique doente ou com sérias lesões devido à prática extremista de exercícios, e adolescentes e jovens que perdem anos escolares porque os inibidores de apetite afetam a coordenação e a memória.

Muitas moças esquecem-se de que a beleza interior é mais importante do que a exterior. Preocupam-se obsessivamente com roupas, a ponto de até mesmo se recusarem a ir a algum lugar caso não estejam com roupas de marcas famosas, por vezes caras, além das posses de seus pais. Arrumam-se exageradamente e não cultivam um espírito, ou seja, uma maneira de ser mansa e tranqüila. Rapaz nenhum agüenta uma namorada chata, mimada, arrogante, fofoqueira, ciumenta ao extremo e faladeira, mesmo que ela seja a Miss Universo!

Como pai ou mãe, incentive seus filhos a praticar esportes, malhar, cuidar da pele, vestir-se bem, dar um bom corte no cabelo e barbear-se, quando for preciso. Contudo, esteja atento ao fato de que muitos jovens, especialmente do sexo feminino, se tornam tão obcecadas em ter um corpo magro, que desenvolvem a anorexia (distúrbio emocional que causa aversão à alimentos, pelo fato de que a pessoa, mesmo magra, tem uma imagem de si mesmo como obesa) e a bulimia (distúrbio associado à anorexia em que a pessoa provoca ou faz vômito cada vez que se alimenta).

As duas doenças começam por uma busca desenfreada por remédios e por dietas milagrosas, em que as pessoas quase não comem. Muitas, mesmo já magras, radicalizam, deixam de sair com amigos e choram, pois mesmo pesando quarenta e poucos quilos, quando se olham no espelho se 'enxergam' com oitenta ou cem quilos! Em casos graves, precisam ser internadas, pois não têm forças para andar ou para falar, e podem chegar à morte por inanição.

Profissão

Embora no final da adolescência haja já uma preocupação com a escolha da carreira, é na juventude que esta se estabelece. Nesta fase da vida a carreira profissional deve ser prioridade, para os pais e para os filhos.

O jovem percebe rapidamente que, para obter êxito na vida profissional, há um alto preço a ser pago. Se quiser ser bem sucedido, precisa abrir mão de passar as madrugadas acordado em festas, precisa se afastar de amigos que não tenham desejo de crescer profissionalmente, e precisa até terminar namoros turbulentos. Infelizmente, não são todos que priorizam a vida profissional, e perdem o momento mágico, que muitas vezes não volta, de construírem um futuro melhor para si.

Pesquisas relatam que parte da inteligência que possuímos é hereditária, e isto implica dizer que pais com alto grau de inteligência tendem a ter filhos mais inteligentes. Entretanto, sabe-se também que é o meio o maior responsável pelo nível de nossa inteligência, isto é, se o indivíduo vive num meio rico de estímulos e de informações, ele tem mais chance de ampliar sua inteligência, que é sempre direcionada (pessoas boas para resolver problemas matemáticos nem sempre resolvem bem questões interpessoais, por exemplo). Portanto, estimule seus filhos: compre (e leia) jornais e revistas, converse assuntos inteligentes, e oriente seus jovens a se aprofundarem ao máximo na carreira escolhida.

Geralmente os jovens ainda dependem dos seus pais financeiramente, pois muitos fazem faculdade em tempo integral, fazendo estágios e cursos, e têm seus gastos mantidos pelos pais. Outros já trabalham para manter seus estudos, mas precisam de um lar saudável para estudar e descansar, de todo um apoio logístico (cama, comida, roupa lavada, etc.) que dê a eles um suporte estrutural e emocional.

Já a Sabedoria é mais do que o uso prático ou direcionado da nossa inteligência. Ela não se mede por testes, como os de Q.I. (Quoeficiente de Inteligência), mas pode ser revelada a partir das conseqüências que nossas ações provocam. A pessoa que é sábia dificilmente se arrepende de algo que fez ou deixou de fazer ou falar, pois ela age e fala de modo cuidadoso, coerente, racional e correto.

Todo jovem precisa de sabedoria para escolher seus amigos, falar com os seus pais, entender as pessoas, resolver situações, tirar boas notas nos cursos, optar por uma profissão, escolher namorado(a) e, acima de tudo, para temer a Deus e tê-lo como senhor da sua vida. Se a inteligência é fruto de nossa hereditariedade e de vivências e estímulos, a sabedoria vem a ser algo maior e mais precioso, como um dom: ela vem de Deus e deve ser cultivada e preservada como um tesouro.

Vale a pena também ressaltar que por mais competente ou inteligente que uma pessoa possa ser, ou por mais rica ou bonita, nada irá para frente se ele não tiver a bênção de Deus. É a bênção de Deus que abre portas, que enriquece, que faz as nossas obras prosperarem, que amplia e multiplica a pouca visão e a riqueza que temos.

Portanto, ensine seu filho a pedir a Deus, todos os dias, que Deus o faça mais sábio, não só para o trabalho, mas para a vida! E incentive seu jovem a fazer o que lhe cabe: aproveitar todas as oportunidades que tiver para estudar, fazer todos os cursos que puder, e se empenhar para ser o melhor profissional na área escolhida. Os jovens precisam alimentar e ampliar a visão profissional, pois quando não há visão ou um ideal nobre a conquistar, a vida cai no vazio e se afunda na mediocridade.

Sociabilidade

Sendo o homem um ser sociável, ele estabelece diálogo e amizade com outros seres humanos. Até os de temperamentos mais introvertidos ou tímidos, acabam estabelecendo um tipo de relacionamento razoável com pessoas dentro de seu círculo de amizade. Mas saber escolher amigos é uma arte, que implica em sabedoria e discernimento para conhecer as intenções das pessoas que nos cercam.

Mesmo na juventude, com uma maior percepção de quem são ou querem para si, os jovens continuam a influenciar e a serem influenciados. Contudo, se os pais não tiverem uma boa relação de amizade com seus filhos (e com os amigos deles), cada vez perderá mais espaço na vida afetiva deles, já que estão se tornando cada vez mais independentes e ocupados fora de casa.

Há alguns ditados bastante conhecidos sobre companhias e coleguismo: "Diga-me com quem andas, e eu te direi quem és", e "Junta-te aos bons, e serás um deles; junta-te aos maus, e serás pior que eles". Há um texto bíblico que diz "Não vos enganeis: as más companhias (conversações) corrompem os bons costumes" (1 Co 15.33). Isto explica porque muitos jovens, com excelente formação familiar e com um valioso legado moral, perdem seus princípios éticos e morais ao se misturarem com más companhias.

Por esta razão é que, mesmo com seus filhos jovens, esmere-se para conhecer os colegas de faculdade, de cursos e a família da provável namorada (ou namorado). Convença-os, com boa dose de paciência e inteligência, a se afastarem de jovens que usam drogas, que bebem muito álcool, que são viciados em jogos de azar, que cultivam e defendem práticas sexuais que sua família não aprova, que se envolvem constantemente em brigas e agressões físicas, que sejam obscenos e imorais, usando muito palavrão, envolvendo-se com pedofilia e estupro, por exemplo.

Por fim converse com seu jovem. Ele precisa muito da figura dos pais, ele é e pensa diferente de você, e você pode se surpreender: conversando, pode descobrir que ele tem muito de você, que guarda lembranças de brincadeiras da infância, e que internalizou muitos dos conceitos e valores morais que você vivencia em sua família.

Sexualidade e namoro

Por muitos séculos eram os pais que determinavam, já no nascimento dos filhos, a família ao quais estes iriam se unir. Dependendo da família ou da rigidez da organização social, eventualmente os rapazes podiam se dar ao luxo de escolher uma jovem em especial, mas ainda assim o acerto era feito entre famílias. Muitas vezes acontecia do casal se conhecer só na cerimônia de noivado, e ainda assim só se olhava de longe, pois só era permitido conversar após os votos matrimoniais.

Muitos são os povos que agem de forma semelhante até os dias de hoje, de modo que o namoro é uma prática recente e expressa o direito de escolha que os jovens adquiriram com o passar dos séculos. Assim, se os pais escolhiam os futuros cônjuges dos filhos pelo uso da razão (como a divisão de propriedades, soma de bens, idoneidade da família ou profissão de fé), os filhos reivindicam poder escolher a partir do coração, do sentimento.

Infelizmente, porém, a coisa não é tão simples e romântica como parece. Os casais antigos, se no momento da união não se amavam, aprendiam com o tempo a se entrosarem, e muitos se tornavam amigos, companheiros e até amantes. Como eram criados para se conformar com o casamento, não tinham muita expectativa quanto ao futuro cônjuge, de modo que o mínimo gesto amoroso, educado, gentil ou cavalheiresco era admirado e servia de alicerce para a construção de um relacionamento futuro, que podia até ser feliz.

Hoje vivemos uma situação oposta, onde é grande a expectativa sobre a pessoa que se ama, e muitas vezes, como a escolha prioriza o coração, não há uma análise clara e objetiva dos hábitos, da família e das crenças do outro. O que resta é então muitas frustrações, desapontamentos, incompatibilidade de gênios e mágoas, que pouco a pouco vão destruindo a chama do afeto que foi a razão primeira da união!

O ideal, portanto, é escolher a partir do coração e também da razão. É escolher quem se gosta, mas não sem antes analisar e conhecer bem a pessoa a quem se entrega o coração. E o namoro pode ser definido como o tempo em que duas pessoas têm para se conhecer melhor. É uma prática que permite a convivência e a adaptação, a fim de que arestas sejam acertadas e surpresas futuras sejam evitadas.

É perfeitamente normal que os adolescentes namorem, dando seus primeiros beijos e abraços. Entretanto, há um momento em que todo jovem quer algo mais: alguém para partilhar a vida. Para tanto, esta pessoa precisa ser alguém que lhe corresponda física, intelectual, espiritual e socialmente.

Corresponder significa fazer jus, ser simétrico, estar em relação, estar ao nível de responder às expectativas. Assim, os projetos da pessoa escolhida devem corresponder às expectativas, os planos quanto ao futuro e profissão devem ser semelhantes. Os amigos devem ser comuns, os hábitos e hobbies devem ser apreciados pelos dois, a idade de ambos deve ser compatível e, principalmente, a fé deve ser a mesma.

Entretanto, é importante pontuar algumas questões, visando ajudar alguns pais, que por vezes percebem seus filhos destruindo suas vidas sentimentais. Primeiramente, vale a pena reforçar que culturas muito diferentes podem se chocar. Eu morei em um país onde certa comunidade considerava normal os homens baterem nas esposas, e geralmente o faziam porque haviam sido ensinados assim. As mulheres não reclamavam porque haviam crescido e visto suas avós e mães apanharem, de modo que ao se casarem já esperavam as surras. Você pode imaginar sua filha neste tipo de casamento? E o que dizer das mulheres muçulmanas que devem andar na sombra do marido?

A correspondência intelectual também é importante, pois mesmo que os anos de estudo não sejam os mesmos, os projetos precisam ser comuns. A questão do estado civil também é relevante: há moças que dizem preferir namorar homens casados, pois estes geralmente têm uma vida financeira mais estável e já possuem filhos — o que elas não querem por implicar em responsabilidade e em mudança corporal. Muitos rapazes também gostam de namorar mulheres casadas por estas já possuírem um compromisso e não cobrarem deles um casamento. Além deles fazerem parte de uma relação ilícita e estarem destruindo lares e filhos, ainda estão brincando com fogo, pois o fato de uma pessoa casada se envolver com um jovem já indica que é uma pessoa super mal caráter, falsa e indigna de amor.

No caso de relacionamentos com pessoas viúvas e divorciadas, é importante analisar os hábitos adquiridos com o casamento que terminou, ou com a solidão. Se houver diferença de idade esta deve ser avaliada. Quando há filhos envolvidos, e particularmente se estes forem pequenos, o jovem ainda precisa discutir seriamente o arranjo familiar e a educação e formação dos mesmos.

Outro ponto a considerar é o tempo de namoro: ele não deve ser curto demais, como namoros que duram dias ou poucas semanas e que começam sem propósitos definidos, pois a escassez de tempo não vai permitir um conhecimento profundo. Casais que se dizem apaixonados à primeira vista, e se casam após três ou seis meses de namoro, por vezes acabam a vida toda acertando arestas. Mas namoros longos demais, que duram seis, nove ou vinte anos, também perdem o efeito com o tempo. Ao invés da busca pelo prazer de conhecer e de trocar visões de mundo e planos futuros, o casal acaba se acostumando com o outro, se acomodando ao outro. Namoros longos correm o perigo de caírem na rotina ou de propiciarem a prática sexual prematura.

Quando os jovens namoram, e os pais percebem que pode ser pra valer, surge uma outra preocupação: a da educação. Pessoas educadas são tratáveis, cavalheiras, gentis, polidas. Não estamos aqui falando de pessoas que estudam muito, mas daquelas que recebem educação de berço, que aprendem com os pais a honrarem os mais velhos, pedir desculpas, dizer obrigado e por favor. Como pai ou mãe, queira sempre conhecer a família da namorada (ou namorado) do seu filho(a). Lembre-se de que um rapaz que respeita os pais e sabe honrá-los, dificilmente será um mal namorado ou marido. Da mesma forma, a moça que despreza a mãe, que não vê ou compensa o esforço e dedicação desta com as tarefas do lar, ou a que fala mal ou briga continuamente com os irmãos, dificilmente saberá manter uma atmosfera de paz e harmonia em um lar.

Outra questão séria aplica-se aos sentimentos. Ainda hoje, a exemplo de Romeu e Julieta, são muitos os jovens que se deixam apaixonar por outras pessoas, muitas vezes trazendo dores e desgraças às suas famílias. Há namoradas que apanham dos namorados, rapazes que se submetem namorar com uma moça caprichosa e manhosa, garotas que suportam ver seu namorado paquerar outras na sua frente, e rapazes que sabem que sua namorada tem casos com outros.

Há jovens que se envolvem com pessoas possessivas, que o afastam dos amigos, primos, pais, irmãos, estudos, etc. Outros há que namoram pessoas viciadas, que levam o filho para uma vida solitária e infeliz. Sem falar no namoro perigoso, aberto sexualmente, sem limites morais, onde o casal faz abortos e não se preocupa com as doenças sexualmente transmissíveis.

Se você ama e quer o melhor para seu jovem, desde o início faça acordos e regras a serem cumpridas. Discuta coisas do tipo: Quais os dias da semana que o filho vai separar para namorar? Quais os lugares que irá freqüentar? Como vai conciliar as atividades na escola, no trabalho ou na igreja? Quais as pessoas com quem vai sair? Quem paga o que?

Discuta também sua visão de relação sexual e de virgindade, bem como as regras que envolvem a sua casa: Você vai permitir que seu filho não tenha mais finais de semana em família? Vai se submeter a uma pessoa mal educada? Vai permitir que seu filho tenha relação sexual na sua casa?

De modo a auxiliar seu jovem a ter uma vida equilibrada e sexualmente controlada, sugira coisas como ele se envolver em trabalhos na Igreja; ocupar o tempo estudando ou produzindo no trabalho; fazer atividades esportivas; evitar cenas ou leituras pornográficas; pensar no que é limpo, puro e digno; colocar limites claros no namoro; afastar-se de moças ou rapazes que se insinuam; orar e ler a Bíblia; usar a cabeça para escolher bem.

Finalmente, vale a pena concluir dizendo que jovens que conseguem ter um relacionamento afetivo satisfatório em casa, com sua família, iniciam a vida sexual mais tarde, e guardam-se mais facilmente para o casamento, pois como são amados, aprendem a se amar e, portanto, valorizam seus corpos e almas.

O sexo

Nesta fase, a explosão hormonal da adolescência já se estabilizou, de modo que as espinhas diminuem, o corpo já está formado, a ovulação e a produção de espermatozóides já entraram num curso natural, e os pelos pubianos e peitorais (no caso dos rapazes) já se definiram.

Se na adolescência houve a adoção de práticas saudáveis (dedicação aos estudos, práticas esportivas, boas relações afetivas com pais e amigos, etc.), de modo a redirecionar a energia sexual, os filhos chegam à juventude sem grandes problemas na área sexual. Entretanto, aqueles que se envolveram prematuramente em namoros indecentes, ou em práticas sexuais que viciam (como pornografia, fornicação, voyeurismo, pedofilia, sexo virtual, por exemplo) podem chegar a esta fase com vícios sexuais: podem namorar incessantemente para contabilizar quantas pessoas já "pegou", podem estar envolvidos com relacionamentos imaturos e problemáticos, e podem até mesmo já ter traumas ou terem vivenciado gravidez ou abortos.

O mesmo acontece com relação às drogas: é muito raro um jovem iniciar o uso de drogas, pois em geral a iniciação se dá por volta dos treze anos. Contudo, se o uso continuado ocorre ao longo da adolescência, na juventude já há uma dependência química instaurada, que certamente vai atrapalhar a vida social e profissional. Como as conseqüências começam a ficar mais evidentes, uma maior conscientização pode ocorrer, e pode ser a hora certa para introduzir o jovem em um programa (terapêutico e medicamentoso) de desintoxicação, para que ele trate a dependência química.

A masturbação (prática de provocar prazer mediante a manipulação dos órgãos genitais, considerada natural, que pode acontecer ocasionalmente desde a primeira infância) não costuma ser problema nesta fase, a não ser que o vício tenha se instaurado na adolescência. Caso contrário, especialmente quando o jovem se aplica à vida social, profissional e ministerial, a polução noturna (ato de ejacular, nos homens, e de haver uma maior lubrificação, nas meninas, que acontece naturalmente durante o sono, de modo a expelir o excesso de produção de sêmem ou de secreção vaginal) é mais rara. Também a masturbação não é tão freqüente, já que o jovem já aprendeu a controlar seus impulsos, desejos e excitação sexual.

Contudo, mesmo os que tentam manter uma vida sexual sadia podem incorrer em práticas errôneas, como fornicação e prostituição, pois os conceitos e valores dos namorados, por exemplo, podem ser diferentes dos seus. Muitos namorados(as) cobram do outro, por exemplo, que sexo é a maneira correta para expressar carinho ou amor. Muitos rapazes dizem: "Se você me amasse, deixaria eu ter relações com você", e há moças que acreditam que seus namorados não gostam delas porque não querem fazer sexo com elas antes do casamento.

Ainda hoje, mesmo com a prática do ficar, há moças que pensam que se cederem ao desejo do namorado ele provavelmente irá se casar com elas. Há ainda aquelas que planejam engravidar para segurar o namorado.

Tantos problemas existem porque, infelizmente, a maioria dos jovens nunca recebeu formação sexual dentro do seu contexto familiar. Muitos pais não explicam o porquê da guarda da virgindade, e ao saberem que os filhos já têm uma vida sexual ativa, nem mesmo ensinam o uso da camisinha. A sexualidade tem sido um assunto pouco discutido na família, e alguns pais e líderes preferem nem tocar no assunto. Este fato, além de trazer ignorância, traz também uma série de mal entendidos, de modo que muitos são os que dizem saber das coisas quando, na realidade, estão equivocados quanto ao que é natural e correto.

De modo a clarear um pouco este universo de dados, e ajudar você a se atualizar com os termos e seus significados na hora de conversar com seu filho, apresento de forma bem resumida o que chamaremos de práticas sexuais que contradizem os mandamentos divinos. Muitas delas a mídia apresenta como naturais (como o adultério ou a pornografia), e outras são encontradas em páginas policiais (como o estupro e a pedofilia).

Permissividade ou libertinagem. Carícias abusivas, principalmente nas partes genitais, praticadas por solteiros.

Pornografia. Exposição de imagens ou uso de palavras que visam excitar a outros.

Incesto. Ato sexual entre membros próximos da família (pais, irmãos, filhos).

Adultério. Ato sexual praticado por casados com outra pessoa que não seja o seu cônjuge.

Homossexualismo. Ato sexual realizado por duas pessoas de mesmo sexo. Comumente, refere-se a relações entre homens, embora haja o homossexualismo feminino (lesbianismo).

Sodomia. Associado ao pecado do sexo anal (ou analfilia).

Lesbianismo. Ato sexual realiz*ado por duas mulheres, geralmente associada à* prática do sexo oral.

Fornicação. Ato sexual praticado por solteiros.

Há ainda práticas relacionadas à perversão sexual. Dentre elas, as mais conhecidas são:

Pedofilia. Sexo com crianças.

Bestianismo. Sexo com animais.

Masoquismo. Prazer em sofrer maus tratos físicos ou morais durante o ato sexual.

Sadismo. Prática de machucar, por violência física ou moral, durante o ato sexual.

Fetichismo. Amor, não ao parceiro, mas a alguma parte do seu corpo ou a um objeto que lhe pertença.

Voyerismo. Gostar de olhar o parceiro ou outras pessoas em situações libidinosas.

Necrofilia. Sexo com cadáver.

Sexo virtual. O telefone e a Internet têm sido veículos de propagação desta prática, através da qual duas pessoas, em espaços diferentes, se excitam mutuamente usando palavras ou imagens, fazendo uso freqüente da masturbação, de modo a obterem prazer sexual.

Há algumas pessoas que têm taras — desejos sexuais anormais, doentios, descontrolados. Dentre estas, a mais conhecida é o *estupro*, que significa forçar alguém a ter relações sexuais.

O fundamental é que você, como figura de autoridade e amor, ensine seus jovens a se respeitarem, a se amarem, e a vivenciarem o sexo de forma saudável, guardando-se para o casamento e escolhendo seus namoros com inteligência. Lembre-se que se você der bastante afeto, fará com que eles sejam menos carentes e susceptíveis aos vícios e às influências de outras pessoas. Portanto, ame, converse, oriente, perdoe, abrace, ajude e incentive seus filhos a vivenciarem uma juventude plena, que é, sem dúvida, a primavera da vida, e que pode vir a ser a fase mais bela e forte da existência humana.

Capítulo 13

Filhos adultos

Para a construção da vida parental sadia, temos primeiro que vencer as nossas próprias limitações, aprendendo habilidades e desenvolvendo sentimentos. Precisamos lidar com o gênio da criança, aprender a dizer não, e vencer uma luta aparentemente desigual com os filhos, que nos testam até o limite de nossas capacidades. A criança quer sempre mais — mais brincadeiras, mais presentes e mais atenção, mesmo naqueles dias em que nós é que estamos precisando de "colo", de atenção e de descanso para o corpo e para a mente.

Com o crescimento dos filhos e a entrada deles na vida adulta, os desafios se modificam, mas não terminam. Assim, o melhor é aproveitar cada fase da criança e o seu período no lar, pois haverá um tempo em que eles irão sair de casa e viveremos à distância com as nossas preocupações.

A vida adulta

Há muitas controvérsias com respeito ao início do que chamamos de vida adulta. Alguns defendem que esta se inicia por volta dos vinte e um anos quando, na maioria dos países, o indivíduo já é amplamente responsável por seus atos. Outros definem a idade de vinte e cinco anos, pois em geral a pessoa já é responsável, inclusive, por seu sustento, e já fechou o processo de *individuação*, quando se percebe única e distinta das outras pessoas em todas as suas formas de vivenciar sua realidade.

O adulto é aquele que, munido da cultura, dos valores e das experiências de seus antepassados, vive a sua vida de maneira particular, introduzindo e formando novas dimensões e modos de tratar, conceituar e modificar a realidade. Assim, para exercer a vida adulta, ele precisa ser independente e maduro, responsabilizando-se por seus atos. Nada é mais infantil do que um homem de quarenta anos que não trabalha e não sabe o que quer da vida, ou uma mulher de cinqüenta que se comporta como uma de suas netas.

Até a vida adulta todos nós reproduzimos e/ou nos opomos aos valores e à cultura dos nossos familiares e dos nossos amigos, professores e líderes. Na verdade, quando chegamos à vida adulta, inauguramos décadas da vida em que ampliamos o conhecimento e a cultura coletiva, na medida em que interpretamos o mundo à nosso modo, criando novas formas de viver e conviver, já que possuímos mais informações do que nossos pais.

Sim, os filhos sempre superam e ampliam o conhecimento da geração anterior — e não é para isso que nós, os pais, nos esforçamos e esperamos para eles? Que eles nos superem, saibam mais e vivam melhor?

Independência

Ao longo do desenvolvimento vamos aprendendo e desenvolvendo habilidades biofísicas, cognitivas e emocionais, que nos ajudam a nos tornarmos independentes e autônomos. Assim sendo, a independência é uma conquista a ser perseguida, uma meta a ser valorizada — e é só na vida adulta que ela se torna possível.

O adulto tem um organismo próprio, e quando é fisicamente saudável, não depende de outros para se locomover. Mesmo os que apresentam alguma deficiência, como é o caso dos surdos-mudos ou dos paraplégicos, também devem ser estimulados a estudar e a se locomoverem sem necessidade de ajuda permanente. É por esta razão que uma deficiência é entendida como mais séria, seja ela cognitiva ou física, quando a pessoa precisa de cuidados e atenção constante por parte de outros. Nestes casos, mais raros e extremos, o exercício da vida adulta fica impedido de ser vivenciado em sua plenitude.

Do ponto de vista financeiro, a independência também deve ser uma meta a ser alcançada. Por mais que os pais possam apoiar e pagar cursos e pós-graduação para seus filhos, muitos dos quais já na faixa etária adulta, é importante que estes anseiem pela independência financeira. Infelizmente, muitos filhos adultos se acomodam à boa vida da casa, com os pais suprindo as suas necessidades e pagando as suas contas, e se esquecem de crescer, assumindo responsabilidades e ajudando no lar. Muitos pais também infantilizam seus filhos, quando não cobram deles aplicação nos estudos, ou facilitam distribuindo dinheiro facilmente a filhos irresponsáveis, que muitas vezes gastam as rendas dos pais com drogas e sexo ilícito.

Isto é sério: muitos jovens namoram cedo demais, e se comprometem com o casamento antes de terem uma vida profissional equilibrada. Outros se envolvem sexualmente, fazendo com que suas famílias apressem o casamento; ou engravidam, sem que o casal tenha atingido uma independência financeira para arcar sozinho com o custo de uma casa e de um bebê. Numa situação de gravidez, vale lembrar, nem sempre o ideal é o casamento — muitas vezes é melhor que o rapaz assuma a criança e pague uma justa pensão (ou os avós se o filho for menor e não trabalhar), enquanto a moça cuida da criança, na casa dos pais dela, de modo a continuarem a se preparar profissional e psicologicamente, para a vida futura.

Se você é pai ou mãe, apóie seus filhos e facilite os estudos deles, inclusive com suporte financeiro. Mantenha uma casa gostosa, uma comida quentinha ou uma cama limpinha para que eles se sintam bem quistos em casa. Porém, não deixe de cobrar deles responsabilidades, de direcioná-los para o mercado de trabalho, e de conversar sobre a importância de terem seu próprio dinheiro e construírem sua família. Muitos pais impedem os filhos de crescer, não incentivam sua independência, e mais tarde cercam-se de preocupações e de vergonha por tê-los, já com quarenta ou cinqüenta anos, agarrados à barra de suas saias ou calças!

Maturidade emocional

A vida adulta concretiza, ou deveria, os projetos da adolescente e da juventude — muitas das grandes decisões da vida já foram tomadas, e nesta fase elas são amadurecidas e organizadas. Isto implica em maturidade: a capacidade de gerenciar a própria vida, definindo e dando o acabamento na própria personalidade, na vida sentimental, na profissão escolhida, nos comportamentos a serem trabalhados, nos valores e dogmas a defender.

O adulto maduro é aquele que consegue chegar mais perto da desejada liberdade: ele passa a ter o controle da própria, pois já tem condições de decidir de forma adequada sobre o que é bom para si mesmo, inclusive nas questões de maior importância para o seu futuro. Contudo, já sabe também que toda liberdade é limitada, já se conscientizou de que nem sempre pode fazer o que quer do jeito, da forma, e na hora que planeja ou deseja.

Com a maturidade, o adulto define de forma mais racional os papéis sociais — que vão muito além do simples ato de assumir uma postura em público, pois o adulto incorpora os papéis (pai, mãe, profissional, amigo, ministro, etc.) à vida subjetiva, fazendo surgir novos hábitos e aprendizagens capazes de modificar o curso do seu próprio desenvolvimento, sendo este definido como um processo de emergência de novas formas.

Uma das evidências da maturidade é o exercício da auto-estima. O jovem maduro se ama, levanta a sua cabeça, não se diminui. Planeja coisas grandes e compatíveis com a sua realidade, e persegue os ideais projetados para a sua vida ministerial, sentimental e profissional. Acredita no amor e na misericórdia de Deus, toma posse das bênçãos e das promessas bíblicas, e descansa naquele que é capaz de fazer infinitamente mais do que tudo o que pede ou pensa.

Na vida adulta, uma auto-estima pobre faz com que as pessoas entrem em relacionamentos sofríveis, e impede que muitos não avancem na vida profissional por não confiarem em si mesmos. Quem não se gosta, doa seu corpo facilmente, não investe em si mesmo por se achar incompetente, e não seleciona bem amigos e namoros.

Como pais, nossa tarefa é lembrar aos filhos que Deus os ama, é falar do amor que nutrimos por eles, é expressar nosso amor em atos cotidianos. Portanto, valorize seu filho, incentive-o a se gostar, e a buscar a sua realização pessoal.

Diferenciação

Os pais desejam formar a criança, fazer dela um adulto, mas um adulto de sucesso. Para isso planejam sua carreira, casamento, família e um comportamento ideal de vida escolar, social e sentimental. Mas, no entanto, não percebem o quanto a criança vai, pouco a pouco, influenciando e determinando suas carreiras profissionais, seus casamentos, suas vidas sociais e pessoais. Os filhos mudam os pais, ensinam coisas e comportamentos, tornando-os diferentes — e muitos não reconhecem isto, não são capazes de citar comportamentos que aprenderam com seus filhos, ou de precisar o que mudou a partir do momento que passaram a ser, ou que sentiram-se, pai ou mãe.

Por outro lado, quando os nossos filhos se tornam adultos, precisamos aceitar que a nossa criança, que era tão dependente e frágil, se tornou independente (ou quase), com valores e hábitos particulares. Mais do que isso, nos conscientizamos de que por mais que tenhamos acertado na educação, eles se tornam adultos diferentes de nós, com visões próprias, idéias divergentes, conceitos diversos, e com muitos valores opostos aos nossos.

Afinal de contas, nos esquecemos de que eles pertencem a uma nova geração, que eles assimilaram conceitos do mundo que vivem, que a quantidade de informação que processam é infinitamente maior que a nossa. Sim, eles se formam adultos diferentes de nós, e muitas vezes melhores que nós. Divergem na forma de pensar e de agir, mas também tiveram oportunidades diferentes das nossas, conhecem mais e, chegarão mais longe — e isto é o que todos desejamos!

Contudo, é muito difícil para alguns pais saber quando devem parar de interferir com mais freqüência na vida dos filhos. Às vezes é necessário deixar que eles errem (não que se machuquem), para que aprendam também com os erros e se tornem mais responsáveis. Outras vezes, enquanto adultos, falar mais de uma vez não adianta, e só resta torcer para que eles acertem e orar.

Se queres que teus filhos tenham os pés assentes no chão, coloque-lhes algumas responsabilidades nos ombros.

Abigail Van Buren

Filhos adultos precisam assumir suas responsabilidades e compromissos – e é ao mesmo tempo reconfortante e doloroso acompanhar a escalada profissional dos filhos, a escolha dos namorados e a saída mais freqüente deles de casa. Passamos de administradores a conselheiros, e nossa tarefa principal deve ser apoiar, aconselhar e servir de refúgio. Esta postura os fará voltar a nós sempre que precisarem de conselho, conforto ou proteção.

Entretanto, vale ressaltar que enquanto os filhos estiverem em seu lar, mesmo já adultos e independentes financeiramente, são você e seu cônjuge quem decidem as regras da casa: quando os amigos do filho virão dormir, se poderão fumar ou beber em seu lar, se poderão trazer a namorada para dormir, até que horas podem entrar na Internet, os sites que podem acessar, o horário que devem voltar para casa de uma festa, etc.

Seus filhos adultos têm até o direito de fazer acordos com você (e para isto faça reuniões de família regularmente), mas não abra mão da sua autoridade, de pedir satisfação dos atos e dos compromissos deles, de acompanhar os amigos e hábitos, e de cobrar deles obediência e respeito. Lembre-se, porém, que um jovem terá mais facilidade para se submeter à autoridade dos pais se estes forem amigos e abertos ao diálogo. E que, quanto mais admirar e respeitar seus pais, mais honrará seus líderes, chefes e pastores.

Quando os filhos adultos se casam, se não forem aceitas algumas regras de boa convivência, seu relacionamento com eles também pode ter problemas. Vale lembrar que os seus filhos sempre serão seus, mas a vida lhes reserva também os papéis de pai/mãe e marido/mulher. É difícil para os pais perceberem que criam os filhos para entregá-los a uma outra pessoa no futuro. São os pais que se preocupam, que perdem horas de sono, ganham rugas e cabelos brancos, e mais tarde vêem os seus filhos se enamorarem de alguém e sair de casa. Isto parece injusto, mas é exatamente a mesma coisa que um dia você fez com os seus pais!

Prepare-se para ser o esteio dos seus filhos, mesmo quando eles já tiverem as suas próprias famílias. Mesmo que a carga seja pesada, sua família estará de pé enquanto você se mantiver firme.

Afeto

Por mais que os filhos adultos tenham valores e conceitos diferenciados e pessoais, e por mais que gostem de coisas diferentes — como surfe, rapel, *bikes*, montanhismo, ritmos eletrizantes, comida japonesa ou até mesmo sanduíches calóricos —, vale a pena lembrar que também já fomos mais jovens, que erramos e acertamos. Isto nos ajudará, enquanto pais e líderes, a compreender, a acreditar e a respeitar os filhos que temos hoje.

Contudo, é bom ressaltar que mesmo os rapazes barbados e as moças usando salto alto precisam de afeto, de abraços, de elogios, de beijos, de ouvirem "eu te amo meu filho!" ou "Eu amo você, minha filha e princesa!" E, mais do que preciosas palavras, eles necessitam de estímulo, de incentivos, de um bom ouvido, de bons conselhos, de uma tarde passeando sob o sol conversando sobre filosofia ou teologia.

Parte Três

Pais, a arte de ensinar e aprender

Capítulo 14

Erros e acertos na educação

Eduquem as crianças e não será necessário castigar os homens.
Pitágoras

A criança é muito esperta e inteligente. Desde o berço ela sabe quem corre primeiro quando ela chora, quem mais facilmente se dobra às suas manhas, quem é mais paciente, quem mais faz as suas vontades. Na verdade, mesmo sem ter consciência, ela interpreta a dualidade da relação parental: pai/paternidade e mãe/maternidade.

Ela sabe, por exemplo, que mesmo que o pai tenha sempre uma postura rígida e a cara mais fechada, ele sempre a agrada mais. Sabe que a mãe pode falar repetidamente que não fará o que a criança pede, mas insiste porque sabe que no final ela sempre cede.

Estes pequenos "jogos", existentes em todas as famílias, são sempre montados com e pela criança, muitas vezes sem que os adultos tomem muita consciência dos mesmos. Eles favorecem o desenvolvimento, e servem para ensinar a criança o valor da determinação, da manobra, do exercício da inteligência e da sensibilidade, mas devem ensiná-la também sobre os limites que lhe são impostos.

Este capítulo não tem a pretensão de educar pais, mesmo porque aprendemos a ser pais sendo pais. A idéia é enfatizar a influência dos pais na qualidade e no equilíbrio na educação de uma criança, trazendo exemplos claros de situações mais freqüentemente encontradas no cotidiano da minha prática como psicóloga. Vamos discorrer sobre os erros, para então sugerir algumas atitudes eficazes para uma boa educação.

Erro 1: desautorizar o outro

A criança é inteligente e perspicaz. É muito comum ela perguntar à mãe, por exemplo, se ela pode brincar na rua com os amigos, fazer a lição de casa mais tarde ou ver um certo programa na televisão. Só que, sabiamente, ela pergunta à mãe quando esta se encontra longe do pai, pois se ouvir um *não*, ainda terá uma outra chance de conseguir o seu intento com o pai (aquele que ela sabe, por exemplo, que cede mais aos seus caprichos). Desse modo, ouve um *não* da mãe e um *sim* do pai.

Se a criança sabe a quem procurar quando deseja algo especifico, é aconselhável que os pais estejam afinados e em acordo sobre as regras da casa. Se isto não acontecer, um acabará, fatalmente, passando por cima das ordens do outro, desautorizando-o.

Eventualmente podemos até nos surpreender com as manobras dos filhos, ou podemos ajudar a "quebrar" um pouco o gelo de uma relação familiar que não vai bem. Mas o casal, ao fazer disto um hábito, passando por cima das ordens dadas aos filhos pelo cônjuge, e disputando poder e autoridade sobre os filhos entre si, acabará desunido, além de deixar claro para os filhos que o respeito mútuo entre eles já acabou.

Há casais que, quando um diz ao filho para não chupar bala antes das refeições, o outro pega duas balas escondidas e passa ao filho pelas costas do cônjuge. Outros dizem aos filhos: "Pode fazer que eu dobro a sua mãe" ou "Não liga para o que ele diz, eu é que mando na casa". Atitudes como estas não só destróem a vida conjugal, como acabam com as noções e conceitos de autoridade dos filhos.

Erro 2: jogar ping-pong

Quando um casal não acerta as regras de educação, fazendo acordos entre si, corre o risco de errar feio. Isto porque um dos cônjuges, por exemplo, pensa que os filhos devem apanhar por tudo, enquanto o outro pensa que não devem bater nas crianças. A mãe acha que a criança pode brincar com amigos e o pai defende que ele deve ficar em casa. O pai pensa que a criança deve ver televisão e a mãe acha que ele só deve ler, por exemplo.

Pode ser até que os dois estejam certos, que não haja erro ou incoerência no que pensam. Afinal, os pais foram criados de forma diferente, e seus hábitos e valores podem ser distintos, e até opostos aos do cônjuge. Porém, quando educam juntos uma criança, precisam definir uma só posição, principalmente sobre questões relacionadas ao cotidiano.

Chamo de ping-pong as situações nas quais a criança, ao fazer algo que vá de encontro a determinação de uns dos pais, se vê no meio de uma 'partida' onde, por exemplo, a mãe com um cinto na mão diz que vai bater e o pai diz que ela não deve fazer isso. A criança acaba acompanhando o duelo dos pais, e sabe que quanto mais este demorar melhor será, já que as energias da mãe terão se descarregado. Resultado: os pais acabam brigando entre si, sobre a criança e não com a criança, e a situação não é resolvida a contento. Para piorar, a criança vai assimilando (e isto ela aprende desde pequena) qual dos pais mais a protege ou esconde do cônjuge seus atos errados, além de se conscientizar de que poderá continuar agindo mal, já que não será disciplinada.

Erro 3: transferir responsabilidade

Quando os pais dividem a mesma casa, ambos têm responsabilidades e tarefas, diferentemente das mães solteiras ou dos cônjuges separados — nestes casos o outro cônjuge, quando participa da educação, só interage rapidamente nos finais de semana, e raramente mantém a disciplina da casa da criança, o que seria o ideal!

Entretanto, quando os pais residem juntos, não podem transferir responsabilidades para o outro cônjuge o tempo todo. Há mães que passam o dia dizendo aos filhos: "quando seu pai chegar eu vou contar a ele o que você falou e ele vai te bater", "deixa seu pai saber disto que você vai ver" ou "à noite o seu pai vai brigar com você!". Assim, passam o dia delegando autoridade ao pai, servindo apenas como um pombo-correio ou de "dedo-duro".

O que geralmente acontece é que, quando o pai chega, depois de um longo dia de trabalho, ele mal tem tempo de colocar a bolsa ou pasta no lugar, ou tomar um banho e comer. A esposa fica atrás, reclamando dos filhos, dizendo que está cansada de falar, e que cabe a ele tomar alguma atitude, já que uma criança jogou terra nos olhos da outra, brigaram por causa de um carrinho, ou falaram o que não deviam.

Imaginado o quadro, duas são as atitudes cabíveis: A primeira será o pai pegar logo um chinelo ou uma cinta, ou fazer uso das mãos, e bater nos filhos sem querer ouvir as desculpas, ansioso para se livrar das lamúrias. A segunda, e mais provável, eu espero, é que ele, já acostumado ao quadro, deixe tudo como está, e não queira bater nas crianças. De qualquer forma, qualquer uma das duas atitudes será errada.

É certo que algumas questões disciplinares devem ser tomadas em conjunto pelo casal. Mas questões mais simples, do cotidiano, devem ser resolvidas no momento em que ocorrem, caso precisem da interferência de adultos. A mãe não pode se esvaziar de autoridade perante as crianças, seja por querer ser boazinha ou por realmente não saber lidar com as situações. De qualquer forma, ser boa mãe não é deixar de disciplinar e, se sabemos separar as coisas certas das erradas, não precisamos ter cursos para tomar decisões, principalmente quando temos Deus, a fonte de toda a sabedoria.

É claro que as situações podem se inverter, com o pai sempre deixando para a mãe a responsabilidade de fazer algo no futuro. Não estamos nem discutindo quem deve disciplinar, mas o fato de um dos cônjuges transferir responsabilidades para o outro. E o pior é que para a criança só restam duas opções: ou apanhar sem lembrar ou saber o porquê, pelo simples fato de um dos pais dedurá-la; ou não ser repreendida nunca, mesmo quando merece.

Erro 4: jogar filhos contra os pais

Há muitos casais que jogam seus filhos contra o seu cônjuge. Algumas mães, quando sabem que o pai brigou com um dos filhos, chama a criança e diz: “não esquenta com o seu pai, você sabe que ele é burro e tem cabeça dura, que não entende as coisas” ou “seu pai não gosta de ninguém, não sabe de nada!”. Há pais que dizem das esposas: "sua mãe é maluca" ou "não ligue para a sua mãe, para o que ela diz, eu é que mando nela".

Existem maridos que se juntam com seus filhos para rirem ou desdenharem de sua esposa. Há mulheres que reúnem os filhos para contar o que de mal ou vil o pai deles fez ou disse. Algumas mães, quando batem em seus filhos, podem dizer coisas como: "eu não queria bater em você, estou com pena, mas você sabe que seu pai pensa diferente, e eu só bato porque ele pediu".

Há filhos ainda pequenos que já aprenderam com seus pais a chamar a mãe de chata, feia, gorda, burra, lerda, etc. Há filhos pequenos que xingam os pais de coisas piores quando o pai está ausente, e a mãe não os repreende.

Como é fácil perceber, o relacionamento futuro dos pais e dos filhos não será harmonioso, e ambos vão, sem dúvida, sofrer com isso: pais e mães poderão perder o respeito, a admiração e a amizade dos filhos. Entretanto, os filhos também podem colher frutos amargos — como serão abençoados na terra e viverão muitos anos se não forem ensinados a honrar e respeitar os pais? E como aprenderão a respeitar os pais se não assistem seus pais se respeitarem mutuamente?

Erro 5. Dividir os filhos

Até alguns anos atrás, com as famílias numerosas, era comum os pais dividirem a responsabilidade de cuidar dos filhos com os filhos mais velhos, de modo que o irmão maior tomava conta do irmão menor. Meu pai, o quinto de onze irmãos, passou por esta experiência e até hoje é mais próximo da irmã que cuidou dele.

Hoje consideramos grande uma família com mais de quatro crianças, mas mesmo com poucos filhos e com uma estrutura diferente, muitos cônjuges acabam assumindo a disciplina de um dos filhos sozinho, mesmo que tenham dois apenas. Assim, por exemplo, o pai não bate na menina, a mãe não pode chamar a atenção do garoto, e mesmo quando têm o mesmo sexo, há preferências claras de um dos pais por certo filho (por ser mais bonito, caçula, mais velho, mais obediente, etc.), que muitas vezes acaba sob sua proteção.

Há pais que dizem para o outro, na frente da criança: "com a Joana você não se mete, eu é que mando nela", "resolve isto lá com o teu filho porque eu não posso mais com ele", "eu não agüento mais a Marianinha, acerta as contas aqui com a tua filha!" ou "acho melhor você bater neste teu filho!".

Os filhos são de quem afinal? Não são dos dois? Por que fazer com que haja disputa entre os filhos pelo carinho dos pais? Por que excluir a autoridade de um dos cônjuges sobre os filhos? Por que as preferências?

É verdade que por vezes um filho pode nos entristecer ou nos irritar mais do que outro, a começar pelo seu próprio temperamento. Entretanto, quando isto acontece é porque ele se parece mais conosco, e a falha, portanto, não está só nele, estava primeiro em nós.

A educação é um processo social, é desenvolvimento. Não é a preparação para a vida, é a própria vida.

John Dewey

Acertando a educação

Os filhos são dados aos casais para preenchê-los e complementá-los. Portanto, nada mais previsível do que serem os filhos as causas das maiores alegrias de um casamento, como também o motivo para as maiores discussões e conflitos.

Isto se dá porque quando educamos um filho, depositamos nele todas as nossas expectativas e vivências: só podemos educá-lo sob o nosso modelo particular de ser e entender a realidade. Porém, se vamos educar um novo ser, precisamos antes nos educar.

Se você quiser educar o homem, comece pela avó dele.
Victor Hugo

O primeiro passo é discutir as regras, partilhando o modelo de educação que desejamos com o cônjuge ou com as pessoas próximas. Vale lembrar que discutir não significa brigar, mas implica em que cada um coloque para o outro seu ponto de vista e, se este for diferente, que cedam, cada um pouco, de modo a entrarem em acordo sobre o tema apresentado. Para uma convivência tranqüila no cotidiano do lar, isto deve ser feito, seja relacionado a assuntos complexos ou cotidianos.

Horários

É preciso que haja horários estabelecidos numa casa para o bom andamento da mesma. As refeições, mesmo que estas se dêem em momentos distintos para os diversos membros da família, precisam obedecer a horários, de modo a educar, inclusive, o organismo humano. Também é importante que pais organizem horários ao longo do dia para os filhos verem televisão, jogar games, brincar e estudar. Desde pequenos é fundamental que tenham a hora certa para dormir e acordar, mesmo que estes horários variem nos finais de semana e nas férias escolares.

Alimentação

A vida agitada tem retirado da família a convivência à mesa. O café da manhã ninguém tem tempo de tomar, preferindo o lanche da escola ou do serviço; o pai dificilmente almoça em casa por trabalhar distante; cada criança tem um horário na escola, de modo que cada um come em um horário. A mãe come correndo, às vezes em pé, provando um pouco da comida enquanto prepara a merenda dos pequenos; e no jantar cada um, a seu turno, prepara o seu prato e requenta a comida no forno ou microondas.

Este é o retrato da sua casa? Se for, reserve pelo menos um dia, ou uma das refeições do final de semana, para reunir a família à mesa. A refeição em família ensina aos nossos filhos regras sobre divisão de coisas, educação, boas maneiras, higiene e gratidão sobre o que Deus nos dá. Deve ser um momento tranqüilo, para falar de coisas amenas, onde a criança aprenda a dividir os alimentos entre os seus e a ser grata, seja por um grande e gostoso churrasco, por uma sopa de legumes, ou feijão com farinha.

> *A boa educação não está tanto no fato de não derramar molho sobre a toalha de mesa, mas em não perceber se outra pessoa o faz.*
>
> Anton Tchekhov

Ensine a boa educação à mesa, converse com seu cônjuge assuntos práticos e não permita que estes sirvam de motivo para brigas desnecessárias: Que tipo de alimentos as crianças e os adultos devem ingerir? Deverão sempre comer tudo, limpando o prato? Quando será permitido o lanche? Qual a melhor hora para as refeições? Será permitido aos adolescentes comer no quarto?

Discutam, acertem as regras, e sejam cuidadosos em cumpri-las, lembrando que nós, os pais, precisamos servir de exemplo.

Sono

O momento da criança dormir pode causar problemas, principalmente quando os pais trabalham até tarde, ou seus filhos ainda dividem a cama ou o quarto com eles. Primeiramente é necessário que se estabeleça um horário previsto para filho dormir e acordar, que pode variar, por exemplo, de acordo com a idade de cada filho, ou ser alterado nos fins de semana. Isto facilita também a organização das atividades domésticas pelos pais, bem como o fluir da vida conjugal.

Se ambos os pais trabalham fora, é previsível que deixem seus filhos ficarem acordados até mais tarde, de modo a passarem um pouco mais de tempo com eles. Entretanto, não devem se esquecer de que, pelo menos até a idade adulta, o corpo, principalmente o cérebro, precisa de pelo menos oito horas de sono para descansar e recobrar o vigor.

Além de estipular horários, o casal deve se organizar para garantir um pouco de privacidade. Há casais que deixam crianças de dois, sete ou dez anos dormirem em seu quarto, até na cama deles, mesmo que haja um outro quarto na casa. Isto pode ocorrer em dias chuvosos, quando a criança está doente ou passando por algum problema que a faz perder o sono, mas não deve se tornar um hábito. A verdade é que quanto mais cedo a criança sair do quarto dos pais (o que pode acontecer a partir dos três meses), mais facilmente aprenderá a dormir segura sozinha ou na companhia de irmãos, o que será melhor para ela e para os cônjuges.

Mesmo casais que não tenham outros quartos ou uma sala disponível em casa, devem colocar uma divisória fixa, mesmo que seja uma colcha ou lençol, de modo que possam ficar mais isolados, mantendo a privacidade. A certeza de que as crianças não estão vendo o que se passa debaixo das cobertas pode ser o remédio para reacender o relacionamento conjugal e sexual de um casal.

Dinheiro

O dinheiro não é um mal necessário. Na nossa sociedade, o dinheiro é a moeda com a qual podemos viver de maneira honesta e confortável. É necessário à nossa sobrevivência, já que com ele pagamos tratamentos de saúde, compramos remédios e comida, e podemos prover o lar de móveis e utensílios necessários à vida prática.

O dinheiro passa a ser problema quando fazemos dele nosso alvo maior, quando o priorizamos e deixamos que ele ocupe o lugar de Deus. Algumas pessoas pensam que não precisam de Deus porque podem comprar tudo o que querem com o dinheiro. Esquecem-se de que podemos comprar remédios, mas não a saúde. Podemos comprar diplomas, mas não sabedoria e inteligência. Podemos comprar uma boa cama, mas não um sono tranqüilo, que é dádiva de Deus aos homens.

A preguiça e a desmotivação para o trabalho gera a insatisfação de Deus. Ele nos deu força para o trabalho, nos deu inteligência para a elucidação de problemas e sabedoria para a execução das tarefas, das mais simples às mais complexas. Deus nos fez seres pensantes, criativos, úteis e capazes: "Para o homem não existe nada melhor do que comer, beber e encontrar prazer em seu trabalho. E vi que isso também vem da mão de Deus... Ao homem que o agrada, Deus dá sabedoria, conhecimento e felicidade" (Ec 2.26).

No mundo atual o dinheiro é considerado a "mola que move o mundo". E este conceito é absorvido pelos filhos: uns podem ter a tendência a se tornarem esbanjadores, gastando sem limites, acumulando dívidas que vão interferir na sua economia. Outros assumem a postura de valorização extrema do dinheiro, tornando-se avarentos, privando-se de muitas coisas, tão somente pela satisfação de acumular. Afinal, a mídia estabelece os chamados "símbolos de status", ou seja, objetos de valor intrínseco, que são usados para avaliar o nível de importância de quem os usam. Como exemplo, podemos mencionar canetas que custam mais que geladeiras, certas marcas de relógio que custam mais do que uma casa simples de três quartos, roupas e sapatos que são tão caros quanto jóias.

Quem ama o dinheiro jamais terá o suficiente;
quem ama as riquezas jamais ficará satisfeito com os seus rendimentos.

Salomão

Atualmente, muitas pessoas estão se viciando no ato de comprar. Cada vez elas compram mais, mesmo aquilo que sabem que não vão utilizar. Por consumirem demais, fazem dívidas com cartões de créditos, cheques especiais e financiamentos, quando não caem na mão de agiotas e pagam até dez vezes o valor que emprestaram!

Muitos adolescentes caem em depressão porque não possuem recursos para adquirir os objetos de seu desejo. Sentem-se menos valorizados, rebaixam a sua auto-estima. Há jovens que desprezam os seus pais porque são pobres, ou juniores que saem da escola para trabalhar só para comprar o que desejam — sem ajudar em casa com nada! Estes acabam mal, pois com o tempo descobrem que o dinheiro não compra amor, felicidade, paz de espírito ou inteligência. Usar uma roupa de marca, ou possuir um carro envenenado, não torna alguém uma pessoa melhor!

É importante que cada casal monte seu orçamento doméstico semanal e mensal, que discutam com os filhos sobre os limites de cada um, que sejam responsáveis na administração dos recursos, e que aprendam a conduzir a família dentro das reais possibilidades que possuem. Devem conversar com os filhos a respeito de aprenderem a viver de acordo com as suas necessidades, com cautela e planejamento, respeitando e valorizando o esforço e as conquistas de seus pais.

Aborde temas sobre ética e trabalho honesto, especialmente com filhos jovens. Isto porque, na fome de possuir dinheiro e poder, muitos políticos se corrompem, meninas de família se transformam em garotas de programas, e jovens entram para a criminosa vida do tráfico de drogas. Ressalte que mais importante não é ter alguma coisa, mas ser alguém especial.

Televisão

Desde que a televisão ganhou abordagem comercial — no Brasil isso aconteceu nos meados do século passado —, ela veio gradativamente conquistando maior espaço, por tratar-se de um objeto de entretenimento e informação. À medida que a programação foi se tornando mais diversificada para atender aos diferentes tipos de públicos, começaram a surgir os noticiários, os shows, os documentários e as novelas. Devido à enorme possibilidade de escolha que oferece, há que se ter muito cuidado e senso crítico para que os filhos aprendam a selecionar o que lhes convém assistir.

A televisão tem sido chamada de babá eletrônica: as crianças podem ficar horas a fio na frente do aparelho, especialmente se estiverem assistindo um programa que gostam. Contudo, ela é também o veículo mais usado para formar opinião: é através dela que aprendemos os modismos, de modo que a sociedade passa a copiar as expressões, as roupas, a decoração, e os comportamentos e atitudes apresentados através de novelas, filmes e desenhos.

Vários desenhos infantis, aparentemente inofensivos, apresentam constantemente violência e magia, introduzindo a criança num mundo de gnomos, bruxas, fantasmas camaradas, fadas e duendes. Outros introduzem personagens que "têm a força" ou podem tudo: voar, ir a outros mundos passados ou futuros, salvar a humanidade e resolver seus problemas. Palavras como magia, bem, mal, maligno, força das trevas, escuridão, dentre outras, vão povoando a mente das crianças e elas já sabem o processo: há sempre um luta do bem contra o mal, onde o bem sofre e vence, mas o mal nunca acaba e sempre volta.

Sabemos que a televisão pode ser educativa e que não podemos isolar nossos filhos, mas devemos ensiná-los a viver de modo sábio no próprio mundo. É importante selecionar desde cedo a programação que eles podem acompanhar, e o horário e o período em que assistirão a televisão. Sempre que possível, procure assistir com eles um desenho novo ou parte de um filme, para ver do que se trata, e não vá dormir deixando seus filhos assistindo um programa que você não conheça.

Vigie a programação, mas também ofereça opções: fitas de vídeo ou DVD com histórias bíblicas infantis, fitas cassetes ou Cds com músicas de qualidade, programas específicos para cada faixa etária, jogos e brincadeiras em família.

Não permita que seus adolescentes assistam filmes ou programas com conteúdo erótico ou sensual. Da mesma forma, ensine-os a evitar ou criticar novelas, pois estas apresentam valores que defendem a quebra da família, trazem glamour à prostituição, incentivam o homossexualismo como opção de vida, defendem o sexo entre adolescentes como uma maneira de amadurecimento, incitam a não prática da preservação da virgindade, etc. Pais e mães devem estar sempre atentos.

Cinema e teatro

O teatro é muito antigo. Os egípcios, os gregos e os romanos o utilizavam com bastante freqüência, já que naquela época não havia tecnologia para o cinema, a televisão ou o rádio.

As crianças, desde pequenas, gostam de representar cenas na frente do espelho ou para os amigos mais próximos, e retiram suas falas dos desenhos e das histórias infantis, bem como do que vêem em casa. Assim sendo, cuide para que seus filhos admirem a arte cênica, pois esta é muito importante para o desenvolvimento da criatividade e da abstração.

Enquanto seus filhos forem pequenos, leve-os ao circo ou ao teatro infantil (escolhendo bem as peças assistidas), faça teatros de fantoches em casa, e incentive as crianças pequenas a representarem pequenas peças para a família. Quando já forem maiores, especialmente na adolescência, selecione com cuidado os grupos cênicos que freqüentam ou as peças que assistem — algumas podem incentivar práticas contrárias às que você ensinou em casa. Para aqueles adolescentes e jovens que têm talento, uma boa sugestão é inseri-los em grupos de teatro e de coreografia na igreja em que freqüentam.

Atualmente o cinema é uma das mais populares formas de entretenimento, que cresce e se fortalece industrialmente cada vez mais. A diversidade de opções de filmes a escolher semanalmente nos cinemas é impressionante: há filmes de suspense, comédias, romances, terror, violência, erotismo, etc. Para os filhos pequenos há bons desenhos, com lições morais que incentivam a amizade e o respeito aos pais. Contudo, para os jovens e adolescentes há muitos filmes que apresentam cenas de sexo ou que exploram a sensualidade; que vendem violência gratuita com farta distribuição de brigas e sangue; que abordam temas como satanismo e exorcismo; que apresentam filosofias errôneas, ou mensagens religiosas que defendem a reencarnação ou a comunicação com pessoas que já morreram. Assim sendo, o melhor a fazer é acompanhar os filhos, informar-se sobre os novos filmes e, se possível, reunir toda a família para que assistirem filmes juntos, aproveitando o ensejo para analisar os comportamentos e os valores sugeridos.

Vida escolar

Exija que seus filhos estudem, pois a criança não deve se acostumar a ir para a escola só quando quer. Estimule para que tirem boas notas, e se eles tiverem dificuldade com o desempenho escolar, procure ajuda de um profissional.

A criança deve ter responsabilidade quanto aos deveres que traz do colégio. Em casa, precisa ter horários definidos para o estudo e a feitura das tarefas escolares, o que é ideal para a formação do hábito de estudar. Aos pais cabe separar tempo para estudar junto ou tomar a lição dos filhos (jamais fazer as tarefas dos filhos!), além de visitar a escola, participar de reuniões e acompanhar a vida escolar.

Na adolescência, com a chegada do vestibular e da escolha da carreira profissional, converse para ajudá-los na decisão. Se estiverem confusos, marque, na escola ou em universidades, um teste (ou orientação) vocacional, e faça o que puder para auxiliar nos gastos com os cursos pré-vestibulares e com a faculdade.

Muitos são os jovens que abandonam os estudos e não se esforçam nem mesmo para fazer um curso profissionalizante. Outros precisam trabalhar para pagar as despesas da universidade, mas optam por ficar à toa, muitas vezes jogando games ou navegando na Internet — não aceite isto, mas os ensine, desde cedo, a valorizarem o estudo e o trabalho.

Roupas

Ao mesmo tempo em que precisamos ensinar nossos filhos a se vestirem com decência e ordem, devemos buscar respeitar a identidade deles. Uns, desde cedo, gostam de roupas com cores fortes e espalhafatosas, outros são mais discretos e recatados. Na verdade seguem os pais e os amigos como modelos, e o ideal é que encontrem o meio termo. Especialmente na primeira infância, são os pais que escolhem grande parte da roupa dos filhos. Portanto, compre roupas que você goste, mas com as quais eles se sintam bem, e cuidado para não fazer das meninas, especialmente as mais novas, um verdadeira "árvore de Natal" cheias de enfeites.

Os especialistas dizem que a moda reflete a demanda da sociedade, suas ansiedade e seus valores. É bem verdade que a maneira de uma pessoa se vestir demonstra uma parcela da sua personalidade. Contudo, nos dias de hoje existe uma pressão para que as pessoas vistam-se de acordo com o que a moda determina. Quem não se veste conforme a moda é considerada "cafona", "ultrapassada", e é vista como uma pessoa inferior.

Nos dias atuais a moda é cada vez mais imposta pelos meios de comunicação. Tudo o que os personagens de novelas vestem, passa a fazer parte da indumentária das pessoas. Todos querem copiar o modelo das roupas dos atores, ou dos vestidos das revistas de costura. Como a moda tem tudo a ver com o comércio, ela contribui muito para que as pessoas se tornem consumidores ávidos pelas tendências da moda: sapatos, roupas, cabelos, cores, etc. Há uma imensa indústria movida pelo consumismo, gerado pela necessidade que as pessoas têm de se sentirem atualizadas, e com isso passarem a ser aceitas pelos grupos em que vivem.

Ensine seus filhos a pesquisarem antes de comprar. Muitos compram roupas caras fora de liquidação, ou escolhem pecas com estampas ou palavras impressas em inglês ou outras línguas sem saber o significado. Lembro-me de que certa vez encontrei um rapaz evangélico usando uma camiseta que dizia, em inglês, que Deus não existia e que ele pertencia a satã.

Os filhos têm que saber o quanto podem gastar com roupas: há meninas que querem sapato e roupa nova todo mês, enquanto os meninos nem ligam para muitas, desde que seja roupa de marca, o que sempre é mais caro. Há ainda pais que compram para os filhos ainda bebês tantas roupas, que estes nem têm tempo para usá-las, até porque crescem muito rapidamente.

Também não é porque um estilo de roupa está na moda que seus filhos devem usá-lo: muitas crianças usam roupas agarradas e indecentes, muitas adolescentes saem com roupas transparentes e decotadas, e muitos rapazes se vestem tipo punk, envolvendo-se em correntes, e com anéis e pulseiras com chifres e pontas, próprias para brigas de gangues de rua. Seus filhos devem se vestir bem, com roupas atuais, mas estas precisam estar dentro dos limites da moral e da decência.

Brincadeiras

Brincadeiras e brinquedos são importantes para o desenvolvimento infantil, sejam os brinquedos de última geração ou a famosa bola de meia, boneca de retalho ou caminhão de madeira ou sucata. Entretanto, há muitos pais que, ou dão brinquedos demais, a toda hora, como se estes substituíssem o tempo que ficam ausentes; ou que não ligam para brincar com seus filhos ou fazer-lhes um simples carrinho ou boneca.

É importante definir como e quando serão dados brinquedos e que tipo será oferecido ao menino ou menina. Muitos pais brigam com seus filhos pequenos, de dois ou três anos, quando estes brincam de casinha com a irmã, outros não permitem que os irmãos de sexo diferente brinquem juntos. Claro que é importante que as diferenças sexuais sejam bem demarcadas, que os pais estejam atentos a trejeitos e preferências sexuais, mas eventualmente é bom que o menino possa vivenciar o papel do pai, que segura uma filha no colo ou faz uma comida.

No caso dos jogos, há muitos educativos e que estimulam a memória, a inteligência e a motricidade. Mas cuidado com o vício em jogos de computador ou em videogames: muitos têm conteúdo erótico, incentivam a violência e uso de drogas, alem de promover a agressividade e pancadaria.

Atualmente são comuns os jogos chamados de RPG (Role Playing Game), ou seja, Jogo de Representação de Papéis. São denominados assim porque, no jogo, a criança cria um personagem e o interpreta, como em uma peça de teatro. Em uma partida de RPG, um dos jogadores será o Mestre do Jogo. Ele irá, baseado nas regras, criar uma história que será vivida pelos personagens, interpretados pelos demais jogadores. Tudo se passa no plano da imaginação: o Mestre contará uma história, e os outros jogadores 'vivenciarão' esta história, dizendo ao Mestre o que farão diante das situações impostas por ele. Este, por sua vez, dirá as conseqüências das ações tomadas pelos personagens. Desta forma, em um jogo de RPG, a criança é capaz de fazer tudo que o seu personagem faria, tornando tudo muito mais realista. É por esta razão que, mesmo parecendo serem jogos inofensivos, muitas crianças e adolescentes já foram induzidas por outros jogadores a roubar, surrar alguém e até a se suicidarem.

Selecione bem os brinquedos e os games que você compra para seus filhos, estipule dias e horários para que joguem, e tenha atenção às fitas de jogos que seus filhos alugam.

Leituras

Ler é bom. Através da leitura conhecemos fatos, ampliamos nosso conhecimento e nos atualizamos. Os jornais e as revistas têm o objetivo de informar fatos e de formar opiniões. Portanto, elas também precisam ser muito bem selecionadas, pois não são todas que possuem um bom conteúdo. Até porque, tudo o que lemos ou vemos fica gravado na nossa memória.

Vigie ao máximo o que seu filho lê, até porque há muitos gibis com conteúdo indecente ou que incitam a violência. Para os mais velhos, há muitas revistas e jornais no mercado: muitas são educativas e informativas, mas há outras de conteúdo erótico, pornográficas, com nudez e drogas estampadas em suas páginas. Há jornais em que as pessoas fazem anúncio de seus corpos, oferecendo-se para sexo, e há revistas específicas para gays e lésbicas, para pessoas que têm tara pela pedofilia e para o sadomasoquismo.

Compre, desde cedo, livros e revistas evangélicas para os seus filhos. Incentive para que leiam livros sadios, que acompanhem as notícias de jornais e de revistas seculares que tragam bons comentários sobre a política do país, sobre medicina e comportamento. Mantenha-se informado e lembre-se: hábitos saudáveis sempre tornam as pessoas saudáveis mental, emocional e espiritualmente!

Amizades

É nossa obrigação, enquanto pais, acompanhar a vida social dos nossos filhos e, quando eles são pequenos, devemos escolher e selecionar seus amigos. Até porque, por mais que formemos bem os nossos filhos, suas amizades podem transformá-los.

As más companhias corrompem os bons costumes.

1 Coríntios 15.33

Os pais devem estar de acordo quanto aos tipos de amizades de seus filhos, se devem ou não brincar na rua ou no prédio, a casa de quem devem freqüentar, o tipo de brincadeiras que devem fazer, etc. Devem concordar entre si que é melhor para os filhos, o quanto tanto possível, que os amigos venham à sua casa, e não que eles passem dias na casa dos outros, especialmente na casa de amigos dos quais nem conhecem a família.

Lembre-se sempre, e lembre seus filhos também, que os pais precisam ser os melhores amigos das crianças. Assim sendo, ofereça opções de companheirismo, como realizar uma pescaria, passear no zoológico ou num shopping, assistirem a um jogo juntos, e até brincar de casinha com os filhos.

Se você tem mais de um filho, já percebeu que os filhos de idades próximas costumam brigar mais, mas também brincam mais juntos, já que os interesses são semelhantes. Ainda assim, não importa a diferença de idade: ensine e incentive seus filhos a serem amigos e cúmplices, pois a relação filial (entre irmãos) é que forma nos filhos a habilidade de trocar, negociar e partilhar. Também os prepara para a convivência com os pares, primeiramente com os irmãos, passando pelos amigos da rua e da escola, e chegando até aos membros da igreja, e aos futuros colegas de trabalho e sócios na vida profissional.

Avalie ainda a importância dos seus filhos se envolverem em atividades na igreja (ensaios, passeios, classes, música, etc.) de modo a formarem o maior número possível de amigos evangélicos. Isto auxiliará na formação de conceitos cristãos, tão importantes nos dias atuais.

Tarefas domésticas

Estamos vivendo dias em que as pessoas precisam aprender a viver independentes. Com a saída da mulher para o mercado de trabalho, muitos são os filhos que ficam sozinhos em casa, ou que estudam ou trabalham longe do lar. Assim sendo, não acostume mal seu filho fazendo tudo por ele. Se você fizer isto, mais tarde ele vai ter a tendência de jogar as responsabilidades sobre os outros. Crianças com mais de um ano e meio já devem aprender a guardar os brinquedos no lugar, e a não deixar roupas jogadas pelo chão. As maiores, com mais de três anos, já podem arrumar o seu quarto, colocando cada coisa em seu devido lugar.

A partir dos sete ou oito anos, além de arrumar e limpar, as crianças já sabem arrumar gavetas, organizar livros e lápis, separar as roupas sujas das limpas e selecionar as peças do vestuário para sair e para usar em casa.

Os meninos também devem aprender a arrumar a casa, lavar o banheiro e a louça, e quando maiores precisam saber cozinhar, costurar e passar uma roupa. As meninas devem ser treinadas nas tarefas domésticas, pois mesmo que as regras da nossa sociedade estejam mudando, as mulheres ainda assumem mais a casa. Minha mãe, mesmo no tempo em que trabalhava e nos deixava com empregadas, fazia quadros com as tarefas da semana de cada uma das filhas, como lavar a louça, limpar a sala, cuidar da varanda, varrer o quintal, etc. Éramos três irmãs, e lembro-me que minha irmã Elaise vivia dizendo que não queria aprender a fazer nada, pois teria empregada em casa. A resposta da minha era mãe sempre a mesma: "Tudo bem. Faça hoje para mandar amanhã. Para saber mandar você precisa saber fazer".

Seja você pai ou mãe, ensine aos seus filhos as tarefas domésticas, a manterem tudo organizado. Quando chegar a adolescência e os filhos saírem para trabalhar ou estudar por períodos mais longos do dia, eles não terão mais tanto tempo para ajudar em casa. Porém, além de já ensinados, eles saberão realmente reconhecer o seu esforço e dedicação a casa e a eles.

Música

A musicalidade do ser humano parece estar embutida na alma, uma vez que a música mexe com os sentimentos e emoções das pessoas, deixando-as mais calmas ou mais agitadas, mais alegres ou tristes. O feto, já na barriga da mãe, pode ser acalmado com músicas lentas, e os bebês devem ouvir música baixa e lenta para se acalmarem. Depois do primeiro ano, as músicas se tornam mais alegres e barulhentas — podendo chegar aos ritmos acelerados e aos volumes ensurdecedores na adolescência.

Sim, há gostos musicais diferenciados pela idade, mas os pais podem, paralelamente ao desenvolvimento de seus filhos, oferecer música de qualidade técnica e temática. Isto os ajudará a serem mais críticos, já que nos dias atuais, a música popular, brasileira ou não, atingiu um estágio em que as melodias e letras por vezes são extremamente agressivas quanto aos conceitos e valores que devemos cultivar. Existem músicas que fazem apologia ao sexo, ao uso de drogas, à violência, etc. E se não fazem de forma clara e aberta, fazem por meio de referências indiretas.

Se você percebe que um determinado estilo de música faz com que seus filhos se sintam agitados, agressivos, deprimidos ou melancólicos, posicione-se e impeça o uso dela em seu lar. Se ao ouvir uma música você percebe que a letra dela tem um conteúdo que não é compatível com os valores e a fé que você deseja partilhar com seus filhos, analise a música com eles.

Ensine-os a usar o bom gosto e a inteligência, sendo seletivos quanto à qualidade daquilo que ouvem. E lembre-se que existem músicas não evangélicas de boa qualidade, que há peças clássicas lindíssimas, e outras que são verdadeiros poemas. Quanto às músicas evangélicas, ou gospel, preste bastante atenção às letras, pois infelizmente há alguns cantores e compositores que 'escorregam' na doutrina bíblica!

Internet

Não existe um órgão central controlador da Internet que faça algum tipo de censura ou proibição, de modo que circula livremente pela rede todo e qualquer tipo de informação em texto, imagem e som.

Esta facilidade de acesso à informação é benéfica no que tange a podermos consultar inumeráveis arquivos sobre assuntos que nos dizem respeito diretamente, aprofundando nosso conhecimento, alargando os horizontes do nosso saber e economizando o tempo que gastaríamos em pesquisas.

Entretanto, dependendo do uso que venhamos a fazer da Internet, podemos encontrar diversos aspectos prejudiciais, já que a curiosidade, a facilidade do acesso e o anonimato são incentivos para uma aventura que pode gerar dependência, além de gerar distúrbios de comportamento.

Se você pode proporcionar que seus filhos naveguem pela rede, aproveite as boas vantagens e as facilidades educativas e sociais que a Internet pode proporcionar. Contudo, especialmente na infância, quando as crianças ainda são altamente influenciáveis, alguns cuidados são importantes: discuta com seu cônjuge quais os sites ou chats (salas de bate-papo) que seus filhos poderão acessar, e bloqueie o restante. Hoje em dia há senhas que travam o acesso da criança a algumas páginas, e que impedem também que propagandas ou imagens inadequadas surjam na tela do computador. Ainda assim, só permita que eles entrem na rede com a presença de um adulto por perto.

Hoje a Internet é o maior veículo para divulgar e ampliar a pornografia, especialmente a pedofilia (pratica onde adultos têm atração sexual por crianças). Para fugir deste problema, não veicule fotos de seus filhos na Internet, pesquise os amigos virtuais, acompanhe os diálogos, e rastreie e visite sempre os sites permitidos, mesmo os evangélicos ou infantis – já que sempre alguns adultos podem entrar e induzir as crianças.

Se você tem filhos na adolescência e juventude, saiba que há muitos que têm se viciado em navegar na rede, e gastam horas a fio, varando noite adentro, navegando de site em site. A falta de disciplina para navegar na Internet pode trazer desgaste mental e fadiga física, abrindo portas para o estresse e para o baixo rendimento escolar. É literalmente um vício, que cria uma estranha dependência de se estar defronte da tela do computador viajando Internet afora.

O problema se agrava quando, nesta viagem, os filhos se deparam com sites de conteúdo erótico e pornográfico: eles passam a gastar horas do seu tempo ocupando suas mentes com imagens pornográficas que retratam todos os tipos de distúrbios de comportamento sexual. Muitos abandonam sua vida social, seus amigos, e se isolam da família para viver na esfera da pornografia virtual.

Nas salas ou comunidades virtuais, milhares de crianças, jovens e adolescentes podem conversar instantaneamente por meio da simples digitação das mensagens que desejam enviar. Como não se conhece o parceiro com quem se está conversando e nem existe possibilidade alguma de identificá-lo, não há como checar a veracidade das informações que são passadas. E assim a rede passa a atender a conveniência e a imaginação de cada usuário — desde o apelido usado até a descrição de um tipo físico e moral invejável, porém geralmente distante da realidade.

Os chats ou as comunidades para relacionamentos têm sido considerados uma ardilosa armadilha tecnológica. Iludidos pelas informações recebidas, muitos jovens e adolescentes se sentem estimulados a promover uma proximidade maior com seu parceiro de Chat. Passam então a trocar e-mail, fotografias, dados pessoais, fatos da vida familiar, etc., até que um deles proponha para que se conheçam pessoalmente.

A verdade é que, a partir do momento que se inicia um bate papo virtual, mesmo que completamente inocente, não há como não se envolver emocionalmente: eles acham o outro curioso, engraçado e diferente, e portanto, ri, provoca, gosta de discutir pontos de vista e valores diferentes, e se emociona com elogios ou interesses percebidos. A partir daí, mesmo nos casos em que a realidade prova que o outro é feio, imoral e falsário, será muito fácil marcar encontros e iniciar um relacionamento — a paixão pode já ter chegado.

Portanto, proíba seus filhos de fornecer dados pessoais, deles ou da família, bem como nome, endereço, telefone, local onde estuda ou trabalha, nem mesmo os horários e locais que fazem parte da rotina. Rastreie os sites visitados, leia as conversas executadas e vigie para evitar que marquem um encontro com "amigos" virtuais.

No caso dos jovens, quando quiserem conhecer alguém da rede pessoalmente, instrua-os a trocar e-mails primeiro de modo a conhecer um pouco mais sobre a personalidade e o caráter do outro, pedindo por exemplo que fale de sua igreja, seu relacionamento familiar, valores pessoais e doutrinas bíblicas. Após alguns e-mails, antes de experimentar a conversa telefônica, é importante que os filhos notifiquem à família, e que marquem o encontro para um local público de grande movimento, como a sua igreja ou um Shopping. Se possível, vá junto, ou envie um primo ou irmão mais velho para acompanhar o encontro. Isto é importante: em meu consultório, já atendi moças que foram estupradas por confiarem em rapazes que se diziam amigos, e que eram velhos "conhecidos" da Internet. Já assisti rapazes que mesmo reconhecendo que a garota estava longe de ser a moça séria e evangélica que dizia ser, ainda assim estavam tão envolvidos que se deixaram levar à um namoro e gravidez prematura. Muitos adolescentes ficam sendo alvo de perseguição ou sofrem chantagens constantes. Portanto, vigilância nunca é demais!

Sexo virtual

O surgimento da aids trouxe para a humanidade certo receio no que tange à promiscuidade. O mundo ficou alarmado com a rápida expansão do vírus HIV. Campanhas de conscientização de massa passaram a chamar a atenção para o conceito do chamado "sexo seguro" e do uso de preservativos.

O medo fez com que as pessoas saíssem em busca de novas formas de prática sexual, que minimizasse a possibilidade de contágio com o vírus da aids. Com o advento da Internet e a popularização das salas de bate-papo, os chats, criou-se uma nova modalidade de prática sexual — o sexo virtual, apresentando como vantagem a impossibilidade de contágio, pois evita a necessidade de contato físico entre os seus participantes.

Muitos jovens, inclusive um grande número de cristãos, avançam madrugada adentro, debruçados sobre seus teclados, na busca de parceiros para a prática do sexo virtual. E muitos deles acreditam não estar cometendo pecado, por não haver contato sexual explícito, o que é um grande engano.

Cabe aqui uma importante observação: toda a prática sexual não se resume ao contato íntimo de dois corpos. É muito mais que isso. Envolve pensamentos, sentimentos, emoções e sensações. E envolvendo tudo isso, envolve não só o corpo (pela masturbação e sensações que a imaginação provoca), como também a alma (desejo, tensão, excitação, imaginação, memória, prazer, etc.). Assim sendo, o que acontece em frente a uma tela de computador é exatamente a mesma coisa que ocorre em uma cama de um motel qualquer, só não havendo contato corporal e o risco de gravidez ou contágio de doenças sexualmente transmissíveis. Mas a sensação de sujeira, de sentir-se usado e o peso da culpa são vivenciados na mesma proporção.

Vigie e instrua seus filhos a não visitar sites eróticos, pois muitos deles contêm *hackers* que seguem a sua máquina e passam a jogar imagens e contatos em seu aparelho e e-mail. Também ressalte aos seus filhos, mesmo os já adultos, que uma "garota legal", séria e de boa família, jamais será encontrada num site erótico, bem como um rapaz respeitador e confiável, não vai ser encontrado em sites pornográficos e nem em comunidades de baixo nível. Seus filhos podem até navegar pela rede, mas controle-os para que não fiquem presos nela!

Capítulo 15

Limites e disciplina

Todos nós precisamos de limites. Quando não temos parâmetros a seguir ficamos perdidos e inseguros.

Desde que a criança nasce ela precisa de limites. Quando ainda é bebê e rola na cama, temos que cercá-la de travesseiros, e quando cresce um pouquinho, a colocamos em um cercado, ou forramos um grande tapete ou colcha no chão, para demarcar seu território. Estes e muitos outros limites que impomos à criança são para a sua própria sobrevivência ou para livrá-la do perigo. Assim, limitamos seu acesso às janelas e varandas sem proteção, ao fogão, ao telhado da casa, ao espaço da casa ou do prédio. Se a criança, mesmo vigiada, já apronta das suas, você pode imaginar o que aconteceria se todos estes cuidados não fossem tomados?

Quando os filhos são criados sem limites claros e precisos, tornam-se adultos inseguros e muito ansiosos. Contudo, a criança está sempre ávida para romper os limites que lhe colocamos, e tenta de todas as formas ampliá-los e modificá-los. Por esta razão, as nossas ordens devem ser claras e coerentes, isto é, os motivos do que lhe pedimos devem estar claros.

A criança precisa ter clareza de qual é o seu lugar dentro do lar e quais as obrigações e deveres que tem para com a sua família. Ela precisa saber que possui direitos e deveres.

O direito de alguém corresponde àquilo a que ela tem como privilégio ou merecimento, ao que ela faz jus, isto é, que é justo e correto que receba. A constituição assegura os direitos básicos às crianças em geral. Elas têm direito a habitação, alimentação, bons tratos, educação, e herança dos pais, dentre outros. Entretanto, há outros que a família deve assegurar dentro do lar: ela deve ter direito de entrar nos cômodos da casa, receber atenção e carinho, comer do que há na casa, ter preservado o seu descanso, ter hora e lugar de dormir, e ser respeitada, por exemplo.

Quem tem direito também tem deveres. Deveres são obrigações, é aquilo que devemos fazer, tarefas que temos que cumprir. Portanto, para reger ou organizar uma casa é importante que os pais tracem direitos e deveres para si próprios e para os seus filhos — bases da disciplina necessária para o bom andamento do lar e para a formação do caráter dos filhos.

A importância da Disciplina

Disciplinar significa instruir, educar, ensinar de acordo com regras pré estabelecidas, treinar ou discipular. Esta é a tarefa principal dos pais, e a recompensa deles por esta tarefa está expressa no verso abaixo:

Discipline seu filho, e este lhe dará paz; trará grande prazer à sua alma.

Provérbio 29.17

Por muito tempo a filosofia discutiu se o homem nascia com a índole boa e depois se tornava mau, ou se ele já nascia com a índole má. Na verdade, hoje sabemos que todo indivíduo precisa ser controlado e instruído para fazer o bem desde que nasce: nossas atitudes são aprendidas. Portanto, precisamos começar a disciplinar nossos filhos a serem calmos, pacientes, mansos e obedientes desde quando são bebês, com apenas poucos dias de vida. Como? Estipulando horários, marcando rotinas, sendo firmes nas regras propostas, acalentando-os, conversando com eles, acariciando-os ou cantando para eles.

Instrua a criança segundo os objetivos que você tem para ela, e mesmo com o passar dos anos não se desviará deles.

Provérbio 22.6

A palavra *criança* nesta passagem se refere à criança ainda pequena. Em hebraico a tradução deste versículo refere-se ao período ou época *em que se desemboca o seu caminho*, ou *que desabrocha a vida*, ou seja, desde o nascimento. Isto significa que desde o que a criança começa o seu caminho nesta terra, nós devemos dar a ela uma série de instruções a cada etapa do seu desenvolvimento. Devemos ensiná-la a como superar as dificuldades, escapar do perigo (das brigas, das drogas, das más amizades, etc.), e se apropriar das bênçãos colocadas ao longo do seu caminho. Devemos imprimir bem forte estas lições no fundo da alma da criança, levando-a a praticá-las até que se tornem parte de sua natureza, de seu modo de vida.

Há ainda dois provérbios de Salomão que nos mostram que a criança precisa de correção:

A insensatez está ligada ao coração da criança, mas a vara da disciplina a livrará dela.
Provérbios 22.15

A criança entregue a si mesma envergonha a sua mãe.
Provérbios 29.15

Se não houver disciplina, a criança será sempre estulta — insensata, perversa, estúpida, tola — e acabará envergonhando seus pais. Isto demonstra não só a tendência da natureza humana, mas mostra-nos quão grande é a tarefa dos pais. Afinal, são eles os responsáveis pela disciplina da criança, e não a escola ou a igreja, como muitos pensam.

Muitos pais já me perguntaram quando é que devem começar a ensinar a criança. Creio que já respondemos esta pergunta: a educação da criança deve começar no berço, dentro de casa e pela família. A disciplina cabe aos pais, não aos avós ou empregadas que possam morar com a família.

Muitos se perguntam a partir de que idade elas entendem uma bronca. Na verdade, a criança, desde os primeiros dias, sabe pelo tom de voz dos adultos se eles estão estressados, irritados ou calmos. Estudos mostram que quando um dos pais passa a falar mais alto ou de modo mais brusco, a musculatura da criança se contrai, os batimentos cardíacos se aceleram e a criança geralmente chora. Isto demonstra o quanto a criança é sensível às nossas ações e aos nossos sentimentos, de modo que ela sabe, desde bebê, quando estamos brigando com ela por algo que tenha feito.

A disciplina abrange treinamento mediante todo tipo de comunicação. Assim, podemos e devemos ensinar servindo de exemplo e modelo para os filhos, através da instrução verbal ou escrita, por pedidos verbais ou escritos, impedindo a criança de realizar algo que goste, dialogando, compartilhando experiências, em momentos de lazer ou da brincadeira. Estes e muitos outros são formas de disciplinas que devem ser cultivadas pelos pais, que devem aproveitar todas as situações, boas ou más, alegres ou tristes, para disciplinarem seus filhos.

Seja exemplo

A imitação é a primeira forma de aprendizagem da criança. Quando ela dá seu primeiro sorriso, por volta das primeiras semanas, ela nada mais faz do que imitar o sorriso de alguém. Assim, ela sorri porque vê o outro sorrir, porque imita, não porque é boazinha, ou tenha a intenção de agradar à outra pessoa – a simpatia voluntária só vai acontecer por volta do terceiro mês de vida!

Do mesmo modo, ao longo do seu desenvolvimento, ela vai assimilando e aprendendo mais pelos exemplos das outras pessoas do que pelas palavras. Pais que querem ensinar seus filhos a comerem legumes, não podem comer só hambúrguer e batata frita. Pais que desejam filhos mansos e educados, precisam ser primeiro mansos e educados!

Um bom exemplo é o melhor sermão.
Benjamin Franklin

O exemplo diário dos pais vale mais do que muitas palavras ou ameaças de surra. Pais disciplinados e organizados servem de exemplo para os filhos que deixam o quarto sempre bagunçado, para as filhas que estão sempre com as roupas fora do lugar, ou para os meninos que têm os cadernos desordenados.

Aprenda a pedir

Muitos pais confundem autoridade com autoritarismo, desrespeitando os filhos e magoando-os. Mesmo no uso das suas atribuições, são grossos ao se dirigirem aos filhos, tratando-os como se eles fossem suas propriedades.

Os pais devem ser os primeiros a dizer "Me dá licença?", "Obrigado", "Passe a manteiga, por favor", "Eu gostaria que você parasse de brincar agora e arrumasse seu quarto". Deixe as ordens e o falar grosso para quando você já tiver esgotado as possibilidades e sua paciência estiver no limite. O tratamento cordial entre os pais e os filhos é a maneira mais prática de ensinar o respeito e firmar as bases da boa educação no convívio social.

Por outro lado, ensine seu filho a pedir o que quer com educação, respeito e boas maneiras. Há muitos filhos que gritam com os pais, como se eles é que mandassem na casa. Há outros que, mal acostumados, gritam, se jogam no chão e fazem cenas horrorosas quando querem alguma coisa, sem nem ao menos pedirem antes o que querem com delicadeza. Há muitas avós, empregadas e professoras que são maltratadas e xingadas por crianças.

É importante que os pais respondam aos pedidos dos filhos de maneira sincera e clara, seja com um sim ou com um não. Por outro lado, devem ouvir suas razões e sugestões, negociando soluções quando julgar necessário. Entretanto, se não der resultado, seja firme e passe do pedido à ordem.

Seja específico

Minha mãe sempre foi ativa, trabalhou muitos anos fora, mas sempre estava atenta à educação dos filhos. Ela tinha uma prática interessante: todas as vezes que fazíamos algo errado ela nos chamava, conversava, e nos mostrava — às vezes na Bíblia — em que tínhamos errado e por que. Quando repetíamos o ato, ela novamente fazia com que a gente reconhecesse o erro e dissesse aonde havíamos errado. Na terceira vez, já avisados, não havia escapatória: nós apanhávamos com a famosa flor de plástico com cabo de ferro.

É seu dever explicar porque a mentira, a inveja ou a desobediência são erradas, mas mostre também os meios e atitudes dignas a serem tomadas para que eles não voltem a cometer os mesmos erros de sempre. Pode até abrir a Bíblia e mostrar ao seu filho porque ele pecou, mas não use Deus como desculpa: jamais diga que Deus deixou de amar algum dos seus filhos e nem amaldiçoe seu filho dizendo que ele estará sempre errando. Diga simplesmente "Amo você, mas estou chateado com o que você fez!"

Quando o tempo for escasso e os filhos forem maiores, escreva-lhes bilhetes, compre livros que os edifique. Arrume horário em sua agenda para tentar entender o que pode estar levando um filho a mentir ou a arrumar problemas no colégio. Encare os problemas de frente, com franqueza e coragem, mesmo os mais difíceis, como drogas ou repetência escolar. E reforce sempre seu amor por seu filho, diga que está ao seu lado, e que sabe que ele pode melhorar.

Declare as proibições

Os pais têm o direito de proibir coisas em suas próprias casas, como o uso de drogas ou cigarro pelos amigos do filho, ou até dele próprio. O filho não tem o direito de trazer para casa amigos que os pais não gostem, e muito menos namoradas, bebidas alcoólicas ou jogos sem que eles permitam.

Os pais podem limitar ou proibir o uso do carro da família, e devem cuidar para que os filhos e seus respectivos amigos se trajem com decência quando morarem na casa ou os visitarem. Os pais também devem, desde cedo, traçar os parâmetros para os namoros dos adolescentes, e na medida do possível controlar e conhecer as amizades dos filhos.

Para tanto, esclareça previamente as suas ordens, deixando bem claro o que você quer e o que não quer. Deixe que a criança saiba que se fizer algo que não esteja de acordo com o que se deseja, ela será disciplinada. Quando houver desobediência explique que ela será disciplinada pelo erro específico que cometeu, não porque você está cansado ou com vontade de castigá-la.

A criança tem direito de saber por que vai ficar de castigo, por que não gostamos que ela brinque na rua, que fale palavrão ou veja um desenho na TV. Respostas tipo "porque é pecado", "porque eu não quero" ou "porque eu vou te castigar" acabam por confundi-la, gerando frustração e raiva.

Outro ponto a considerar é o falar demais. Há muitos pais que passam o dia inteiro recriminando o filho. A verdade é que depois de certo tempo, a criança nem ouve mais, o ouvido se acostuma com o som contínuo da voz dos pais e o filho simplesmente se desliga. Entretanto, mesmo com inúmeros mecanismos de defesa, este tipo de procedimento leva à ira e irritação. Na maioria das vezes é melhor falar menos e agir mais!

Seja coerente

Já falamos sobre a importância do casal acertar as diferenças e tratar a criança com uma só orientação e prática disciplinar. Entretanto, há situações em que os avós, empregadas ou outros membros da família moram com os pais e as crianças. Nestes casos, é importante que a família estabeleça regras e parâmetros comuns, de modo que todos disciplinem as crianças dentro da mesma ótica. Se isto não acontecer, uns educam e outros deseducam.

Há pais que em um dia disciplinam devido a certa desobediência, mas se esta se repete dias mais tarde, eles nada fazem. Esta incoerência gera ira e descrédito, o mesmo acontecendo com a mãe que passa o dia dizendo que vai colocar o filho de castigo, mas nunca o faz. Se prometer, faça de tudo para cumprir.

Lembre-se também de dar a disciplina certa a cada filho, pois eles são diferentes entre si. A cada um, de acordo com a faixa etária, deve ser dada uma modalidade de disciplina diferente, já que o tempo de castigo para uma criança de três anos não pode ser o mesmo para uma de nove anos. Há filhos que são mais rebeldes e desobedientes, de modo que haverá sempre um que vai ser mais flexível e disciplinável do que o outro.

Encontre o momento certo

Há pais que não instruem os filhos quando estão com eles em casa. Quando saem, e a criança se comporta mal, acabam disciplinando-a na frente de outras pessoas, às vezes até diante dos colegas. É claro que pode acontecer da criança ter que ser disciplinada em público, mas o ideal é aguardar para que a correção seja dada em casa. Em público, o modo como a criança recebe a bronca se altera: crianças pequenas podem começar a chorar e não parar mais, ou simplesmente fingir que não ouvem.

Por outro lado, há crianças que, espertamente, são desobedientes e manhosas em público, pois também percebem que os pais ficam envergonhados e não as disciplinam. Especialmente as maiores, podem responder mal ou ignorar o pedido dos pais, confiadas que estes não vão se expor diante das outras pessoas. Nestes casos, ainda que tenha que levar a criança para um canto, discipline na hora ou já a deixe avisada do castigo que a espera.

Do mesmo modo como você precisa selecionar onde disciplinar, escolha o momento correto — o que certamente não deve ocorrer enquanto você estiver irritado, pois uma pessoa irritada perde totalmente a noção do que fala ou faz. Com raiva, pode acabar machucando a criança fisicamente se for tocar nela, ou machucando emocionalmente, atribuindo-lhe faltas ou culpas que não tem. Às vezes é melhor esperar alguns minutos, ou até horas, para resolver bem e corretamente uma situação.

Quando irados ou chateados com um comportamento ou birra da criança, os pais devem esperar para, quando já estiverem calmos, falar sobre o que aconteceu, e então decidirem sobre a disciplina correta, de modo a não se arrependerem e suspenderem a disciplina proposta. Gritos em excesso, palmadas ou beliscões secos e rápidos, não vão provocar mudanças nos hábitos de nossos filhos. Principalmente com crianças de gênio difícil, devemos evitar confrontos e aprender, com a prática, a desmontar a irritação dos filhos.

Coloque de castigo

Há uma outra forma de disciplina muito proveitosa para a disciplina da criança: fazer acordos que envolvam atos e suas conseqüências, que podem ser traduzidos por colocar a criança de castigo, impedindo que ela faça algo que goste, ou que desista de um programa já acertado.

Colocar a criança de castigo, mesmo a pequena, requer alguns cuidados. Em primeiro lugar, não devemos trancar a criança no quarto: se ela for pequena vai ter medo, e se for maior pode aproveitar para ler uma revista ou ouvir uma música que goste. É importante dar a elas uma tarefa, como arrumar as gavetas, os lápis, os brinquedos, etc., determinando o tempo exato da duração do castigo, que pode variar de cinco minutos a poucas horas, dependendo da idade da criança. Para os filhos maiores de sete anos, que gostam de estar com amigos, um bom castigo pode ser suspender um passeio ou uma visita ao amigo, ou suspender a mesada ou parte dela.

Uma palavra importante: há pais que estipulam castigos que, ao invés de ajudar na disciplina da criança, acabam por destruí-la. Jamais será castigo ir à igreja ou ler a Bíblia. Também não é proveitoso que a criança fique ajoelhada orando, cantando hinos ou transcrevendo textos bíblicos, especialmente se ela tiver chateada ou irritada. Deus, e tudo o que se relaciona com ele e com sua obra, deve sempre ser apresentado à criança de forma agradável. Só assim ela aprenderá a servi-lo com alegria.

Converse

Conversar com a criança não é uma tarefa fácil. Quando a criança é pequena, ela não consegue ficar dez minutos sentada, ouvindo um adulto falar de seu mau comportamento. Se ela tem entre um e três anos, no terceiro ou quarto minuto ela está chorando, puxando uma brincadeira, ou provocando um sorriso. Se for maior, até uns oito ou nove anos, seu pensamento foge, de modo que ela se desliga facilmente do que falamos, alem de dificilmente ouvir nossas razões sem interromper para colocar a sua versão e visão dos fatos.

Geralmente os pais só conversam seriamente com os filhos quando estes aprontam alguma arte. Infelizmente, nessas ocasiões os pais estão chateados ou preocupados, e os filhos tensos porque sabem que erraram. Desse modo, enquanto os pais se preparam para o ataque, os filhos armam-se para a defesa, como em uma verdadeira operação de guerra.

A conversa deve acontecer, preferencialmente, quando os filhos e os pais estão calmos. Pode ser fruto de um programa de televisão, da história de vida de alguém da família, de um livro ou texto bíblico lido em conjunto, ou da própria curiosidade da criança. Após um documentário sobre a aids, por exemplo, aproveite para falar a seus filhos adolescentes sobre a virgindade, o sexo antes do casamento, o homossexualismo, etc. Aproveite também para ouvir o que eles pensam e procure se informar sobre o que pensam os seus amigos mais próximos de modo a saber como proceder e orar pelas amizades dos seus filhos.

Use exemplos do cotidiano e fatos da vida de seu filho: se ele veio perguntar se a cegonha é que traz os bebês, aproveite para conversar e analisar o quanto ele sabe sobre a sexualidade humana, fazendo perguntas apropriadas à sua idade, respondendo com doses certas, nem muito e nem pouco demais, mas sempre com a verdade.

Fale também das experiências de infância, de histórias engraçadas, sua e dos filhos, que eles tanto gostam de ouvir. Às vezes nos esquecemos de que os nossos mais importantes amigos estão em casa, compartilhando a nossa mesa e a nossa vida. Os filhos, de certa forma, sempre passam conosco pelos problemas — mesmo porque nós mudamos nosso proceder com eles quando estamos preocupados ou tristes, e eles, mesmo que não comentem, percebem isto.

Brinque

Através das brincadeiras da infância a criança representa e vivencia a realidade. Portanto, brincar com a criança é também um meio de disciplina: pela brincadeira ela pode aprender as regras de bem viver e de como se relacionar com as diferentes pessoas, brincando de 'casinha', de ser uma família, de 'escolinha', etc.

Brincando, as crianças passam a entender que a vida é cheia de normas que ela deve cumprir, e que sempre haverá pessoas a quem deve respeitar e obedecer, como nos jogos com carrinho imitando um trânsito rodoviário, e nos jogos cujas regras orientam as ações dos participantes.

Os momentos de lazer em família também devem ser aproveitados. Nestas ocasiões, abrace, dê as mãos aos filhos, reforçando o companheirismo, a amizade, o toque, o carinho, as demonstrações de afeto. Não se esqueça que todos estes comportamentos são aprendidos pela criança, não nascem nela como um toque de mágica. Aliás, mágica não existe, nem mesmo no relacionamento parental!

Ouça os filhos

Ouça sempre o ponto de vista de seus filhos, mesmo que ainda sejam pequenos. Não ouça só o irmão mais velho ou o caçulinha que sempre vem correndo contar o que os outros irmãos fizeram. Afinal, você sabe o quanto a criança transforma as situações a seu favor. Mesmo que já tenha ouvido a professora, um parente mais velho, seja quem for, ouça o seu filho, escute as suas razões, dê a ele a chance de se explicar.

Às vezes é importante também ouvir o que eles querem falar sobre nós. Você pode descobrir que anda muito acelerado, nervoso, falando alto, ou negligenciando o tempo para brincar mais com seus filhos — e eles sabem, muito bem, reclamar a atenção que desejam. Aliás, há muitos que se tornam rebeldes ou problemáticos com o simples propósito de chamar a atenção dos pais para si. Já ouvi adolescentes dizendo que só quando erravam é que os pais conversavam com eles, e muitas crianças provocam os pais, pois estes só as tocam quando dão beliscões ou safanões nelas!

Dialogando, você pode perceber que seu filho está triste com você, que pode ter errado num julgamento, por exemplo. Nestes momentos, se preciso for, peça perdão a seu filho se você exagerou nas palavras ou nos atos, se o machucou ou o culpou por algo que ele não fez. Todos nós erramos, seja por uma falha de julgamento, pela irritação de um momento, por causa do cansaço ou até porque ainda não dominamos nosso temperamento difícil. Reconheça quando for injusto com a criança.

O uso da vara

Do ponto de vista legal, vale lembrar que a criança pertence à sociedade — ela não é propriedade do pai ou da mãe, como muitos acreditam, de modo que o Estado pode e deve interferir quando uma criança tem seus direitos negados. As leis brasileiras, em conformidade com a Bíblia, determinam que os pais têm o dever de educar seus filhos, com compromisso e responsabilidade, trazendo-os sob disciplina.

A lei brasileira também prevê que os pais tenham direitos, como serem obedecidos e reverenciados por seus filhos, que inclusive devem cuidar deles na velhice sob pena de responderem sobre abandono e descuido dos genitores. De modo semelhante, a Bíblia reafirma direitos e deveres dos pais, mas também ressalta que estes não podem abusar do poder parental: "Disciplina o teu filho, pois nisso há esperança; não queira a morte dele" (Pv 19.18).

Outras traduções do texto acima usam as expressões "mas não deixes que o teu ânimo se exalte até o matar", "para o machucar não alces a tua alma" ou "para o maltratar não deseje a tua alma.". Note que a Bíblia já alertava contra os pais que espancavam e maltratavam seus filhos — práticas que até hoje perduram em muitas famílias, e que ficam evidentes ao longo da história onde há relatos de pais que vendiam seus filhos, de outros que os trancafiavam como animais, e que até mesmo os ofereciam como oferenda a deuses.

Como psicóloga e educadora, venho atuando a muitos anos no combate ao abuso e maltrato contra crianças e adolescentes. Já assisti muitas crianças que sofreram maltrato físico e emocional, e realizei perícias, por solicitação judicial, em casos onde sugeri o afastamento dos pais para o bem estar da criança. Já ouvi relatos de filhos que foram abandonados, abusados sexualmente, queimados com colheres e garfos, ou maltratados emocionalmente.

É correto afirmar que muitos são os pais que disciplinam com coerência, que sabem conversar com seus filhos, que respeitam seus direitos, que abraçam e amam, que sabem negociar regras, impor limites e exercer autoridade sem autoritarismo. Estes, quando conhecedores de que a Bíblia menciona o uso da vara (Pv 13.24; 23.13), sabem disciplinar com moderação, entendendo, inclusive, a expressão *usar a vara* como sinônimo de direção e correção (Pv 22.15), disciplina (Pv 29.15), cuidado e consolo (Sl 23.4) — o que pode ser feito quando designam tarefas, colocam os filhos de castigo, suspendem uma atividade temporariamente (como ver televisão ou brincar com amigos) ou conversam firme e amorosamente.

Muitos estão pensando que já apanharam na infância, e sabem que uma surra merecida ou uma "boa palmada" pode até ajudar na correção de um mau hábito (embora, vale lembrar, o uso de um instrumento é indicado, já que as mãos foram feitas para amar, cuidar e tocar!). Você pode acreditar que está certo por pensar que "uma boa palmada não faz tão mal", mas lembre-se de que há muitos pais estressados, viciados, maus e até doentes que não sabem quando parar!

A irresponsabilidade, a maldade, a violência, o descaso para com a vida e a incidência cada vez maior de filhos maltratados e violentados física e emocionalmente, gera a necessidade de leis mais sérias para a proteção da criança e do adolescente. Afinal, quando os responsáveis falham no cumprimento de seus deveres, ou abusam de seu poder, o Estado precisa interferir no intuito de proteger os filhos, mesmo que para isto seja necessário tirar a guarda dos pais.

É importante destacar também que há crianças para as quais o castigo físico não é apropriado. Crianças hiperativas, muito sensíveis, que já sofreram algum tipo de abuso ou que foram maltratadas, podem associar a correção ao ódio do passado. No caso das que têm problemas neurológicos ou psíquicos, de acordo com o quadro que apresentam, pode ser que se tornem mais ativas ou entrem em depressão durante horas ou até dias inteiros. Nestes casos o contato com um especialista é importante.

É importante lembrar que disciplina não é sinônimo de castigo (resposta a um ato errado da criança), ou de surra, beliscão, tapa no rosto, murros, chutes, safanões na boca ou na cabeça. Pais que usam estes métodos não estão disciplinando, mas ensinando o desrespeito, a revolta e a violência, humilhando e agredindo física e moralmente os seus filhos.

Para aqueles que temem que os filhos percam o respeito pelos pais, fazendo com que estes se tornem reféns de seus filhos (como infelizmente pode acontecer), o segredo é começar cedo, quando eles ainda são bebês. Pais que disciplinam desde cedo, dialogam, debatem as regras com coerência e exercem autoridade mesclada com amor, formam filhos bem educados, que respeitam autoridades superiores, e que são saudáveis emocional e espiritualmente.

O que irrita o pai que castiga o seu filho é a secreta sensação de haver fracassado na tarefa de bem educar esse filho.

Lytton

Capítulo 16

Princípios para a autoridade

Quando criança eu não sabia dos esforços dos meus pais para que eu tivesse uma boa educação, bons livros, alguns brinquedos e cuidados médicos. Tive o privilégio de ter pais amorosos e firmes, e pude vivenciar uma relação parental bastante saudável e feliz, com os limites financeiros da classe média brasileira, mas com muitas lembranças de afeto e de passeios em família. Isto fez com que eu construísse uma imagem muito gostosa e fácil de vida em família.

Entretanto, só quando somos pais é que percebemos que nunca conseguimos nos colocar de verdade na posição de nossos pais. É por isso que é tão comum que os filhos passem a valorizar mais os seus pais depois que têm os seus próprios filhos: agora sabem o trabalho que deram! Já ouvi mulheres dizendo que pensavam que suas mães nada sabiam da vida, mas depois que tiveram seus filhos passaram a achá-las as mulheres mais inteligentes do mundo.

Quando um homem se dá conta de que seu pai talvez tivesse razão, normalmente tem um filho que crê que ele está equivocado.
Charles Wadsworth

Os pais são verdadeiros administradores — estão sob sua responsabilidade o governo e a direção da vida de seus filhos. Perante a sociedade e diante de Deus eles são os legítimos responsáveis pelo sustento, pela disciplina e pelo desenvolvimento sadio dos seus filhos. O problema é que o relacionamento parental é cheio de surpresas e de antagonismos. Ao longo da vida as crianças e os pais partilham situações de dor e de prazer, de alegria e de tristeza, de saúde e de doença, de riso e de lágrimas. Vivenciam o perdão, a ansiedade, a saudade, a mágoa, a decepção e momentos de afeto, de troca, de contatos e de atenção mútua.

Criar filhos exige "jogo de cintura", implica saber conviver com diferentes situações. E por vezes, só quando forem adultos, é que os filhos vão entender que muitas vezes as atitudes dos pais que pareceriam irracionais eram essencialmente necessárias.

Infelizmente, por mais que nos doa, por vezes temos que fazer nossos filhos chorarem. O castigo, a repreensão e a instrução por vezes machucam, mas são necessárias para que os filhos possam adquirir sabedoria. Não gostamos de ver a criança triste, calada, com seus olhos marejados de lágrimas, mas há ocasiões em que até estas são necessárias para moldar melhor um coração. Há situações em que os pais podem até dizer sim, mas devem dizer não. Por mais que queiram ou possam, não devem ceder sempre às vontades dos filhos.

Contudo, muitos pais se assustam com a capacidade dos filhos de esquecer uma bronca ou uma surra. A criança não guarda mágoa quando é disciplinada com justiça, e continua nos amando a despeito de às vezes sermos rudes, duros e de não compreendê-la como deveríamos. Se formos sinceros e genuínos ela nos compreende quando dizemos não: "Não posso, não quero, não tenho, não sei".

A criança constrói seu primeiro e mais importante conceito de autoridade com os pais. E este conceito determinará a sua perspectiva futura da autoridade escolar, de submissão no quartel ou em um relacionamento conjugal, suas atitudes para com seus empregados e outros com quem ela eventualmente viverá e trabalhará. Assim sendo, de modo a resguardar o respeito e a autoridade ao longo dos anos, seguem alguns conselhos práticos.

Não seja manipulado

Logo que nasce a criança aprende a manipular os adultos. Quando ela percebe que se chorar ela ganha um colo, não há quem a faça ficar quieta no berço. Há filhos que quando abraçam de repente ou beijam muito os pais, estes já ficam esperando pelo pedido de algo.

Algumas crianças de meses percebem, por exemplo, que se fizerem um grande espetáculo em público os pais envergonham-se e fazem as suas vontades. Elas então se jogam no chão, batem a cabeça na parede, fingem que desmaiam, gritam, esperneiam, batem os pés, dão murros na parede ou em quem estiver por perto, ou simplesmente berram ao chorar — fingem o choro muito bem! Outras ficam chorando, mesmo em casa, por longos minutos, e a gente pensa de onde surge tanta lágrima. Isto para não falar do "choro sofrido" que conseguem fazer sem que nem uma lágrima seja derramada. Quantos de nós já realizamos, passamos ou assistimos a uma cena assim!

As crianças aprendem a fazer uma cena com muita facilidade: basta uma prima ou colega da escola fazer na sua frente e conseguir o que deseja, que ela passa a imitar o que viu, esperando o mesmo resultado. Infelizmente, se os pais entram no jogo da criança, acabam reforçando seu comportamento e este passa a se repetir cada vez mais. A criança cresce e vai manipulando os pais, isto é, fazendo com que eles ajam como ela quer. Se achando mais esperta, a criança pensa que pode passar a perna nos pais, e passa a enganá-los na adolescência. Quantos casamentos fracassam porque um dos cônjuges, mal ensinado, pensa que o outro também vai agüentar todas as suas manhas e caprichos!

Aprenda a dizer não às birras ou manhas. Fique firme nos seus propósitos e não se intimide com o que as outras pessoas podem pensar, caso seu filho faça uma birra em público. Se não der o resultado que a criança quer, ela não irá repeti-la. Diga não agora, para não ser enganado ou envergonhado no futuro.

Não aceite o desrespeito

Certa vez, há muitos anos, uma mãe veio ao meu consultório pela primeira vez, sentou-se e disse: "Doutora, desde pequeno o meu filho manda em mim. Agora ele está com doze anos e eu não sei o que fazer." Desde que seu filho era pequeno esta mãe não o disciplinava, mas ela não gostava de brigar com ele, e achava engraçado o modo como ela a desafiava. Aos poucos, foi cedendo a seus desejos, e naquele momento era ele quem decidia o que ela faria para o almoço, e às vezes passava uma semana dormindo na sua cama com o pai enquanto ela dormia no quarto do filho. Ela não conseguia discutir com ele, ele não a obedecia mais, e o que a havia levado ao consultório era o fato dele ter batido nela na semana anterior.

Sabe-se que há muitos filhos adolescentes que gritam com os pais e começam a cantarolar quando os pais chamam sua atenção. Conheço esposas de pastores que já apanharam de filhos enraivecidos ou drogados, e pais que não conseguem conversar com os filhos sem que estes levantem a voz.

O fato é que a criança começa a nos testar desde cedo. Quando é pequena, a gente pede para que ela não coloque os dedos na tomada e ela disfarça, fica de costas para a parede, encarando a gente e procurando pela tomada. Outras vezes pedimos que ela faça algo e a criança faz manha, diz que está "cansada de tanto brincar" e tenta nos persuadir a fazer a tarefa por ela.

Já vimos que faz parte do desenvolvimento da criança a fase de dizer não, de testar os pais e de desafiá-los. Entretanto, esta fase deve ser superada, e é uma grande oportunidade para que ela aprenda o respeito e a obediência para com os mais velhos.

Nos processos de disciplina, a demonstração de autoridade por parte dos pais é a melhor maneira de edificar o respeito e a admiração. Nada favorece mais a relação parental do que a mãe ou o pai vencer decisivamente o filho após ele os ter desafiado com rebeldia. Geralmente, depois da correção a criança revela seu afeto após as lágrimas iniciais terem secado, pois quando o castigo é justo a criança sabe que o merecia.

Quando você deixar de exigir o respeito dos seus filhos eles passarão a desenvolver um desprezo natural por você. Mais tarde é bem provável que eles demonstrem seu desrespeito rejeitando todos os vestígios da filosofia e da fé que você lhes ensinou. Portanto, ensine seu filho a respeitar o seu ponto de vista, mesmo que este seja um grande *Não*.

Não permita que a criança grite ou xingue você ou seu cônjuge. Jamais deixe que seus filhos batam em você, mesmo que tenham meses de vida. É verdade que muitas vezes, por não possuir uma coordenação motora eficiente, a criança acaba batendo quando quer fazer um carinho. Mas todo pai ou mãe sabe quando ela bate com intenção de descarregar seu nervosismo e raiva por ser contrariada.

Por outro lado, você não tem escolha: Deus escolheu você e seu cônjuge para representá-lo durante os anos de formação dos seus filhos. Assim sendo, ensine seu filho a respeitar e amar a Deus. Este é o verdadeiro caminho para que ele seja sábio e feliz no futuro.

Não ceda sempre

Ceder a todos os caprichos de uma criança não é algo saudável. A criança que recebe tudo o que pede, acaba crescendo com o sentimento de que o mundo deve lhe dar tudo, que a vida é fácil e que tudo lhe virá à mão muito facilmente.

Nós vivemos inseridos numa sociedade materialista, capitalista (que visa gerar capital, dinheiro), onde vale mais quem tem mais dinheiro do que moral, quem tem mais bens do que dons naturais. A prática do consumismo tem chegado a todas as regiões do mundo, de modo que em qualquer lugar do planeta conhecemos os últimos lançamentos de brinquedos ou a última moda em roupas. As crianças querem comprar porque o amigo ou as propagandas da televisão as incentivam, os adolescentes querem adquirir o que a turma está usando, querem estar sempre na moda.

Antigamente as crianças faziam seus próprios brinquedos e a mãe escolhia roupas até o final da adolescência dos filhos. Hoje as crianças querem o sempre o último lançamento, e como estes se renovam mensalmente, brinquedos novos e caros rapidamente ficam velhos e ultrapassados. Com a globalização da economia, a vida centrada nas grandes cidades e mais dinheiro circulando criou-se um novo impasse. Nossos pais nos diziam que não tinham dinheiro para comprar o que queríamos — e não tinham mesmo.

Hoje muitas vezes temos que, mesmo podendo, dizer aos filhos, por exemplo, que não vamos comprar o que nos pedem porque eles já têm muitos brinquedos semelhantes. Até porque a criança deve conhecer o preço das coisas e, na medida do possível, saber das condições financeiras da sua família e como viver sob elas.

Há ocasiões em que a melhor resposta amorosa é Não, mesmo que esta nos faça doer o coração.

A criança deve entender que ela não é o centro do universo. Quando mais velha, deve compreender que nem todos existem para servi-la, que é preciso trabalhar e se cansar para conseguir dinheiro, de modo que este deve ser aplicado em coisas boas — não só em brinquedos ou roupas, mas em lazer, livros e boas escolas e cursos para ela própria.

Com relação ao dinheiro, mesmo que os pais possam dar aos filhos uma grande mesada, não devem fazê-lo. A criança deve aprender a economizar e a dar o devido valor ao dinheiro — não demais, para não se tornar materialista ao extremo, e nem de menos, para não se tornar preguiçosa ou desinteressada em buscar seu próprio sustento. Desde cedo a criança deve aprender também a separar o dízimo da sua mesada ou de um dinheiro que receba eventualmente. É a melhor maneira de ensinarmos que tudo o que temos vem de Deus.

Assim, por nosso grande amor aos nossos filhos, não devemos ceder sempre a todos os seus pedidos, dando-lhe cada vez mais coisas materiais para compensar nossa ausência. O amor, a atenção e o carinho serão sempre os melhores presentes!

Não encubra erros

Aprendemos desde cedo que nossos erros têm conseqüências, e faz parte da maturidade aprender com eles. Portanto, não encubra os erros do seu filho, nem evite usar a frase “Você está errado”.

Muitos pais riem da criança pequena quando ela conta piadas sujas ou fala palavrão; outros compram armas de brinquedo e mesmo sabendo que ela anda fazendo coisas erradas nada dizem ou fazem para impedi-la. Esquecem-se de que crianças criadas com muita permissividade, que não são ensinadas a reconhecer seus erros, futuramente farão coisas que irão decepcionar e embaraçar os pais. Quando mais tarde forem pegas roubando um carro ou falsificando documentos, ainda sentirão que estão sendo perseguidas e que o mundo está contra elas.

Conheci uma senhora que havia sido abandonada pelo marido com sete filhos pequenos. Ela trabalhava honestamente, e por vezes recebia ajuda de alimentos e remédios. Lembro-me de que certo dia eu a encontrei e perguntei se precisava de ajuda, e recordo-me claramente do choque que senti ao ouvir sua resposta: "Não, porque eu recebi uma bênção muito grande. Lembra do meu filho menor? Pois é, ele agora tem um tipo de trabalho, ele é *aviãozinho* no morro!".

Para quem não conhece o jargão, aviãozinho é como são chamadas as crianças que pegam drogas com os traficantes no alto do morro e as vendem no asfalto para a população. Que tipo de 'bênção' é esta que faz do filho de uma mulher honesta um traficante de drogas? Será mesmo que vale mais o dinheiro sujo entrando em casa do que ver esta criança vivendo com dificuldade, mas vivenciando princípios éticos e morais?

Não deixe jamais que seus filhos confundam caminho fácil com caminho próspero, erros com bênçãos. Os valores morais, as regras sociais e as boas maneiras devem ser ensinados com clareza. A criança deve se arrepender ao errar, deve conhecer a extensão dos seus atos, e os pais jamais devem incentivar atitudes errôneas dos filhos, mesmo se estes parecerem engraçadinhos – como a menina que coloca um short curto e rebola para a família aplaudir, ou o garoto que brinca de 'matar' a família com armas de brinquedo.

Não defenda seu filho sempre

Todo filho gosta de ser protegido, independentemente da sua idade. Entretanto, na primeira infância a criança precisa de proteção integral — dentre todas as espécies, o ser humano é que depende dos pais por mais tempo quando nascem.

Quando olhamos um bebê ou uma criança pequena, a primeira sensação que temos é de que ela é indefesa, carente e desprotegida. Se para os adultos os prédios já são altos e as ruas grandes e compridas, imagine como tudo não é imenso e amedrontador para a criança!

Os pais devem defender e proteger a criança. Quando ela não se sente segura ou protegida pode desenvolver sérios problemas psíquicos, dentre eles as fobias e os complexos. Entretanto, por mais que os pais amem a sua criança, eles não devem encobrir sua desobediência fingindo que não viu os seus erros.

Muitos pais sempre defendem a criança, mesmo quando ela está errada. Fazem isto na frente do vizinho, do professor, do diretor da escola ou dos amiguinhos dela — e mais tarde acabam tendo que defendê-la diante da polícia!

Só se intrometa nas brigas ou discussões dos seus filhos se ele estiver batendo ou machucando alguém, ou se estiver apanhando e sendo machucado. Há mães que brigam com os parentes e os amigos por causa de crianças, outras até mesmo batem ou maltratam o filho de outras pessoas para encobrir um erro do seu filho. Não se esqueça de que os adultos não são como as crianças, que brigam em um dia e fazem as pazes no outro, quando não no minuto seguinte. Se seu filho errar, não o defenda, mas o discipline e o repreenda pela desobediência.

Você pode defender seu filho, mas de muitas coisas, mas se fizer dele um inconseqüente jamais vai poder defendê-lo dele mesmo.

Capítulo 17

Construindo afeto

A criança é um ser essencialmente emocional. Todo o seu próprio sistema de emoções vai se formando a partir das respostas emocionais que as suas ações provocam nos outros: desde que nasce ela percebe facilmente as emoções das pessoas que a cercam.

A emoção é, muito resumidamente, a expressão do afeto. O afeto é o sentimento interno, positivo ou negativo — de alegria, de tristeza, de mágoa, de raiva, entre tantos outros —, e as emoções são as formas pelas quais estes afetos se expressam (pelo sorriso, pelo choro, pelo silêncio velado, abraço, carinho, etc.). Assim sendo, são as emoções que unem as pessoas, já que é através da emoção que elas comunicam o que sentem umas pelas outras.

A criança precisa, cotidianamente, de provas do nosso amor e afeição para com ela. Estas provas, inicialmente, passam pelo cuidado físico — afinal, quem ama cuida, zela pelo bem estar, se sacrifica para fazer o melhor para suprir as necessidades da criança.

Afeto e cuidado

Toda criança tem necessidades que devem ser contempladas para que seu desenvolvimento global (físico, emocional e espiritual) transcorra sem problemas.

Desde a concepção no útero, a criança tem necessidades que devem ser supridas: dizemos que a gestante deve comer por dois — pois a criança precisa de nutrientes para a sua formação —, deve tomar cuidado com a postura e a saúde, não pode pegar peso, deve evitar o uso de sal e fazer os exames pré-natais. Entretanto, depois que a criança nasce os pais devem se ocupar de outras tarefas.

Inicialmente, a criança deve estar sempre limpa e asseada. O bebê bem cuidado é mais tranqüilo e sereno, e todos sabem o quanto ele reclama quando está com as fraldas sujas. A roupa do bebê deve estar sempre limpa, sem nada que dê coceira ou alergia. Lembre-se de que se ele sente cócegas na perna ou na barriga, ele não tem coordenação motora que lhe permita coçar onde precisa, mesmo porque ele não tem idéia das partes e da localização dos membros do seu corpo.

À medida que cresce, a criança precisa aprender a separar as roupas que usa para sair das roupas para ficar em casa ou ir ao colégio. Os pais devem cuidar para que seus filhos andem sempre com as roupas limpas, pois isto fará com que se sintam mais confiantes e aceitas perante o seu grupo. Lembre-se que pobreza nunca foi sinal de sujeira!

A criança deve aprender que tomar banho e limpar as unhas ajuda a sua saúde. Os cabelos também devem ser lavados com freqüência e os dentes devem ser escovados regularmente desde o primeiro dentinho. Por volta dos oito aos dez anos, quando as crianças passam pela fase em que não querem saber de banho, os pais precisam ter paciência e pulso para muitas vezes obrigá-las a se banharem.

Já na fase da adolescência o cuidado com a aparência pode se tornar exagerado. Vivemos uma época em que há um verdadeiro culto ao corpo, quando proliferem academias de ginástica e de musculação. Incentive seus filhos a buscarem a saúde e a beleza, mas ensine que estas, para serem duradouras, devem começar no interior das pessoas.

Há que haver um cuidado especial também com a alimentação. O leite materno é importante para o bebê, mas é fundamental que, a medida que cresça, ele vá se alimentando também da sopinha, do suco e da comida normal. Sua alimentação deve ser balanceada, com frutas, legumes, verduras e carnes em quantidades adequadas à sua idade. É comum que o adolescente coma demais, pois está em fase de crescimento.

Lembre-se que as crianças são diferentes entre si e há sempre aquelas que comem mais do que as outras, portanto, não faça da hora de dar comida à criança uma hora de guerra!

A criança deve ser vacinada desde o primeiro mês — e deve ser vacinada até a adolescência —, e precisa ser levada ao médico com freqüência ao longo dos dois primeiros anos. O médico pode avaliar o desenvolvimento da criança, observando se ela está conseguindo executar as tarefas próprias para a sua idade. A partir de então ela deve ir ao médico sempre que precisar, e já na adolescência deve consultar um urologista (no caso dos meninos) ou um ginecologista (para as meninas).

Depois da formação cristã e de uma boa formação moral, a educação formal — na escola secular — é o principal legado que podemos deixar aos filhos. Procure uma boa escola, que tenha um bom ensino e que ministre aos alunos com bons modos e costumes. Acompanhe a vida escolar dos seus filhos e, se possível, dê a eles a chance de estudar música, línguas, ou de fazer um curso técnico ou superior que gostem.

A criança precisa conhecer e saber dominar as regras sociais. Saber como utilizar os talheres corretos, comer com a boca fechada, ouvir para depois falar, agradecer, se despedir ao sair de um ambiente, etc. É importante também que os pais compreendam que a criança tem necessidade de conviver com pares — crianças da mesma idade — e com parentes. Ela precisa brincar, correr, participar de atividades em grupo, disputar jogos, e trocar informações com outras crianças, de modo a apreender e ampliar a sua realidade social e cognitiva.

Demonstrações de afeto

Na relação parental não adianta os pais sentirem alegria, amor ou carinho pelos filhos se não expressarem estes afetos através de atos que eles entendam. Por isso é que é tão importante conversar com o bebê, acariciar a criança, beijá-la e abraçá-la. Nós não podemos conhecer os verdadeiros afetos se as pessoas não nos derem pistas do que sentem.

Beije. O beijo aproxima corações, sela o afeto, amplia a intimidade e será sempre um termômetro para medir a vida parental. Além disso, o beijo é uma das maiores demonstrações de amor e carinho que podemos dar aos nossos filhos. Quando você beija seu filho você o está tocando com os lábios e demonstrando sua ternura e doçura, além de acalmá-lo.

Beijem o filho, para que ele não se ire.
Salmo 2.12

O beijo é uma forma de abençoar os filhos. Portanto, beije seu filho com muito afeto. Beije sua face rapidamente para desejar um bom dia, e beije gostoso para demonstrar seu afeto quando estiverem tristes ou carentes. Ensine seus filhos e netos a beijarem você, seja na mão ou no rosto. O beijo dado pelo filho é uma demonstração de carinho, de respeito à sua autoridade, e uma forma dele dizer à você o quanto ele aprendeu com você a trocar afeto.

Abrace. Não há idade para abraços. Quando abraçamos alguém, nós o envolvemos. Para a criança pequena o abraço tem um significado todo especial: funciona como uma cerca de proteção e de carinho, representa que a estamos envolvendo com amor, cuidando e protegendo-a com toda a nossa alma e corpo. Quando as crianças crescem, e principalmente quando se tornam adultas, o abraço paterno ou materno é sempre uma forma de expressar amor e cuidado. É uma maneira de dizer que seu colo e braços estão disponíveis aos filhos.

O abraço gostoso que envolve o corpo também abraça a alma.

Abrace com vontade, bem apertado, colocando todo o afeto que puder. Um abraço gostoso substitui muitas horas de palavras de consolo na hora da aflição. Afinal, não há nada mais gostoso do que ser abraçado por alguém a quem se ama, seja em momentos de alegria ou de dor.

Dê carinho. Há muitas massagens indicadas para bebês como exercícios de relaxamento físico e emocional. Todas elas concentram-se na face, promovem auto-conhecimento e intimidade, e são altamente eficazes. Você já experimentou fazer carinho no bebê, ver sua pele ficar arrepiada e ele imediatamente ficar parado e relaxado? Já tentou acariciar o rosto do seu filho adolescente quando ele está calado e triste, e o ver relaxar e dormir?

Mesmo enquanto adultos, falar de pertinho, deitar de rostinho colado ou acariciar a face de alguém são atitudes intimistas, só possíveis quando conhecemos bem a pessoa. Na relação parental, são atitudes que denotam carinho, indicam posse e refletem o desejo de proporcionar relaxamento e afeto.

O contato da nossa mão transmite muito mais afeto do que podemos imaginar. Pare agora de ler um pouquinho este livro, feche os olhos e faça carinho nas suas mãos, rosto e braços. Agora, imagine a mão do seu filhos fazendo carinho em você. Que tal? Mesmo que você seja homem, vença o falso preconceito de que o pai não faz carinho nas crianças, e aprenda a fazer carinho nos seus filhos e netos desde pequenos. Você vai ver como o toque vai aproximá-los de você. Ofereça-lhes colo sempre que puder.

Diga palavras de afeto. O afeto precisa ser expresso em palavras, pois quanto mais falamos mais vamos nos conscientizando a respeito do afeto que sentimos. Assim sendo, vença a timidez e diga com todas as letras, e em alto e bom som, frases como: "Eu te amo, Eu gosto muito do seu abraço, eu quero muito amar você por toda a vida, Eu estarei sempre aqui orando e amando você, Você será sempre meu filho amado", etc. Fazer isto é treinar a afetividade, traduzindo os sentimentos em palavras!

Mesmo quando o filho errar, aprenda a pontuar seus erros sem desmerecê-lo, ensinando-o, inclusive, que você pode não ter gostado do que ele fez, mas que continua a amá-lo. É preciso ficar claro que você não gosta do ato errado que foi praticado, que não apreciou o que ele fez — mas jamais confunda o feito com a pessoa. Assim, não diga "Você é muito mau", mas diga "Você é uma boa criança, mas fez uma coisa má" ou "Você é um filho tão bom, uma pessoa tão legal, que me surpreende saber que você conseguiu fazer algo tão feio!".

Como pais, precisamos imitar a atitude de Deus: ele nos ama incondicionalmente, demonstra o seu amor em atos, e se aborrece com o pecado, mas ama o pecador. Portanto, a despeito da sua decepção ou irritação, diga "eu não gostei do que você fez, mas amo você ainda assim" — isto é amar sem esperar perfeição, proferindo palavras que tocam a alma do filho, motivando-o a acertar no futuro.

Elogie. A auto-estima dos nossos filhos se alimenta dos elogios e das realizações de sucesso que alcançam ao longo da vida. O elogio sincero faz com que a criança se sinta bem e adquira confiança em si mesma.

As palavras agradáveis são como um favo de mel, são doces para a alma e trazem cura para os ossos.

Provérbio 16.24

Entretanto, o elogio não pode ser confundido com a lisonja. Há pais que elogiam em demasiado e falsamente. Dizem, por exemplo, que "Você é a menina mais linda de todo o mundo e todos os meninos vão querer namorar você" ou "Você é muito inteligente. Vai passar a perna em todo o mundo!". Elogios deste tipo distorcem a realidade e ensinam mal a criança.

Os elogios devem ser sinceros e específicos. Comportamentos esperados merecem elogios correspondentes às atitudes adotadas, e estes devem ser claros: "Gostei de ver como você se comportou à mesa hoje" (e não "você é uma boa menina") ou "Muito bem! Você caprichou na arrumação do quarto!" (e não "você é o meu filhão").

Não é sensato os pais cumprimentarem a criança por um comportamento que não admiram. Do mesmo modo, se por tudo o que a criança fizer ela receber um abraço ou um tapinha nas costas, os elogios vão, pouco a pouco, perdendo o sentido. Também não recompense sempre a criança com doces ou dinheiro quando ela lava uma louça ou varre o quintal. Não a acostume mal: mais tarde ela não irá receber dinheiro ou elogios sempre que fizer algo em sua própria casa!

Valorize a criança

Toda criança precisa ser valorizada. Ela é muito sensível, acredita muito no juízo dos pais, e espera um retorno quando age corretamente ou é obediente às normas da sua família. Assim sendo, não seja muito crítico e não humilhe a criança. Ela precisa de palavras de apoio, deve sentir confiança em si mesma. Jamais zombe dela, seja em público ou quando estiverem a sós.

Devemos sempre dizer à criança que ela é inteligente, que vai conseguir acertar na vida, que ela é bonita, que ela tem valor. Jamais podemos chamar nosso filhos de trevinhas ou tribulação e devemos evitar comentários como "Você é tão preguiçosa!", "Como você tem uma cabeça-de-vento" ou "Como você está feia gordinha!". Muitos dizem aos filhos que eles são derrotados, que a sina deles é viver desempregados, que jamais vão ter a beleza da irmã.

Aprenda a valorizar e a bendizer os seus filhos. Abençoe-os com palavras, ações e elogios sinceros e positivos. Mesmo quando orar, saiba como chegar diante de Deus.

Lembro-me de uma mãe que veio me procurar dizendo que, por mais que orasse, seu filho era 'burro' e não ia bem nos estudos. Depois de conversar com ela por alguns minutos eu sugeri que ele fizesse uma oração. Ela então começou: "Senhor, eu te peço pelo meu filho. Tu sabes que ele é tão burrinho, nada entra na sua cabeça... sei que ele é fraco, ele não vai passar de ano, vai ser burro de carga por toda a vida..." Esta mãe teve que aprender a orar diferente, e a valorizar mais o filho que tinha. Percebeu que para obter a vitória do filho ela não poderia, com a sua própria boca, decretar derrota.

Imagine-se no lugar da criança

Às vezes é necessário que a gente se imagine no lugar da criança. Isto nos ajudará a respeitar os seus sentimentos e entender melhor muitos dos seus comportamentos, aparentemente sem sentido ou exagerados.

Pense comigo: você consegue se imaginar falando para uma multidão? Como ficariam as suas pernas? Seu tom de voz ainda estaria tão alto? Por que então não se importar quando seu filho tem que dar uma aula para a sua classe do colégio?

Você gosta de orar ou ler em público? Já pensou que sua filha pode ser mais tímida que você, e que a diarréia que tem quando precisa ler um trabalho na sala de aula, ou quando você a obriga a solar um hino na igreja, pode ser real?

O que você sentiria, caso possa se imaginar esta situação, se seu marido aparecesse em casa com uma outra mulher para viver com vocês em harmonia? Já pensou que é uma situação parecida — sem os juízos morais é claro —, que o filho único enfrenta com a chegada do irmãozinho, com a família toda fazendo festa, enquanto ele não é mais o centro das atenções?

Se no mundo adulto algumas situações ainda nos trazem temor, lembre-se sempre de que os sentimentos da criança são sempre reais, a não ser no caso da criança mal instruída e manipuladora ao extremo. Portanto, treine com seu filho o que ele vai falar na escola, respeite a vontade da filha quando quiser cantar a música com a qual ela se sente mais segura, e dê mais atenção aos filhos mais velhos quando o caçulinha chegar!

Ofereça opções

Temos a tendência de julgar apressadamente as pessoas e as situações. Isto faz com que muitas vezes não cedamos tempo aos filhos para se desculparem ou explicarem porque querem ter ou fazer algo. Às vezes impomos soluções, negamos aos nossos filhos algumas coisas e nem mesmo paramos para explicar-lhes o porquê. Outras vezes negamos o que querem mas não oferecemos nenhuma opção!

Se você decidir não levar seus filhos às festas dos colegas do colégio, programe uma saída para um parque ou *shopping*. Se não quer que a sua filha durma na casa de colegas não evangélicas, deixe que ela fique com as primas. Se não quer seu filho brincando na rua, deixe-o trazer um ou outro amiguinho para brincar em casa!

Faça com que seus filhos aprendam a escolher. Imponha só o necessário, mas abra sempre um espaço para que ele opine sobre um passeio, uma comida, ou uma roupa a ser usada. Ofereça opções e ouça com cuidado as sugestões, discutindo-as ou orando com os filhos sobre as mesmas. Deste modo eles aprenderão a tomar decisões corretas, e você ganhará sua confiança e seu afeto.

Participe das atividades das crianças

Diga-me, esquecerei; mostre-me, talvez lembrarei; faça-me participar e compreenderei.

Provérbio Chinês

Participe da vida do seu filho desde a gestação. Se você é homem, acompanhe a sua esposa no pré-natal, fale com o bebê ainda na barriga da mãe, vá às reuniões escolares e brinque com seu filho. Ambos os pais precisam começar cedo a interagir com o filho, a acompanhá-lo nas competições e festas de colégio, a desenhar junto com ele.

Mesmo que você trabalhe durante todo o dia, não deixe de perguntar sobre o dia dele, o que fez, com quem brincou, qual a música ou brincadeira nova que aprendeu no colégio, etc. Participe da vida escolar e afetiva de seu filho, discuta a relação com os amigos e incentive-o se ele faz algum tipo de atividade física. Se estas práticas perdurarem durante toda a infância, mais tarde ele irá procurar você para que orem juntos por decisões que venha a tomar, como aceitar um pedido de namoro ou definir a carreira para o vestibular.

Esteja sempre atento à vida escolar dos filhos. A escola é a grande preocupação das crianças quando pequenas, e deve ser levada a sério pelos pais. Procure conhecer bem o colégio das crianças, os professores e as suas amizades. Procure saber com quem elas mais andam, que tipo de conversa têm com os amigos e o comportamento dentro da sala de aula. Em casa, acompanhe seus cadernos e livros e exija delas boas notas. As crianças devem saber o valor do estudo, bem como o esforço do pais em ajudá-las. Mais tarde elas saberão ser gratas.

Seja honesto

Seja sempre honesto com a criança. Se não quiser sair para jogar bola por estar cansado do trabalho, não diga "depois eu vou", mas seja sincero e planeje a atividade para o final de semana — e cumpra a promessa! Se não tiver dinheiro para comprar algo, discuta isto com seu filho, mas não compre e depois fique dizendo que ele usa todo o seu dinheiro, ou que agora não tem dinheiro para o aluguel porque ele forçou você a comprar algo!

Não há coisa pior do que pais que mentem para os filhos: além de destruírem a confiança e o respeito entre eles, os pais ainda lhes tiram o direito de acreditar nas poucas verdades que proferem. Quando os pais mentem os filhos têm dificuldade de acreditar neles mesmo quando são sinceros e proferem palavras de afeto.

Peça desculpas aos seus filhos quando você errar. Afinal, ninguém é perfeito. E mostre que compreende suas atitudes. Você pode dizer, por exemplo: "Se eu estivesse no seu lugar e meu amigo me xingasse deste nome, eu também ficaria chateado. Mas eu estou deixando você de castigo porque isto não lhe dava o direito de bater nele".

Ensine seus filhos a serem honestos e justos, lembrando-se de que eles aprendem isto com o seu exemplo cotidiano.

Seja paciente e feche os olhos

A paciência é uma arte necessária aos pais. Muitas vezes precisamos tomar a lição de casa de uma criança quando estamos com a cabeça cheia de problemas. Noutras somos obrigados a ouvir o barulho enjoado de um brinquedo, o som alto dos adolescentes, ou ouvir gritos de crianças brincando e correndo, quando tudo o que queremos é um pouco de silêncio. Em várias ocasiões precisamos pedir uma, duas ou três vezes para que falem mais baixo para não incomodar o vizinho, solicitar umas cinco vezes para que abaixem o volume do rádio.

Ouvir o ensaio do conjunto instrumental da igreja em plena sala de visitas exige muita, mas muita paciência. Mas, se somos pais, aprendemos com o tempo que às vezes temos que fechar os olhos para a bagunça do quarto ou da pia da cozinha que acabamos de limpar. Temos que segurar o grito de dor ao pisar num carrinho de ferro largado no meio do caminho, ou perder horas penteando cabelos de bonecas ou lavando as suas roupinhas.

Busque compreender os filhos ao máximo. Assim como os adultos, há dias em que as crianças pequenas acordam mais caladas ou cansadas. Pode acontecer também que em alguns dias tenham pouco apetite, e por isso é bom não fazer uma tempestade em copo de água, mas dar um tempo para ver como este apetite estará no dia seguinte.

Fechar os olhos e relaxar pode ser o melhor caminho para não ter todos os seus dias estressados. Outra opção é marcar horas: se os filhos vão à escola pela manhã e estão em casa à tarde, deixe que eles brinquem à vontade e feche os olhos para a bagunça. Entre em acordo com eles que você não vai passar a tarde toda pedindo para que arrumem a bagunça, mas que isto deverá ser feito as cinco ou seis horas da tarde, preferencialmente antes do seu cônjuge chegar. Se for fechado um acordo, faça a sua parte e exija que eles cumpram a deles.

Dialogue

Amizade se faz a partir de convivência, determinação, afeto e diálogo. Conversando as pessoas se conhecem, se entendem, se distinguem, se aliviam de sentimentos, e reorganizam pensamentos e impressões sobre os outros, as coisas e si mesmo.

Dialogar é mudar, é reafirmar, é crescer. O diálogo é a argamassa que fixará as relações de amizade, de afeto e de respeito na vida parental. Pais e filhos que não conversam, não fazem acordos e nem dividem tarefas, não abrem seu íntimo para que o outro o conheça de forma transparente, e se tornam distantes e frios.

Conversar é uma construção conjunta, onde duas pessoas, no mínimo, versam (falam) sobre um tema específico ou abordam mais de um assunto. Para haver conversa, ou comunicação, portanto, é preciso que ambos se disponham a falar e a ouvir, se possível alternadamente, de modo a irem discutindo pontos de vista e elaborando opiniões.

Vale ressaltar que você e seus filhos, mesmo os adultos, vão discordar sobre vários assuntos, já que é impossível que duas pessoas tenham opiniões exatamente iguais a respeito de todo e qualquer assunto, ainda mais sendo de gerações distintas. Ainda assim, a prática de discutir tópicos discordantes ajuda a refletir sobre o ponto de vista do outro, e com o tempo é possível que passem a pensar de modo semelhante — e enquanto isto não acontece, se o assunto requerer atuações práticas, precisam fazer acordos para que a discórdia não gere contendas e desafetos.

Entre pais e filhos não há maior abismo que o silêncio.
Roger Rosemblatt

Há filhos que são tímidos, fechados, e que podem precisar da sua ajuda para se soltar, para sair da timidez e descobrir que podem partilhar sentimentos e impressões com quem os ama. Se você é pai ou mãe, insista. Faça perguntas como: "Você parece bem, teve um bom dia?" ou "Gosto de ver você alegre, o que aconteceu?"

Muitos pais tiveram uma educação repressora, e não conversavam com suas famílias de origem. Estes precisam aprender que conversar é um hábito que precisa ser desenvolvido. Até porque as tarefas domésticas, o cuidado com a casa, o cansaço do trabalho, as reuniões na igreja, a televisão e muitos outros momentos cotidianos roubam da família o tempo do diálogo. E é por esta razão que muitas vezes cada pai precisa determinar horários para que possam estar se comunicando com seus filhos —as crianças gostam de saber que em certas noites ou dias da semana elas terão um tempo para estar com seus pais: é a hora dela com a mãe ou o pai, muitas vezes sem os irmãos por perto!

Quando os filhos crescem, este hábito se torna ainda mais importante: sair com eles, separadamente, para conversar, jantar ou fazer uma atividade física. Nestes momentos, podem só jogar conversa fora, contar piadas, debater políticas do governo e manchetes do jornal, como também discutir os planos de futuro, as expectativas alcançadas, as metas profissionais, a vida sentimental. Vale ressaltar que para esta atividade nem sempre os pais precisam ocupar-se dos filhos de mesmo sexo: há meninas que se abrem mais com os pais, como rapazes que conseguem ser mais francos com as mães.

Dialogue também sobre as notas escolares, as atitudes em casa, o comportamento com os irmãos, o envolvimento com amigos e os perigos da vida atual, como drogas, violência e sexo. Por esta razão, converse algumas vezes em conjunto, como uma grande reunião de família onde todos possam se expressar livremente — se possível semanalmente —, outras vezes com um só filho (se houver mais), e até mesmo separadamente, enquanto pai e mãe, com um dos filhos.

Dialogar é mergulhar no universo do filho, que tem idade e entendimento diferente do nosso. Só conversando repensamos valores a partir do ponto de vista do outro, conseguindo compreender a sua forma de pensar e de sentir. O diálogo permite o entendimento, minimiza situações de conflito, e ainda torna pais e filhos amigos e cúmplices um do outro, criando afetos para aquecer toda a vida.

Capítulo 18

Ame!

Amor é um sentimento que nasce na alma humana. E este nascimento tem dois movimentos distintos, sendo um de fora para dentro, e outro que acontece de dentro para fora. O primeiro, de fora para dentro, é fruto da capacidade humana de aprender a partir das vivências do meio. Aprendemos a amar quando somos amados, quando a amor do outro constrói em nós o embasamento para a construção do nosso amor.

Quando nos envolvemos com outros sociais que nos amam, vamos pouco a pouco nos apropriando deste sentimento, internalizando-o e tornando-o nosso. É por esta razão que a Bíblia nos diz que Deus nos amou primeiro — ele sabia que precisaríamos experimentar o amor divino primeiro para sermos capazes de amá-lo posteriormente.

-Não é a carne e o sangue, e sim o coração, que nos faz pais e filhos.
Schiller

Na relação de afeto entre pais e filhos, em um primeiro momento há amor e cuidado dos pais para com os filhos, e depois estes filhos aprendem também a demonstrar amor pelos pais. Nos primeiros anos de nossa existência, precisamos ser amados para aprender a amar.

A segunda forma de obter amor não tem início no outro, mas em nós mesmos, de dentro para fora. É fruto da nossa vontade, um ato de decisão: amar é uma opção por um sentimento que decidimos nutrir pelo outro, é uma escolha racional e lógica. Assim sendo, mesmo em um relacionamento parental, um dos pais pode resolver não mais nutrir amor pelo filho — o que vai gerar uma das maiores dores da alma humana: não ser amado pelo pai que o criou, ou pela mãe que o gerou!

Amor incondicional

Há um aspecto sublime no amor aos filhos. Quando você declara amor ao seu cônjuge ou aos seus pais, você o faz porque, de alguma forma, espera ou já obteve algo em troca. Seus pais lhe deram amor, cuidaram de você, pagaram seus estudos, acompanharam suas doenças e dificuldades da infância e adolescência. Seu cônjuge é o companheiro que você espera ter na velhice, é com ele que você conta e dele você espera respeito, atenção, amizade e muito mais. Mesmo sabendo que é o amor incondicional que deve permear todas as relações humanas, é muito difícil permanecer amando um cônjuge que nos despreza, já que o casamento implica num contrato íntimo feito por duas pessoas.

Com os filhos esta relação é diferente. Nós amamos os filhos não porque eles nos amaram antes — é um amor incondicional. Se nós só amássemos os filhos que nascessem bons, obedientes, bonitos, perfeitos e inteligentes, o que seria da humanidade? E se esperássemos eles crescerem para ver se eles nos amariam?

Vale ressaltar que os filhos só se tornam bons, obedientes e inteligentes como frutos de nosso amor. Aliás, até mesmo a beleza e a simpatia são resultados de bons tratos, de boa educação, cuidado e carinho. A criança ama porque é amada, abraça porque um dia alguém um dia a abraçou, e só sorri porque imita e percebe que este ato provoca reações positivas nas pessoas que a cercam. É como se ela fosse um espelho: só reflete o que recebe.

O amor dos pais pelos filhos deve ser isento de condições, deve ser um amor descomprometido, que nada espera em troca. Este amor implica em não levar em consideração até mesmo os defeitos e os comportamentos difíceis dos filhos, e isto não é fácil: mesmo sabendo que nossos filhos são crianças e que parte do comportamento infantil é desagradável, mesmo entendendo que erram por não entenderem as coisas como nós, as atitudes erradas dos filhos nos decepcionam!

Contudo, se você só amar os seus filhos quando eles forem corretos, quando corresponderem às suas expectativas e satisfizerem as suas exigências, eles se tornarão inseguros e se sentirão incompetentes, já que nunca farão o suficiente. Isto prejudicará a imagem que eles terão de si próprios, dificultará o processo de maturidade física (sua fala, sua aprendizagem escolar, sua saúde), emocional (seus sentimentos, suas reações, seu relacionamento com outras pessoas) e mesmo a maturidade espiritual.

A criança e o adolescente estão sempre perguntando aos pais se eles os amam. Isto pode ser feito de várias maneiras e raramente de maneira verbal e clara. A leitura desta resposta eles aprendem cedo: no modo como os pais os seguram no colo, no tom da voz ao conversarem, na disposição para as brincadeiras em conjunto, em ouvir e responder os "porquês".

Lembre-se sempre que nós podemos esconder um brinquedo da criança, disfarçar sua atenção das tarefas que ela realiza no cotidiano, mas não podemos enganá-la com relação aos nossos sentimentos.

A criança não disfarça suas emoções e afetos, olha no fundo dos olhos dos adultos, e arranca a verdade do fundo da alma dos pais.

Amor em atos

O amor precisa ser expresso para ter validade: o amor pelos filhos deve ser demonstrado no cotidiano através dos nossos atos, sejam eles grandes ou pequenos.

Inicialmente, precisamos demonstrar amor aos filhos através do contato físico: o que envolve o abraço, o beijo, segurar a criança no colo, embalar o bebê, fazer cafuné, tocar no ombro da criança, fazer carinho nas suas costas, fazer cócegas, segurar a mão, jogá-la para o alto, e muitas outras formas de contato na qual nosso corpo toca o corpo dela.

Contudo, embora pareça a maneira mais óbvia de demonstrar amor, pesquisas mostram que muitos pais só tocam os filhos em situações absolutamente necessárias, quando vão trocar sua roupa, dar banho, trocar fraldas, atravessar a rua, etc. Quantas oportunidades os pais perdem de demostrar amor!

São muitos os adolescentes e até crianças que chegam ao meu consultório e não conseguem se lembrar qual foi a última vez que receberam um beijo da mãe ou um abraço do pai. Lembro-me de que uma criança de cinco anos me perguntou se ela era muito feia. Quando perguntei o porquê da pergunta ela me disse: “Meu pai tem medo de me abraçar porque eu sou horrível. Acho que se ele me beijar ele fica feio também, e eu quero o meu pai bonito”.

A criança sempre desculpa o adulto, até crescer, enxergar a realidade dos fatos e sofrer a dor da rejeição. Também é importante frisar que o "feio" para a criança não está só relacionado à beleza, mas principalmente com o seu eu, com o que ela pensa dela mesma, com a imagem que tem de si própria. Neste contexto fica fácil, mesmo que doloroso, entender porque uma criança não se adapta bem à escola, tem dificuldades de fala, não consegue fazer amizades e apresenta enurese (urina na cama) com mais de quatro anos de idade — sintomas que aparecem como um pedido de socorro!

O contato visual também é necessário para a criança em desenvolvimento, pois demonstramos muito mais sentimentos com os nossos olhos do que podemos imaginar. A partir da segunda semana de vida o bebê começa a focalizar com os olhos as imagens, e dentre todas a que lhe chama mais atenção é o rosto humano. A criança o estuda, o reflete, o imita e passa a entender as reações que provoca nas pessoas através dos seus olhos e de suas expressões. Assim, desde cedo aprende a ler as expressões e principalmente o olhar das pessoas.

De certo modo os pais sabem disso, tanto que utilizam muito o olhar para disciplinar a criança. Um olhar feio ou de soslaio é mais do que suficiente para que o filho entenda que deve parar uma atividade ou mudar de atitude. Um olhar afetuoso é usado para demonstrar que gostamos de seu comportamento, e que ele se comportou como esperávamos. Entretanto, usamos muito pouco o nosso olhar para transmitir afeição e amor incondicional, quando ele não faz nada por merecer.

Olhe afetivamente o seu filho pelo simples fato de amá-lo: esta é uma das melhores formas de supri-lo emocionalmente.

Na nossa sociedade as meninas provocam mais diálogos e recebem muito mais contato físico e visual do que os meninos, e isto parece influenciar sobremodo o fato delas terem menos problemas de adaptação na escola, e freqüentarem menos as salas de psicólogos e fonoaudiólogos. Vale ressaltar que os meninos, principalmente até os sete ou oito anos, podem ser mais introvertidos, mas precisam de afeto tanto quanto as meninas.

Há um período em que as crianças rejeitam os abraços e beijos dos pais, e de certo modo isto é previsível e correto. Contudo, não se esqueça de estar a postos para abraçá-las quando precisarem, pois as suas necessidades de afeto e de contato físico não desaparecem totalmente, e as maiores provas são a pressa e o interesse nos namoros na adolescência e do casamento e vida futura. Pense em você hoje: Você gosta ou não de receber um olhar afetuoso ou um abraço gostoso? Eles não são capazes de mudar nosso humor e todo o nosso dia?!

Amor e disciplina

A disciplina, mesmo quando administrada com sabedoria e firmeza, de modo algum garante a saúde emocional e espiritual de nossos filhos se não for complementada, envolvida e praticada com amor. Aliás, sem o amor nossas palavras e obras ficam nulas, nada tem sentido.

Quando os pais disciplinam sem amor são como déspotas. Eles ferem, machucam a criança, e por mais que tentem não podem ser justos em seus julgamentos. Disciplinar sem amor gera ódio, revolta, mágoa, amargura e pode destruir toda uma vida.

Pais que usam a disciplina sem equilibrá-la com amor, não somente espancam os filhos marcando-os pelo resto da vida. Eles podem maltratar sem deixar marcas visíveis, dizendo diariamente à filha que ela é feia e má. Ameaçam dar a criança a outras pessoas ou jogá-la no vaso e dar descarga, deixam de suprir suas necessidades de nutrição, ou lhe dão um castigo injusto.

Quando os pais são frios e severos ao extremo, exigindo mais da criança do que ela pode dar, estão deformando sua alma para sempre. Não podemos nos esquecer de que a criança que hoje ocupa um quarto da nossa casa estava com Deus, foi planejada por ele e está sob os nossos cuidados, mas sob a sua vigilância. De alguma forma teremos que dar contas a Deus sobre o que fizemos de nossos filhos.

Por outro lado, o amor indisciplinado, excessivo, também pode ser altamente prejudicial. Até porque amor implica em disciplina, ou, em outras palavras, a disciplina aplicada corretamente é também uma maneira de se demonstrar amor.

Muitos pais estragam seus filhos por excesso de amor. Acham que por amarem seus filhos não devem discipliná-los ou permitirem que alguém o faça. Há mães que passam o período da infância das crianças simplesmente voltadas a elas, sacrificando até a vida conjugal. Vários pais fazem de seus filhos pequenos deuses, e regem suas vidas pelas vontades dos filhos mesmo quando estes crescem.

Algumas mães se esquecem de que, enquanto os filhos crescem e se preparam para sair de casa, ela pode estar desperdiçando anos de uma vida equilibrada e feliz ao lado de seu marido, realizando-se também na vida profissional. Outras, por trabalharem fora ou criarem seus filhos sozinhas, acabam tentando "compensar" a ausência do pai, mimando seus filhos ao extremo.

A criança que é superprotegida também sofre. Enquanto é pequena sofre por não poder correr riscos, ter amigos ou aprender sobre si mesma - o que implica em imaturidade emocional. Quando cresce e se liberta, pode assumir duas posições: ou se assume imatura e não consegue se impor por não entender que alguém possa lhe dizer não, ou se rebela ao extremo e passa a ser dependente de amizades não muito dignas.

No desenvolvimento dos filhos, amor e disciplina são igualmente importantes, e que o equilíbrio entre estas duas esferas é a maneira mais eficiente de criar filhos saudáveis, já que não há fórmulas secretas para isto. Assim, o relacionamento desejado entre pais e filhos é encontrado num rigoroso equilíbrio entre o amor e a disciplina.

A Bíblia nos mostra que há um perfeito equilíbrio entre disciplina e amor. O autor de Hebreus (12.5-11) descreve esta verdade de modo claro. Deus nos corrige porque nos ama, e da mesma forma os pais devem fazer com os filhos. A correção é para disciplina, esta gera respeito aos pais e deve ser feita porque amamos nossos filhos. Isto significa que disciplina e amor são como duas faces de uma mesma moeda, e não podemos separar as duas: quando privilegiamos uma em detrimento da outra nós falhamos na criação de nossos filhos.

Para concluir, os filhos devem entender que Deus disciplina a seus pais: Deus é o nosso Pai, que ama, perdoa, salva e corrige. Enfatize que sempre devemos obedecê-lo, que sempre seremos responsáveis por nossos atos e que colhemos o que plantamos. Este é um ensino para toda a vida, tanto para os filhos quanto para nós, os pais.

Ah, o amor!

Muitos poetas e filósofos já tentaram cantar e explicar o amor. Mas o texto bíblico de 1 Coríntios 13 tem sido reverenciado por muitos, e é o mais citado para definir amor. Entretanto, eu gostaria que você o lesse pensando em tudo o que já falamos até aqui sobre a relação parental. Leia e medite, pausadamente, sobre a sua relação com seus filhos:

> *Ainda que eu fale as línguas dos homens e dos anjos, se não tiver amor, serei como o sino que ressoa ou como o prato que retine.*

Ainda que eu tenha o dom de profecia e saiba todos os mistérios e todo o conhecimento, e tenha uma fé capaz de mover montanhas, se não tiver amor, nada serei. Ainda que eu dê aos pobres tudo o que possuo e entregue o meu corpo para ser queimado se não tiver amor, nada disso me valerá.

O amor é paciente, o amor é bondoso. Não inveja, não se vangloria, não se orgulha. Não maltrata, não procura seus interesses, não se ira facilmente, não guarda rancor. O amor não se alegra com a injustiça, mas se alegra com a verdade. Tudo sofre, tudo crê, tudo espera, tudo suporta. O amor nunca perece.

A Bíblia deve ser aplicada no dia a dia. De nada vale saber textos decorados e não saber como colocá-los em prática nas questões mais íntimas e pessoais, como o relacionamento conjugal e parental. Assim, lendo este texto, e pensando nas diversas situações que você vivencia com seus filhos, como você diria que está seu amor por eles? Você consegue se identificar com este texto no seu cotidiano?

Tanto o amor aprendido e assimilado pelo amor do outro, quanto o amor que surge como processo decisório, promovem atitudes amorosas nos indivíduos. Afinal o amor, enquanto sentimento, expressa-se através de atos generosos e promotores de crescimento e de correção: um casal se abraça porque se ama, ajudamos o nosso próximo porque o amamos, e castigamos os nossos filhos quando estes erram porque nutrimos amor por eles.

Há uma palavra grega, *phileo*, que pode ser traduzida por irmandade ou filiação, e que indica um amor que gera vínculos, e que muitas vezes é fomentado pelos laços consangüíneos. É o caso do amor entre pais e filhos — muitas vezes, por mais que os pais errem feio, os filhos carregam um grande amor pelos pais, muitas vezes inexplicável. Um filho consegue amar, honrar e respeitar pais ausentes, abusadores, frios e infiéis. Outras vezes, são os filhos que erram, mas ainda assim os pais os amam com amor incondicional, como as mães que choram por seus filhos nas portas de presídios.

Da mesma forma acontece entre irmãos. Estes podem brigar, se desentender, ocasionalmente até mesmo magoar uns aos outros, mas serão sempre irmãos e se amarão ao longo de toda a vida. Muitas vezes, aqueles que mais discutem são os que mais se amam. Isto porque, se houver dos pais uma atitude pacificadora, estes irmãos aprenderão a se expressar, a dividir e a competir de forma saudável. Afinal, é no convívio com os irmãos, ainda pequenos, no lar, que aprendemos a conviver com os nossos pares, a trocar e negociar afeto e objetos.

Na relação parental este amor é responsável pelo companheirismo e amizade, que são fundamentais para a interação familiar. É o amor que garante conjugação, parceria e unidade, onde filhos e pais tornam-se cúmplices, defensores um do outro, de modo que juntos adquirem respeito à individualidade e conseguem concretizar seus projetos de vida.

É importante ressaltar: todo e qualquer amor que possa nascer em nós vem unicamente de Deus. Deus é amor, é a fonte e o suprimento de todo amor, mas a aquisição e a administração deste sentimento cabem a nós. Se você não administrar bem, tomando a resolução de manter acesa a chama do amor em você, os problemas cotidianos e os conflitos do relacionamento parental podem sufocar o amor entre você e seus filhos. Por outro lado, mesmo que seu amor acabe, há uma fonte, que é Deus, onde você pode buscar uma nova dose para aquecer seu coração.

Assim sendo, antes de falar sobre o amor que devemos dar ao nosso cônjuge e filhos, é importante ressaltar que devemos buscar primeiro colocar em ordem o nosso relacionamento com Deus. Devemos nos encher dele, mergulhar em seu ser, buscando e praticando o amor de Deus com todas as nossas forças. Deus nos dará paciência, alegria, fé, mansidão, força, sabedoria e o ânimo necessário para nos relacionarmos bem com nossos filhos e criá-los para a vida e para Ele.

Capítulo 19

Pais, filhos e Deus

Deus escolheu um ou mais de seus vasos lindíssimos e emprestou alguns para você enfeitar e alegrar a sua casa. Sua tarefa é cuidar deles, limpá-los e lustrá-los diariamente, pois sabe que chegará um dia em que Deus vai perguntar por seus vasos e você terá que devolvê-los a ele. Pois bem, é exatamente assim que acontece com seus filhos: eles estavam com Deus e são muito preciosos aos seus olhos. Afinal, eles valem o preço do sangue do seu filho Jesus.

Os filhos são tesouros vivos. Eles estão com você, mas não são seus — eles pertencem a Deus e devem ser devolvidos a ele! É por esta razão que, por mais que os pais se esforcem e sejam irrepreensíveis em seus papéis, eles jamais serão suficientes para os filhos. O ser humano já nasce ansioso por Deus, e o vazio de Deus na vida dos nossos filhos nenhum homem ou mulher pode preencher, seja o pai, a mãe, a mulher, o marido, os avós ou os amigos.

Contudo, se criar filhos já é uma tarefa difícil, criar filhos para Deus exige mais esforço — devemos criá-los de modo que eles vivam neste presente século de três maneiras, conforme o apóstolo Paulo escreveu a Tito: sóbria, justa e piamente.

Viver de modo sóbrio é aprender a viver bem consigo mesmo. Nossos filhos devem aprender a ser equilibrados, calmos e serenos. Devem se conhecer bem para saber lidar com as diferentes situações e manter o controle das mesmas. Devem ter domínio próprio, sabendo reconhecer as suas falhas, dialogando consigo mesmo. Precisam parar um pouco, todos os dias, para analisar: se as batidas do coração estão muito rápidas; se estão cansados, acelerados ou ansiosos; se o tom de voz está alterado, mais lento ou rápido do que o normal; se os olhos estão tristes e escuros; se podem viver com mais qualidade de vida. Filhos que não aprendem a ser sóbrios se tornam agressivos, depressivos ou revoltados.

Nossas crianças também devem ser justas, relacionando-se bem com os outros. Os filhos devem ser educados para conviver bem na sociedade, a começar pela família. Devem ser justos no tratamento para com aqueles que os rodeiam, e ter boas maneiras e modos educados, sabendo se posicionar nos diferentes lugares onde convive — na escola, na igreja, na casa dos parentes, no trabalho, etc.

Por fim, precisam se relacionar bem com Deus, e para tanto precisam ser apresentados à ele. Para viverem próximos de Deus, necessitam aprender as suas leis, o que agrada e o que entristece a Deus. Para amarem a Deus, precisam desenvolver uma intimidade falando com ele (orando) e ouvindo-o (lendo a Bíblia). Só assim descobrirão a alegria de serem completos, e conhecerão a paz em saber que há um ser maior que cuida dos detalhes da vida, orientando e abençoando nosso futuro.

Contudo, se queremos criar filhos para Deus, precisamos primeiro, enquanto pais, conhecê-lo. Portanto, chegue mais perto dele, converse mais com ele, e mergulhe na imensidão do seu amor. Só então você conseguirá suprir as necessidades espirituais dos seus filhos, pois mais importante do que crescer bem fisicamente ou intelectualmente, é crescer espiritualmente.

Conhecendo Deus

Deus não tem netos: não basta ser filho de evangélicos para ser evangélico. Os filhos precisam ter um encontro pessoal com Cristo, pois a salvação é individual. Tão logo os filhos reconheçam que fazem coisas erradas, devem entender que podem receber o perdão pelos seus atos através de Jesus que morreu para os salvar. Muitos pais pensam que é a igreja ou a Escola Dominical que deve evangelizar seus filhos, porém estão errados. Esta tarefa cabe aos pais no cotidiano do lar.

Comece a evangelizar seus filhos a partir do seu próprio testemunho dentro de casa. De nada adianta denominar-se evangélico ou ser cristão na igreja, e em casa ou na rua não dar exemplo de vida cristã. É através do tratamento que damos ao nosso cônjuge e do modo como nos relacionamos com os nossos próprios filhos que lhes mostramos Jesus. Os pais precisam ter uma vida dedicada à prática do amor e da verdade, e antes de tudo amarem a Deus guardando os seus mandamentos. Só então poderão falar a seus filhos com propriedade sobre a lei de Deus.

Uma forma de conhecer o caráter de Deus é lendo a Bíblia. Quando pequenos os filhos precisam aprender a reverenciar o livro sagrado e entender que a Bíblia é a palavra de Deus. Devemos ensinar aos nossos filhos a acreditar na Bíblia como verdade infalível e útil para todas as situações. Afinal, ela é um manual de vida, uma bússola que dirige os passos e instrui. Deve ser o primeiro presente dos nossos filhos.

Comece lendo um versículo ou parte dele quando os seus filhos são pequenos, passando para mais versículos ou salmos curtos quando têm cerca de três a quatro anos. Assim que seu filho começar a ler, ele deve aprender a ler a Bíblia, preferencialmente em linguagem atualizada ou própria para a sua idade. Dos seis aos onze anos, eles gostam de estudar as grandes batalhas do Velho Testamento e conhecer o ministério de Jesus descrito nos quatro evangelhos. Na adolescência e juventude, os textos de Provérbios e de Eclesiastes, bem como os livros doutrinários do Novo Testamento, são muito atuais e úteis à vida cotidiana.

Lembre-se também que a igreja começa em casa. Isto significa dizer que nosso lar é um santuário onde devemos adorar e cultuar a Deus. É por isto que o culto doméstico é realizado em casa, preferencialmente em um dia em que todos os membros da família possam participar. Deve começar com as crianças ainda pequenas e pode ser ampliado quando os filhos se casarem — passando a ser o culto da família. Se as crianças são pequenas, a duração do culto e as atividades (cânticos, leitura e oração) devem ser reduzidas. Com o crescimento dos filhos, as tarefas podem ser divididas e todos devem aprender a fazer pedidos específicos de oração, a testificar e agradecer as bênçãos recebidas, e a comentar um texto bíblico.

Os pais também têm a responsabilidade de levar seus filhos à uma igreja sadia, que ensina a verdade fundamental de Cristo e acredita na Bíblia como a palavra de Deus. Esta igreja deve ter trabalhos específicos para as crianças e um ministério eficiente para os adolescentes e jovens.

A criança pequena deve ser ensinada sobre o valor e os efeitos positivos de freqüentar os cultos, e se necessário deve ser obrigada a ir à igreja. Os pais devem se esforçar para dar bons exemplos desta conduta, não faltando aos cultos, freqüentando as reuniões com alegria e motivação, e evitando discutir problemas administrativos da igreja na frente dos filhos.

A oração também é fundamental para o crescimento espiritual e emocional dos filhos. Ela os torna íntimos de Deus, fazendo com que se sintam mais fortes e seguros com ele do que com amigos, drogas, sexo, ou poder marginal.

Quando os filhos forem pequenos, fale e deixe que repitam a sua oração, que deve ser curta e simples. Depois de dois anos, as crianças já conversam com Deus do seu jeito, e ao longo dos anos vão aprendendo a dialogar com ele. Contudo, mesmo sem que eles o saibam, ore ao menos uma vez por dia em favor de cada um dos seus filhos.

Ensine seus filhos que orar é conversar, abrir o íntimo, falar o que nos vem à cabeça. A oração pode ser feita no quarto ou na igreja, por vezes em atitudes mais reverentes. Mas também pode ser executada quando estão deitados no escuro do quarto, no banheiro da escola, na hora da prova, num momento de brincadeira, com os olhos abertos ou fechados, falando alto ou só no pensamento. O ideal é que ela seja sempre sincera, como um bom bate-papo, com a certeza de que Deus aceita e gosta do nosso jeito espontâneo de falar com ele.

Como Deus é um bom amigo, quando conversamos com ele podemos pedir, agradecer, discutir, elogiar, e até dizer por que gostamos dele. A oração aproxima as pessoas de Deus, fazendo com que se sintam protegidas, amadas e seguras — e com Deus nossos filhos nunca estarão sós!

Capítulo 20

Mantendo vínculos

Minha sogra e eu tínhamos um relacionamento muito próximo. Uma das razões era porque sempre fomos muito francas uma com a outra, desde o tempo em que eu ainda namorava o meu marido. Isto nos fez grandes amigas.

Lembro-me que assim que me casei nós tivemos uma longa conversa sobre ser sogra e ser nora. Ela me disse então uma coisa interessante, e muitas vezes eu me recordava disto: "A partir do dia do seu casamento, você é a mulher mais importante da vida do meu filho, e vai ser muito burra se deixar que qualquer outra mulher, inclusive eu, ocupe o seu lugar. Mas também não vai ser muito inteligente se tentar me apagar da vida e da memória dele, destruindo o que construímos juntos."

Lembro-me que na época eu achei as suas palavras um tanto fortes, mas sabia que ela era sempre justa em tudo o que fazia ou falava. Assim, calei-me e guardei com atenção o que ela me disse.

Com o passar do tempo, principalmente depois de ter os meus próprios filhos, comecei a pensar sobre o que minha sogra me havia dito, e pouco a pouco aprendi a lhe dar razão. Ninguém pode apagar da mente dos filhos as influências que o seu pai ou sua mãe têm na sua vida, sejam elas boas ou más. No caso do meu marido, as influências da sua mãe durante os anos que antecederam o nosso casamento eram tão fortes e boas que passei a aprender com elas. E mesmo com meus pais e irmãos morando em outro país, aproximei-me mais deles, admirando mais meus pais, e construindo um lugar especial em minha memória para guardar as histórias da minha infância e adolescência.

Hoje eu me preocupo em criar pontes com os meus filhos, em marcar suas mentes e vidas com o melhor exemplo de mãe que eles possam ter. Sei que eles não vão poder me apagar de suas vidas, e quero que mais tarde, quando eles forem montar suas próprias famílias, a ponte do amor, da comunicação, da confiança, do carinho, do diálogo e de outras formas de afeto ainda esteja de pé entre nós.

Quantas mães já choraram em meu consultório, ou nos vários lugares onde já passei, dizendo da dor de sentirem os seus filhos distantes delas. É muito triste, e por vezes ingrato, os pais terem tanto trabalho ao longo da infância e adolescência dos filhos, e depois de tudo os sentirem ausentes e distantes afetivamente. Há pais que olham para seus filhos e parecem que não os conhecem mais, têm a impressão que eles se esqueceram dos momentos de aconchego, de cuidado e de trabalho que tiveram.

Muitos pais reclamam que não têm mais assuntos com seus filhos, parece que há um abismo entre eles, que não falam a mesma língua ou moram na mesma cidade. O que aconteceu com o acesso destes filhos aos pais? Onde estão as pontes que podem fazer com que vençam os abismos da comunicação? Por que um simples beijo paterno deixa os filhos pouco à vontade? Por que um carinho materno os deixa sem graça?

Construindo pontes

Os filhos nascem já vinculados à mãe pelo cordão umbilical. Recebem o sobrenome da família, têm o mesmo sangue e herdam características genéticas de ambos os pais. Além disso, pela lei, têm direito aos seus bens, seja a pequenos valores ou a milhões de dólares. A verdade é que os filhos já estão vinculados aos seus pais e às suas famílias desde que nascem.

Há, porém um fato importante. Quando olhamos para o nosso umbigo dificilmente nos lembramos de quem nos gerou. Há muitas famílias ricas e pobres brigando por dinheiro e bens. Isto demonstra que não é o vínculo hereditário ou legal que liga os filhos aos pais de modo duradouro. Os vínculos que perduram são os vínculos afetivos.

Antes de continuarmos é importante dizer que vincular é o mesmo que apertar, aproximar, atar, ligar ou dar sentido. Criar vínculos é então construir maneiras de aproximar e estreitar as relações entre pais e filhos. É construir pontes que permitam que um procure o outro quando sentir saudade ou precisar de apoio ou de ajuda. A questão é: como formar estes vínculos? Como edificar estas pontes de modo que fiquem de pé por toda a vida?

Antes de tudo, é fundamental que os pais aprendam a se forçar a fazer coisas, de modo a relembrá-las ou a tornar seus atos mais naturais com o tempo e a prática. Precisam exercitar o afeto, especialmente aqueles que têm dificuldade de expressar o que sentem. Se você for um deles, pode ser que precise buscar ajuda terapêutica e orar muito para que Deus o ensine a elogiar, abraçar ou acariciar seus filhos!

Por outro lado, cuidado para não exagerar. Seja sábio nas suas demonstrações. Lembre-se que se seus filhos ou netos já cresceram, talvez apreciem mais o seu carinho no aconchego do lar. Por outro lado, se são casados, cuidado para não criar situações de ciúme com seu genro ou nora. Por fim, jamais use demonstrações de afeto para provocar ciúme ou ira em um dos filhos ou no seu próprio cônjuge, pois se fizer, você estará derrubando para sempre a chance de formar qualquer vínculo afetivo com eles.

Lembre-se que quando você e sua família — cônjuge, filhos, netos, bisnetos e tataranetos — vivenciam e partilham eventos, forma-se entre vocês uma cumplicidade que os aproxima e os une. Ajudar o filho a fazer o dever de casa, ensaiar um hino em conjunto, orar pelos netos quando estão doentes ou tristes, levar o filho para a escola ou para passear, chorar com a neta quando ela perde um cachorro ou se machuca, são situações que criam vínculos e deixam uma saudade gostosa.

Infelizmente, as pontes só podem ser construídas com alicerces de afeto revestidos de boas doses de emoção. Devem ser construídas desde o nascimento, mas a qualquer hora, mesmo agora, você pode começar a levantar uma ponte, seja para um neto, uma nora, um genro ou um dos filhos que já esqueceu o caminho de volta para casa. Até porque não há um tempo específico para você começar a construir pontes.

Comece limpando sua mente de mágoas, de lembranças ruins, ou até de episódios dolorosos que fizeram com que você se fechasse. Derrube barreiras de indiferença que possam ter sido construídas ao longo dos anos, pelo silêncio ou pela correria cotidiana. Conscientize-se de que você precisa dar o primeiro passo — é mais experiente e maduro para se render ao afeto e fugir da solidão.

Abra o coração para perdoar, os lábios para conversar e sorrir, e os braços para aconchegar os que você ama ao seu peito, num abraço macio e demorado.

Pode ser que um ou mais filhos e netos demorem mais para atravessar a sua ponte e chegar até você. O importante é que você esteja sempre sinalizando o quanto você os ama, que deixe claro o seu afeto e que dê o primeiro passo.

Você vai estar sempre na mente dos seus, mesmo quando não estiver mais aqui. Seus filhos e netos serão os guardiões do seu nome e estenderão a sua memória — construa vínculos afetivos e deixe boas recordações, para que se lembrem de você com um sorriso saudoso e amoroso, nos lábios e nos corações.

Quando um pai se vê reproduzido no filho, o que entrevê é ele mesmo, que renasce e que sobreviverá a si próprio.

Conclusão

Quando eu me casei, aos vinte anos, não pensava e nem queria engravidar logo. Eu havia trancado o meu curso de Psicologia na Universidade Federal do Rio para me mudar com os meus pais para os Estados Unidos e quando retornei para me casar ainda me restavam dois anos para concluí-lo. Como muitas pessoas da minha idade, eu queria primeiro me formar, me estabelecer profissionalmente e curtir bastante os primeiros anos do meu casamento. Nos nossos planos, os filhos só chegariam depois de três a cinco anos de casados.

Quando eu estava com cerca de um ano e meio de casada eu comecei a sentir fortes dores na altura dos ovários e fui procurar um médico. Descobri que quando fui gerada desenvolvi um teratoma — uma espécie de tumor complexo e benigno formado por muitos tecidos — no lugar do meu ovário esquerdo, e tinha uma série de pequenos tumores que causavam a má formação do ovário direito. Além de ter uma ovulação deficiente, ainda apresentava uma pequena rotação do útero, e havia no útero um tumor do tamanho de um feto de quatro meses. Os médicos foram claros: só depois de um tratamento sério de aproximadamente cinco anos, e possivelmente de uma operação, com muita sorte eu poderia vir a engravidar no futuro. Mesmo que eu engravidasse antes dos cincos anos previstos, o tumor era tão grande que ainda assim eu não poderia ter o bebê, pois ele corria o risco de ter uma má formação.

Foi então que tudo mudou. Não querer filhos de imediato não é a mesma coisa que não poder tê-los. Desde criança eu fazia das bonecas as minhas filhas, gostava muito de brincar de casinha, sonhava em ser mãe e estava casada com um homem que amava crianças. O que faria agora? A quem recorrer?

Quando tudo falha, quando nada tem sentido, quando as esperanças se desvanecem e os sonhos acabam, só nos resta Deus - e isto significa que nos resta o Tudo, o Eu Sou, o Todo Poderoso. Fui chorar a seus pés. Meu esposo, minha mãe e minha sogra choraram comigo, e qual não foi a surpresa quando, antes mesmo de iniciar o tratamento e só com um ovário funcionando precariamente, depois de três meses eu me encontrei grávida!

Agora, se instaurava um novo problema. Eu jamais sonhei em fazer um aborto, mas também não queria ter um filho com problemas mentais ou físicos. Foi então que, depois de muitas discussões com os médicos, fiz novas ultra-sonografias. Estas, que guardo até hoje, atestaram o milagre: o tumor uterino havia desaparecido!

Tive uma gravidez tranqüila e boa, estudando e trabalhando até os últimos dias. Meu filho nasceu perfeito e saudável e só depois de cinco anos voltei a engravidar e tive a minha segunda filha. Fiz duas cesáreas, nunca fiz tratamento algum, e várias vezes revia os exames e me maravilhava com a operação de Deus. Ele me fez conceber apesar de todos os problemas.

Dois anos após o nascimento da minha filha fui procurar uma dermatologista. Como ela achou minha pele excessivamente oleosa, pediu-me exames para checar a produção hormonal. Quando voltei ao seu consultório ela me pediu que procurasse o meu ginecologista. Como o meu médico era estrangeiro e havia voltado à sua terra, fui procurar uma médica, que não me conhecia. Antes mesmo de fazer as perguntas habituais, olhando os vários exames que levei, ela me disse num tom de pesar:

— Você já tem muitos anos de casada e com certeza já sabe que nunca vai poder ter filhos. Você tem problemas no ovário direito, e um enorme teratoma que teremos que operar urgente. Seus problemas começaram na sua gestação e não há nada que a medicina possa fazer.

Quando eu disse àquela médica que eu já era mãe ela emudeceu por alguns minutos, olhou no fundo dos meus olhos e então perguntou:

— Você é evangélica, não é?

— Sim — disse eu.

— O que aconteceu com você, nos meus vinte e cinco anos de profissão, só vi acontecer duas vezes, e as duas mulheres eram evangélicas.

Eu tive que operar às pressas, pois o teratoma estava pressionando muito o meu útero. Fiz histerectomia, mas operei tranqüila, pois sabia que se Deus quisesse ele poderia me curar e me dar órgãos novos. Porém, muito mais ele havia feito: mesmo quando a minha estrutura física me negou a oportunidade de gerar filhos, Deus me fez mãe!

Hoje, com o Thiago na universidade e a Pamela na adolescência, sou muito grata a Deus por tê-los. Construí uma história gostosa de maternidade, com muitas lembranças e fotografias, inúmeros cuidados, e um amor imenso. Sendo mãe torne-me mais tolerante e altruísta, aprendi a brincar de carrinho e a jogar vídeo-game, voltei a brincar de boneca e a rolar no chão, e encontrei no meu marido um pai amoroso e fiel. Descobri, com meus filhos mais altos do que eu, que a vida passa rápido demais, que o tempo escorre pelas mãos, e que é gostoso envelhecer quando aproveitamos cada momento de afeto.

Sei que este livro não respondeu todas as respostas e nem apresentou a receita pronta para você criar seus filhos — não era esta a nossa intenção, até porque mágica ou absolutismo na relação parental não existe, já que cada pessoa difere da outra em seu processo de desenvolvimento. Mas espero que, se você chegou ao final, tenha se conscientizado de que a maternidade ou paternidade deve ser vivenciada plenamente, com doação incondicional, equilibrando disciplina e amor.

Desejo também que você descubra que, a partir do nascimento dos seus filhos, não é mais o mesmo. Afinal, ao nascer uma criança, são as relações entre as pessoas que a tornam particular, ao mesmo tempo em que os pais, embora já tenham o sentimento de serem indivíduos singulares na sociedade em que vivem, adquirem uma nova função que os força a fazê-los refletir sobre suas particularidades. Portanto, envolva-se, observe seus filhos e netos, pergunte-se o que eles trazem à sua vida:

> *Quando vejo um bebê abrir e fechar uma caixa, colocar dentro uma pedra, tirá-la, colocar outra vez, depois de sacudir a caixa para escutar o barulho que faz; quando o vejo com um ano puxar um banquinho, cambaleando sobre suas pernas pouco firmes, sob um peso que ultrapassa suas forças, ou com dois anos, dizer "muuuu" vendo uma vaca, depois acrescentar "ada muuu", porque "ada" é o nome que ela dá ao cachorro da casa; quando penso na lógica destes erros de linguagem dignos de serem anotados e publicados...*
>
> *Quando, no bolso de um garoto descubro pregos, barbante, pedaços de vidro e que ele me explica "que tudo isto um dia pode servir para*

alguma coisa"; quando o vejo trabalhar, se apressar, organizar jogos; desafiar um amigo para ver quem salta mais longe; quando ele me pergunta: "Se eu penso numa árvore, será que quer dizer que tenho uma árvore minúscula na cabeça?" Ou quando ele dá ao seu avô todas as economias, porque "o coitado está tão velho que sem dúvida não viverá mais muito tempo"...

Quando surpreendo um adolescente que alisa os cabelos com ajuda da saliva no dia em que ele espera a visita da amiga de sua irmã; quando uma mocinha me escreve que o mundo é detestável e as pessoas iguais aos animais, mas não me diz porque; quando um adolescente revoltado, maravilhado por uma idéia que é apenas um lugar comum, joga-a na face do mundo como um desafio... Abraço todas essas crianças com o meu olhar e com meu pensamento: Oh! maravilhoso mistério da natureza, quem são vocês, o que vocês nos trazem?

Korczak, 1983, pp. 62-63

Desenvolvimento é um processo que perpassa toda a nossa existência. Assim sendo, nós não estamos prontos ou completos quando atingimos a vida adulta ou quando ficamos idosos — até o último minuto de nossa vida podemos e devemos aprender, modificar e aperfeiçoar o que somos. Assim sendo, abra-se para os filhos, aprenda com eles, e partilhe seu amor, seu cuidado e suas histórias de vida. Ainda há tempo para construir pontes e marcar emocionalmente a vida dos seus filhos e netos — é a única maneira de continuar vivo na mente e nos corações dos que ficarão quando você se for.

Lembre-se também que por mais difícil que seja a tarefa de criar filhos e de estruturar uma família, Deus é a fonte da sabedoria, da força e da alegria. Seja sábio, tenha força e determinação em suas atitudes e alegre-se por ser pai ou mãe. Busque a ajuda divina quando se sentir só, quando não souber o que fazer, quando seus filhos estiverem tristes ou com problemas. Comece o seu dia com oração. Entregue a Deus a sua vida, o seu casamento, os seus filhos e todas as suas tarefas. Você verá que os seus filhos acordarão de bom humor, seu cônjuge passará a ser mais carinhoso e até os afazeres domésticos ficarão mais fáceis e agradáveis.

Criar filhos apropriadamente é um dos mais ricos desafios da vida. É por isso que você precisa traçar estratégias e buscar em Deus sabedoria para saber se posicionar em todas as situações que permeiam suas relações com os seus filhos. Deus pode aperfeiçoar você como pai ou mãe. É dele que vem a força para você destruir as muralhas da mágoa, ira e desafeto, e edificar pontes de amor e amizade entre você e os seus filhos.

Não desista dos seus filhos e netos. Busque-os e aproxime-os de você. Vá até eles, fale do seu amor e demonstre o seu afeto. Eles são a sua porção, a sua coroa, a sua riqueza e a sua herança – cada um deles será, sempre e ao mesmo tempo, o seu maior presente de Deus!

MEU PRESENTE DE DEUS

Ao abrir a porta do seu quarto,
Contemplo uma linda menina
Dormindo leve, como que embalada
Pelos sonhos suaves de criança.

Peço ao tempo que pare,
E que ela seja sempre assim,
Serena, dócil, feliz.
Mas o tempo insiste em não me obedecer!

E no quarto da minha menininha
Vejo agora uma agitada adolescente,

Com fones no ouvido, tv ligada,
Teclando rápido mil palavras no computador,
Ávida por viver uma vida inteira
Em apenas um só dia.

O tempo não nos espera,
Parece apressado, quase atrasado...

Cresce menininha, eu não posso impedir.
Tome posse de tudo o que é seu,
Ilumine o mundo com seu sorriso,
Escreve a poesia da sua emoção,
Colore a vida com sua beleza,
Brilhe na intensidade da sua alegria,
Cante alto sua canção de amor.

Eu vou ficar sempre aqui,
Quietinho, me emocionando,
Sempre olhando pra você.
Não importa se o tempo passou,
Ou se ainda está por vir.
Os dias somarão anos,
E você será sempre, mas sempre mesmo,
Minha eterna menininha!
Meu maior presente de Deus!

Alvaro Cruz, 2006

BIBLIOGRAFIA

ARIÈS, P. *História Social da Criança e da família*. Rio de Janeiro: Zahar, 1977.

BADINTER, E. *Um amor conquistado: O mito do amor materno*. Rio de Janeiro: Nova Fronteira, 1985.

BETTELHEIM, B. *Uma vida para seu filho — Pais bons o bastante*. São Paulo: Campus, 1988.

BOWLBY, J. *Apego*. São Paulo: Martins Fontes, 1984.

BROWN, J. & DUNN, J. *Talk with Your Mother or Your Sibing? Developmental Changes in Early Family Conversations about Feelings*. Child Development, n.63, pp. 336-349, 1992.

BUTTERWORTH, G. & LIGHT, P. (Eds). *Social Cognition: Studies of the Development of Understanding*. Essex: The Harvester Press, 1982.

CAGNON, R.; HUNSE, C.; CARMICHEL, L.; FELLOWS, F. & PATRICK,J. *External vibratory acoustic stimulation near term: Fetal heart rate and heart rate variability responses*. American Journal of Obstetrics and

Gynecology, n.156, p. 322-327, 1987.

CARNEIRO, T. F. *Família: diagnóstico e terapia*. Rio de Janeiro: Zahar, 1983.

COLE, M. *The Zone of Proximal Development: Where Culture and Cognition create each other*. In WERTSCH, J. (Ed.), Culture, Communication and Cognition: Vygotskian perspectives. Cambridge: University Press, 1985.

DANTAS, H. *A Infância da Razão: Uma introdução à Psicologia da Inteligência de Henri Wallon*. São Paulo: Manole, 1990.

DOISE, W. & MUGNY, G. *The Social Development of the Intellect*. New York: Pergamon Press, 1984.

DOLTO, F. *Seminário de Psicanálise de crianças*. Rio de Janeiro: Zahar, 1985.

DONZELOT, J. *A Polícia das Famílias*. Rio de Janeiro: Graal, 1980.

GIORGI, P. *A criança e suas instituições: A família — A escola*. Lisboa: Horizonte,1975.

HELLER, A. *O Cotidiano e a História*. Rio de Janeiro: Paz e Terra, 1989.

KISILEVSKY, B.S.; MUIR, D. W. & LOW, J. A. *Maturation of fetal responses to vibroacoustic stimulation*. Child Development, n.63, pp.1497-1508, 1992.

KLEIN, M. *A Psicanálise da Criança*. São Paulo: Mestre Jou, 1963.

KORCZAK, J. *Como amar uma criança*. Rio de Janeiro: Paz e Terra, 1983.

LACAN, J. *Seminário: Lv. l.* Rio de Janeiro: Zahar,1979.

LEVI, L.D. et AL. *Fathers and Sons: The interlocking Crises of Integrity and identity*. Psychiatry, n.35, pp.48-67, 1972.

MILLER, S.A.. & DAVIS, T. L.. *Beliefs about Children: A Comparative Study of Mothers, Teachers, Peers and Self*. Child Development, n.63, pp.1251-1265, 1992.

MOYSÉS, L. *O desafio de poder ensinar*. Campinas: Papirus; Niterói: Editora da Universidade Federal Fluminense, 1994.

NADEL,J. BAUBONIÈRE, P. M. *Imitação: Modo preponderante de intercâmbio entre pares durante o terceiro ano de vida*. Cadernos de Pesquisa, n.39, p.37-53, 1981.

OLIVEIRA, Z. M. R. *Jogo de Papéis: Uma perspectiva para a análise do desenvolvimento humano*. São Paulo, 1988. Tese (Doutorado em Psicologia) — Universidade de São Paulo.

PIAGET, J. *A linguagem e o pensamento da criança*. São Paulo: Martins Fontes, 1986.

ROBIN SKINNER, A. C. *Pessoas separadas: um só corpo: Princípios de Psicoterapia*

Familiar e Conjugal. Rio de Janeiro: Zahar, 1979.

ROSSETI FERREIRA, M. C. *Comunicação entre crianças*. In: Reunião

TAYLOR, E. B. *Primitive Culture*. Londres: J. Murray, 1929.

TRAN-THONG . *La pensée pédagogique de Henri Wallon*. Paris: P.U.F., 1969.

TREVARTHEN, C. *Descriptive analyses of infant communicative behavior*. In SCHAFFER, H. R., *Studies in Mother-Infant Interaction*. London: Academic Press, 1977.

VALSINER, J. *Culturally Strutured Environments for children: Canalization of children Development*. In Valsiner, J. (Ed), Child Development within culturally structured environments, Vol. ll. New Jersey: Ablex, 1988.

VALSINER, J. & VAN DER VEER, R. *The encoding of Distance: The concept of the "Zone of Proximal Development" and its interpretations*. In COCKING, R.R. & RENNINGER, K.N., *The Developmental and Meaning of Psychological Distance*. Hillsdale: Erbaum, 1991.

____ *On the social nature of human cognition: An analysis of the shared intellectual roots of George Meed and Lev Vygotsky*. Journal of the Theory of the Social Behavior, n.18, p.37-62, 1988.

VASCONCELLOS, V. M. R. & VALSINER, J. *Perspectiva co-construtivista na Psicologia e Educação*. Porto Alegre: Artes Médicas, 1995.

VYGOTSKY, L. S. *A formação social da mente*. São Paulo: Martins Fontes, 1989.

____ *Pensamento e linguagem*. São Paulo: Martins Fontes, 1987.

____ *Thought and Language*. Cambridge: The MIT Press, 1986

Wallon, H. *As origens do caráter na criança*. São Paulo: Difel, 1972.

____ *As origens do pensamento na criança*. São Paulo: Manole, 1988.

____ *La evolución psicológica del niño*. Editorial Crítica, Barcelona, 1984.

____ *La vida mental*. Editorial Crítica, Barcelona, 1985

WINNICOTT, D. W. *Da Pediatria à Psicanálise*. Rio de Janeiro: Francisco Alves, 1978.